Jan Werner
Die Invasion der Armen

Jan Werner

Die Invasion der Armen

Asylanten und illegale Einwanderer

v. Hase & Koehler

Umschlaggestaltung Kurt Schwarz

Die Deutsche Bibliothek – CIP-Einheitsaufnahme

Werner, Jan:
Die Invasion der Armen : Asylanten und illegale Einwanderer / Jan Werner. – Mainz : v. Hase und Koehler, 1991
ISBN 3-7758-1257-1

ISBN 3-7758-1257-1
Printed in Germany

Oh, East is East and West is West
and never the twain shall meet.

Oh, Ost ist Ost und West ist West,
und nimmer werden die beiden sich finden.

Rudyard Kipling, 1892,
The Ballad of East and West

Vorwort

Von Jahr zu Jahr drängen mehr Menschen aus den Elendsregionen der Erde nach Europa. Die meisten kommen als Armutsflüchtlinge, die wenigsten sind politisch verfolgt. Von denen, die an die Türen Europas klopfen, sucht die Hälfte Aufnahme in der Bundesrepublik. Dank unseres einmaligen Asylrechts, aber auch wegen unserer hohen Sozialleistungen sind wir zum Einwanderungsland Nr. 1 in Europa geworden. 1990 sind knapp 200 000 dieser Menschen in die Bundesrepublik gekommen, mehr als in irgendeinem Jahr zuvor. Allein diese 200 000 neuen Asylbewerber werden uns Jahr für Jahr 1,64 Milliarden Mark kosten, an Sozialhilfe, Unterbringung und so weiter.

Ein Ende dieser Völkerwanderung, vom Süden in den Norden, aber auch von Ost nach West, ist nicht abzusehen. Angesichts düsterer Aussichten in der Dritten Welt werden sich in Zukunft eher noch viel mehr Menschen auf den Weg nach Europa machen. Können wir diese Immigration verkraften, wollen wir sie hinnehmen, und: gibt es überhaupt eine Lösung für dieses Problem?

Sozialwissenschaftler erwarten, daß die Einwanderung aus der Dritten Welt, wahrscheinlich auch aus Osteuropa, in naher Zukunft zum beherrschenden innenpolitischen Thema werden wird. Umfragen weisen aus, daß eine Zwei-Drittel-Mehrheit der Deutschen der Auffassung ist, es wären bereits zuviele Ausländer hier. Laut einer Untersuchung des Allensbacher Instituts für Demoskopie fürchten 77 Prozent der Deutschen, daß „immer größere Massen von Einwanderern aus den Hungerzonen der Welt in die Industrieländer drängen werden".

Angesichts dieses Befunds könnte man erwarten, daß diese Problematik sehr breit und mit allem Für *und Wider* diskutiert wird. Das Gegenteil ist der Fall: der Themenkomplex Ausländer, Asylanten, Zuwanderer wird von ganz wenigen Ausnahmen abgesehen, völlig einseitig behandelt. Ob in den Medien, vor allem den öffentlich-rechtlichen Rundfunk- und Fernsehanstalten, oder in den Kirchen, ob in den Gewerkschaften oder in den politischen Parteien und verständlicherweise durch die humanitären Organisationen: Die Befürworter einer „multikulturellen Gesellschaft" bestimmen die Diskussion und indoktrinieren die öffentliche Meinung, während die negativen Aspekte des Problems verschwiegen, vielfach sogar unterdrückt werden. Ein derart brisantes Problem, das für die Zukunft unseres Landes von so eminenter Bedeutung ist, auf diese Weise zu behandeln, bedeutet eine Mißachtung des mündigen Bürgers. Es ist außerdem gefährlich für den inneren Frieden. Ich wage die Behauptung, daß die Aggressionen gegen Ausländer, die sich auch immer mehr in Gewalttaten entladen, ihre Ursache nicht zuletzt in der Verhinderung einer offenen, *alle* Seiten des Problems berücksichtigenden Diskussion haben.

Der gewiß rechtsradikaler Neigungen nicht verdächtige Schriftsteller und Publizist Peter Schneider, ehemals ein Wortführer der 68er-Generation, schreibt in einem Essay: „... die bloße Wahrnehmung eines Problems, das in Wahrheit alle (angeht), (gerät) zum Test für linke oder rechte Gesinnung", und weiter: „Die Frage, in wessen Gesellschaft mich ein Satz bringt, war und ist weit wichtiger als die Frage, ob ein Satz wahr ist."

Daß das Ausländerproblem immer mehr an Gewicht gewinnt, kann man nicht bestreiten. Das ist nicht nur bei uns so, sondern in allen westeuropäischen Ländern. Peter Scholl-Latour schreibt mit Blick auf Frankreich, das eine besonders große Zahl moslemischer Einwanderern aufweist: „Die Frage des islamischen Fundamentalismus ist heute in Frankreich zu einem der brennendsten Themen der Innenpolitik geworden."

Dieses Buch versucht einen Beitrag zur Ausländerdiskussion zu leisten, indem es so objektiv wie möglich die Fakten dargelegt, und zwar *alle*.

Welche Meinung der Bürger, der ja immer als mündig apostrophiert wird, sich letztlich bildet, soll seine Sache sein. Vielleicht akzeptiert er, daß wir einen anwachsenden Strom von Zuwanderern haben werden, vielleicht lehnt er diese Entwicklung ab. Wie immer er sich entscheidet: die Mehrheitsmeinung muß in einer Demokratie akzeptiert werden, auch von den Mandarinen der Öffentlichen Meinung.

Die Ausländerproblematik könnte nicht hinreichend behandelt werden, wenn man nicht auch auf die Probleme der Herkunftsländer einginge. Der Problemdruck in der Dritten Welt ist es ja, der die Menschen veranlaßt, sich auf dem Weg nach Europa zu machen. Die Aussichten für diese Länder sind düster, vor allem wegen des explosionsartigen Bevölkerungswachstums. Deshalb ist das, was wir jetzt erleben, erst der Anfang. Es wird noch sehr viel schlimmer kommen.

Besondere Aufmerksamkeit muß einer Gruppe von Ausländern gewidmet werden, die zur Problemgruppe Nr. 1 in Europa geworden sind: den Moslems. Zur Zeit leben etwa zehn Millionen hier, Schätzungen gehen dahin, daß es binnen eines Jahrzehnts 20 Millionen sein werden. Die Erfahrungen reichen inzwischen zu der Feststellung aus, daß eine Integration der moslemischen Zuwanderer praktisch unmöglich ist, von ihnen selbst auch abgelehnt, ja bekämpft wird. Daraus entstehen Konflikte, die zunehmend evident werden. Peter Scholl-Latour beschreibt die Situation Frankreichs, eines Landes, das seit Generationen moslemische Minderheiten hat, so: „Nicht nur faschistisch oder rassistisch angehauchte Franzosen blicken mit bösen Ahnungen auf die Bildung einer massiven exotischen Bevölkerungsgruppe im eigenen Land, die weniger aufgrund ihrer maghrebinischen Merkmale als infolge ihres kompromißlosen religiösen Engagements im Sinne des Korans weder integrierbar noch assimilierbar ist."

Die islamische Immigration hat auch deshalb so weitreichende Folgen, weil die Regionen, aus denen die Moslems kommen, vor allem der Nahe Osten und der Maghreb, uns von allen Entwicklungsregionen am nächsten liegen. Der Golfkrieg hat den Europäern bewußt gemacht, daß sich hier, unmittelbar vor ihrer Haustür, ein hochexplosives Gemisch aus Überbevölkerung, religiöser Intoleranz, Armut, Fanatismus und Hochrüstung zusammengebraut hat. Die Probleme dieser Region greifen längst auf Europa über. Unter den zugewanderten Moslemen macht sich eine Radikalisierung breit, die von einer desinteressierten, ja auch desorientierten Öffentlichkeit noch kaum wahrgenommen wird.

Europa sieht sich im letzten Jahrzehnt dieses Jahrtausends mit unerwarteten Bedrohungen konfrontiert. Zu Pessimismus oder gar Resignation besteht indes kein Anlaß, vorausgesetzt, die Europäer bringen die Kraft auf, sich konsequent diesen Herausforderungen zu stellen.

Dazu ist es erforderlich, sich dieser Probleme bewußt zu werden.

INHALT

I. Die Welt von morgen gehört uns

Anmerkungen zur multikulturellen Gesellschaft

Burning Brixton

Mit seinen vielen Alleen und den viktorianischen Häusern gehörte der im Süden Londons gelegene Stadtteil Brixton früher zu den bevorzugten Wohngegenden der britischen Metropole. Inzwischen ist daraus ein Ghetto geworden, das stark an die New Yorker Bronx erinnert. Abertausende schwarzer Einwanderer hausen in diesem heute teilweise verfallenen Vorort. In keinem der 23 Stadtteile von Greater London ist die Straßenkriminalität höher als hier.[1] Die Behörden wußten den Problemen zunächst nicht anders zu begegnen als mit vermehrten Polizeistreifen, die – oft schikanös – Farbige kontrollierten und bei der geringsten Kleinigkeit einbuchteten. Der Haß der jungen Farbigen auf die weißen Bobbys, ihre Verbitterung über ihre ausweglose Situation hatten schließlich aus Brixton ein Pulverfaß werden lassen, das jeden Augenblick in die Luft fliegen konnte. Im April 1981 war es so weit, der Anlaß allerdings eher harmlos: Ein junger Farbiger war von einer Polizeistreife gestoppt und in den Wagen gezerrt worden. Dieser Vorfall wurde zum berühmten letzten Tropfen. Binnen kurzem rotteten sich 800 Jugendliche zusammen, nachdem sie von der Verhaftung ihres Kumpels gehört hatten. Bald darauf kam es zu ersten Zusammenstößen, die schließlich in eine sechsstündige Schlacht ausarteten, auf der einen Seite 800 Schwarze, auf der anderen 1000 Polizisten. Bilanz nach der Randale: 200 Verletzte, 25 bis auf die Grundmauern niedergebrannte Häuser und 200 geplünderte Geschäfte und Pubs. England war tief geschockt; der „Daily Telegraph" konstatierte: „Unter den jungen Farbigen, die ziellos herumhängen, herrscht Ghetto-Mentalität." Nach dem Gewaltausbruch von Brixton mußten die Briten endlich zur Kenntnis nehmen, worüber sie bislang geflissentlich hinweggesehen hatten: die desperate Situation der farbigen Zuwanderer, von denen ein Fünftel arbeitslos war; besonders schlimm: bei den farbigen Jugendlichen, von denen die meisten sogar schon in England geboren waren, lag die Arbeitslosenquote sogar bei 50 Prozent.

Ein Gemeindevertreter von Brixton prophezeite nach den Krawallen: „Die nächsten Unruhen werden in Birmingham und Manchester ausbrechen. Das repressive Verhalten der Polizei wird die jungen Leute überkochen lassen.

So kam es denn auch, aber ausgelöst wurden die Krawalle zunächst anderswo, in Toxteth, einem völlig verwahrlosten Viertel in der großen, von Krisen geschüttelten Industriestadt Liverpool. Hier tobte Anfang Juli 81 eine Schlacht, die von Freitag bis Montag dauerte. Der Anlaß glich dem von Brixton aufs Haar: eine Polizeistreife hatte Jagd auf einen farbigen Motorradfahrer gemacht und festgenommen. An die 40 Halbwüchsige holten daraufhin mit Gewalt ihren Kumpel aus dem Polizeigewahrsam. Tags darauf errichteten 500 Jugendliche Barrikaden; unter den Randalierern waren aber nicht nur Farbige, sondern auch Weiße, die in der Thatcher-Ära ebenfalls zu den Verlierern zählten. Zwei Nächte lang lieferten sich 800 Bobbys mit den aufgebrachten Demonstranten wilde Kämpfe. 20 Häuser brannten aus, Autos wurden angezündet, Geschäfte geplündert. Als die Randalierer mit einem 21-Tonnen-Kran eine Bank niederwalzen wollten, schoß die Polizei Reizgas in die Menge. Damit war zunächst die Ruhe wiederhergestellt, eine trügerische Ruhe, wie sich bald zeigen sollte.

Die Ausschreitungen von Toxteth wurden zum Signal für andere Gewaltausbrüche. In zwei Dutzenden anderer englischer Städte kam es zu aufruhrartigen Krawallen. Entsetzt fragte die „Daily Mail" tags darauf: „Was wird aus unserem Land?"

Von den Einwanderern stammen etwa 600 000 aus der Karibik. Alles Farbige. Während die erste Generation der Einwanderer möglichst schnell zu perfekten Briten werden wollte, fand sich die nächste mit ihrem Schicksal als Bürger zweiter oder gar dritter Klasse nicht ab. Diese Generation, die zumeist schon in England geboren war, wollte sich nicht länger ducken und begann, gegen ihre unerträglichen Lebensbedingungen aufzubegehren.

Ihre Perspektive war und ist in der Tat düster: Schwarze Kinder bekommen in den Schulen die schlechtesten Zensuren. Doppelt soviel farbige wie weiße Briten sind arbeitslos. Die afro-karibischen Männer sind unter den Gefängnisinsassen zehnmal so stark vertreten wie in der Gesamtbevölkerung. „Steamer" werden die schwarzen Jugendlichen genannt, die blitzschnell über Passanten herfallen und sie ausrauben.

Unter all den britischen Industriestädten, mit großen Problemen, hebt sich das in der Grafschaft Yorkshire gelegene Bradford mit seinen 470 000 Einwohnern besonders hervor, im Negativen. Bradford galt in den glorreichen Zeiten des Empire als Weltmetropole des Wollhandels: mit seinen vielen Textilfabriken war es ein wohlsituiertes Gemeinwesen. Heute weist die Stadt den niedrigsten Lebensstandard in ganz Großbritannien auf. Von den 470 000 Einwohnern stammen 70 000 aus Pakistan. Diese Pakistani kamen erst 1985 nach England, als billige Arbeitskräfte wie man dachte. Doch selbst die Niedriglöhne, mit denen man die Gastarbeiter bezahlte, konnten die Textilindustrie nicht am Leben erhalten. Die Fabriken gingen alle Pleite. Die Arbeitslosenquote in Bradford liegt inzwischen bei 50 Prozent und dies trifft nicht nur die Einwanderer, sondern auch die Weißen. Längst schaut die zweite Generation der Pakistani auf die sozialen Absteiger unter den Weißen herab, den „white trash", wie sie ihn nennen, den „weißen Abfall".

Die Zahl der moslemischen Einwanderer in Bradford nimmt dank ihrer hohen Geburtenrate immer mehr zu. Schon jetzt ist gut die Hälfte der in Bradford lebenden Asiaten jünger als 16. An zehn Grundschulen der Stadt liegt der Anteil der Einwandererkinder bei 90 Prozent, doch nur 7 Prozent der Schulabgänger finden eine Lehrstelle. „Wenn die Verelendung der Moslems aber noch ein Jahrzehnt anhält, werden die Reaktionen der nächsten Generation vielleicht nicht mehr kontrollierbar sein", warnte Mohammed Ajecb, der als erster Farbiger zum Oberhaupt einer britischen Großstadt gewählt worden war. „Daß wir auf einem Pulverfaß sitzen", beunruhigt auch seinen – weißen – Nachfolger, Laurie Coughlin. Denn unter den Moslems der zweiten Generation verstärkt sich der Hang zur Integrationsverweigerung.[2]

Angesichts der zunehmenden Militanz unter den jungen Moslems mahnte die Londoner „Times": „Militante Phantasten, welche die westliche Kultur bereits am Boden wähnen, stiften schweren Schaden für ein gedeihliches Zusammenleben."

Die Mahnung fruchtete nichts. Als überall auf der Welt unter den Moslems die Empörung über das Buch des in England lebenden Schriftstellers Salman Rushdie, „Die Satanischen Verse", hochkochte, da fanden in Bradford besonders bedrohliche Demonstrationen statt. Das war im Sommer 1988. Schon 1996 wird die Inner City von Bradford mit 90 000 Farbigen die größte Konzentration von Moslems in England aufweisen. Das „englische" Bradford zählt inzwischen 30 Moscheen.

Französischer Herbst

Hundert Millionen Francs waren in den beiden letzten Jahren in Vaulx-en-Velin investiert worden, einem Vorort von Lyon, in dem besonders viele Einwanderer aus Algerien, Marokko und Tunesien leben. 1500 Wohnungen waren gebaut, Grünflächen und Sportplätze angelegt worden. Vaulx-en-Velin galt als Modell zukunftsweisenden Städtebaus, vor allem aber als Modell für ein friedliches Zusammenleben von Franzosen und Arabern. Bis zum 6. Oktober 1990. Bei einem Zusammenstoß zwischen einem Motorrad und einem Polizeiwagen war der Fahrer des Motorrads, ein junger Farbiger aus den französischen Antillen leicht, sein Beifahrer, ein 21 Jahre alter Spanier, Sohn eines Gastarbeiters, tödlich verletzt worden. Der junge Spanier hätte sich am Tag darauf vor Gericht wegen eines Motorraddiebstahls zu verantworten gehabt, der Farbige sollte eine Woche nach dem Unfall bei einem Ladendiebstahl gefaßt werden. Bald nach dem Unfall lief unter den jungen Immigrés das Gerücht um, das Motorrad wäre von dem Streifenwagen absichtlich gerammt worden. In der Nacht darauf griffen hunderte farbiger Jugendlicher das Geschäftszentrum von Vaulx-en-Velin an, plünderten Läden und steckten Geschäfte in Brand. Die Polizei hielt sich absichtlich zurück und beschränkte sich darauf, einen Kordon um die tobenden Jugendlichen zu ziehen. Selbst die berüchtigte Bereitschaftspolizei Compagnie republicaine de la sécurité (CRS) wich vor den Steinhagel und den brennenden Autos zurück, die die Jugendlichen auf sie zurollten.

Von Vaulx-en-Velin aus griffen die Unruhen auf andere Vorstädte von Lyon über; auch dort kam es zu Ausschreitungen, Plünderungen und Brandstiftungen.

Die französische Presse, einig wie selten, nannte die Vorfälle in Vaulx-en-Velin: „Eine Intifada der Vorstädte." Mit Erschrecken war den Franzosen bewußt geworden, daß ihre Städte von den Randgebieten, wo hauptsächlich die Zuwanderer untergebracht sind, geradezu belagert werden.

Und noch etwas war deutlich geworden: die Belastungsgrenze der französischen Gesellschaft für Immigranten aus der Dritten Welt, vor allem aus den arabischen Staaten Nordafrikas schien erreicht.

Im Départment Seine-Saint-Denis, das sich nördlich von Paris erstreckt, gibt es inzwischen Gemeinden, in denen die Franzosen weniger als fünf Prozent der Einwohner stellen. In diesem Départment leben insgesamt 1,2 Millionen Menschen; 250 000 davon sind Immigrés. Dazu kommen die Illegalen, deren Zahl auf 50 000 bis 60 000 geschätzt wird. Nicht gerechnet sind die Kinder der Immigrés, sowie die Menschen aus Guadeloupe und Martinique, da sie alle die französische Staatsbürgerschaft besitzen, dessenungeachtet von den „echten" Franzosen weiterhin als unerwünschte Fremde angesehen werden.

Die Ghettos in den französischen Vorstädten unterscheiden sich wenig von Slums der Dritten Welt, aus der die meisten ihrer Bewohner kommen. Die Immigrés haben kein Wahlrecht, und brauchen wegen ihres niedrigen Einkommens zumeist auch keine Steuern zu zahlen. Die Hälfte der Bewohner ist jünger als 25. Während die ältere Generation der Zuwanderer einigermaßen ihren Platz gefunden hat, wenn auch nur am Rande der Gesellschaft, stehen ihre Nachkommen völlig außerhalb. Die Resignation der Eltern ist den Jungen unverständlich. „Die Kinder sind noch verzweifelter als ihre Eltern", schrieb die Tageszeitung „Le Monde" nach den Unruhen in Vaulx-en-Velin. Wut und Haß dieser Jugendlichen entladen sich immer häufiger in Gewalt.

Die Einwanderer aus dem Maghreb und ihre Kinder sind in Frankreich längst keine kleine Randgruppe mehr. Nach der letzten Volkszählung leben etwa 3 Millionen Moslems in Frankreich, etwa die Hälfte hat einen algerischen, tunesischen oder marokkanischen Paß, während die andere Hälfte, ihre Kinder, die in Frankreich geboren wurden, die französische Staatsbürgerschaft besitzen. Obwohl formal den „echten" Franzosen gleichgestellt, ist ihre Lebensperspektive hoffnungslos. „Sie sind in Frankreich geboren, haben die französische Staatsbürgerschaft und sprechen meist nur Französisch", sagt Arezki Dahmani, der Präsident von „France Plus", einer Organisation, die sich für die Integration der Kinder maghrebinischer Einwanderer einsetzt, „aber sie werden hierzulande behandelt wie Aussätzige; in die Vorstadt-Ghettos verbannt, ohne Aussicht auf einen guten Job, und in ständigem Kleinkrieg mit der Polizei."

So entsteht in den Einwanderervierteln der Vorstädte ein Gefühl der Hoffnungslosigkeit, das sich immer wieder in Gewalttätigkeiten entlädt.[3] Eine Musikgruppe von Schwarzen und Beurs* singt: „Wundert Euch nicht, wenn sich die Gewalt Tag für Tag ausbreitet. Die Welt von Morgen gehört uns. Die Macht ist in unseren Händen ... Ich bin bereit, einen neuen Bürgerkrieg zu erklären. Wir haben genug von Euren Versprechungen. Wir werden alles in die Luft jagen. Die Gewalt gerinnt in den Adern dessen, der Haß hat."

Etwas zerschlagen, etwas zertrümmern, der Wut ein Ziel geben, das ist das Gefühl der Banlieu, der Ghettos, in den Vorstädten: „la casse", wie die Franzosen diese Gewaltausbrüche nennen.[4]

Wo der Ausländeranteil 25 Prozent übersteigt, sind sieben von zehn Kindern in den Kindergärten und Grundschulen von fremder Herkunft. Mehr als eine Million Ausländerkinder werden an den französischen Schulen unterrichtet. Die Unsicherheit an solchen Schulen nimmt

* Bezeichnung für Jugendliche arabischer Herkunft.

immer mehr zu. Inzwischen formieren sich die „französischen“ Schüler gegen die Mißstände an ihren Schulen. Sie wollen nicht länger Opfer von Ausländerbanden sein, sie verlangen, daß mehr Aufsichtspersonal eingestellt wird, daß ihre Klassenräume wieder in einen ordentlichen Zustand gebracht werden. Kurz: sie fordern, daß wieder Sicherheit und Ordnung an den Schulen einkehren.

So kam es, daß im November 1990 in ganz Frankreich die Schüler zu Hundertausenden auf die Straße gingen. In Paris rückte mit diesen Demonstrationen unversehens ein anderes Phänomen ins Blickfeld: die von Ausländern gebildeten Jugendbanden. Am Rande der 200 000 friedlich demonstrierenden Schüler bewegten sich an die 400 Randalierer, unter denen zwei völlig verschiedenen Typen auszumachen waren: die „Zulus“, und die „Autonomen“. Während die weißen Autonomen die Konfrontation mit der Polizei suchten, wichen die farbigen Zulus, Banden, die vorwiegend von Schwarzafrikanern und Arabern gebildet werden, der Polizei aus und plünderten unterdessen Bekleidungsgeschäfte und Plattenläden.[5]

Noch bei den Unruhen von Vaulx-en-Velin hatten die Medien bewußt nicht auf die Hautfarbe der Jugendlichen hingewiesen. Nach den Krawallen am Rande der Schülerdemonstrationen in Paris war es mit dieser Zurückhaltung vorbei.[6] „Man muß es leider zugeben, und das ist ein Drama: Die Banden der Plünderer haben eine starke ethnische Zusammensetzung. Sie sind in der Mehrheit Afrikaner und Maghrebiner“, stellte ein Moderator des französischen Fernsehens fest.

Aufsehen, aber nur noch schwachen Protest erregte der französische Großmarktkönig, Michel Edouard Leclerc, als er nach den Unruhen ankündigte, 17 Supermärkte in den von Jugendbanden terrorisierten Pariser Vororten zu schließen: „Ich bin kein Masochist“, erklärte er, „ich will keine Milizen in den Geschäften. Je mehr Bullen da sind, desto mehr Zerstörer kommen.“

Die Zerstörer, das sind die Jugendbanden aus den trostlosen Pariser Vororten. Seit Jahren terrorisieren die Kinder afrikanischer und arabischer Einwanderer die Randbezirke der Metropole, liefern sich immer häufiger regelrechte Schlachten, mit der Polizei, aber auch untereinander, oder machen die Vorortzüge unsicher. Meist nur in Gruppen auftretend, nehmen sie sich einfach, was sie haben wollen. Kinder und Schüler werden beraubt, Kassierer mit Messern bedroht, Kunden in den Supermärkten belästigt. Ihr Vorbild ist Vaulx-en-Velin, „es wie in Vaulx-en-Velin machen“, ihre Devise. In bestimmte Viertel wagen sich Polizeistreifen schon gar nicht mehr hinein. „Sobald sie unsere Wagen sehen", sagt ein Streifenbeamter, „geht es los. Sie bewerfen uns mit Steinen. Ich habe schon ‚Zerstörer' gesehen, die keine zehn Jahre alt waren." Intifada in Frankreich, mitten in Europa.

„Es gibt keine Guten und Bösen in den Ghettos", erklärte ein Sozialhelfer gegenüber der Zeitung „Nouvel Observateur", „die Zerstörung gehört zu den Vorstädten." Alle, die sich näher mit den Problemen der Einwandererkinder beschäftigen, sind sich darüber einig, daß es ein „Problem kultureller Natur" ist. „Diese Leute leben nicht mehr auf dem selben Planeten wie wir", meinte ein Polizeisprecher in Val d'Oise, „sie begehen Verbrechen und geben das ohne weiteres zu. Sie finden überhaupt nichts dabei."

Noch im Mai 1990 waren 100 000 Menschen in einer eindrucksvollen Demonstration ruhig und schweigend durch Paris gezogen, um gegen Antisemitismus und Rassismus zu protestieren, an ihrer Spitze der Staatspräsident, François Mitterand. Ob nach den Krawallen, die Frankreich derart schockten, noch einmal so viele Menschen sich zu einer solchen Demonstration zusammenfänden? Viele Franzosen bezweifeln es.

Aktueller Auslöser dieser Demonstration war die Schändung eines jüdischen Friedhofs in der südfranzösischen Stadt Carpentras gewesen; sie fand aber auch vor dem Hintergrund einer sich verschärfenden Ausländerfeindlichkeit statt. Die Zeitung „Le Monde" hatte, ebenfalls im Mai 1990, eine Meinungsumfrage veröffentlicht, wonach fast drei Viertel der Franzosen die Ansicht äußerten, Frankreich sei auf dem Weg ein rassistisches Land zu werden. 37 Prozent der Befragten gaben offen zu, oft oder zumindest gelegentlich rassistische Gefühle zu haben. Zwei Drittel forderten einen Einwanderungsstop.

„Der europäische Rassismus hat sich in den vergangenen zehn Jahren vor allem in Frankreich und England verstärkt und erschreckende Formen angenommen", stellte der aus Tunesien stammende Schriftsteller Hassouna Mosbahi fest und nannte auch die seiner Meinung nach maßgebenden Gründe: „Die Ursache sehe ich in der gefährlichen Ausbreitung fundamentalistischer Bewegungen in fast allen arabisch-muslimischen Ländern und in den ständigen Kriegen, von denen der Nahe Orient immer wieder erschüttert wird."

Daß die Franzosen solche Aggressionen gegen die Immigrés hegen, ist überraschend. Denn seit vielen Generationen kennt man die Nordafrikaner, lebt eng mit ihnen zusammen, so daß eigentlich zu erwarten war, daß sich dieses Zusammenleben harmonisch, zumindest aber friedlich und tolerant gestalten würde. Das Gegenteil ist der Fall, und dies gilt interessanterweise auch für die Algerier. Immerhin lebten in Algerien bis zu seiner Unabhängigkeit eine Million Franzosen. Aber dieses Zusammenleben hat gerade unter den einfachen Algerien-Franzosen keineswegs das Verständnis für die moslemischen Algerier gefördert. Im Gegenteil: die Algerien-Franzosen waren während des Unabhängigkeitskrieges die unversöhnlichsten Feinde der moslemischen Algerier. Wie auch umgekehrt: Gerade unter den Algeriern, die vor der Unabhängigkeit in Frankreich gelebt hatten, hatte die Idee des Sich-Loslösens von Frankreich ihre fanatischsten Anhänger gefunden. Und dies alles vor dem Hintergrund eines jahrzehntelangen engen Zusammenlebens: immerhin lebten zeitweise bis zu zwei Drittel der algerischen Männer in Frankreich, als Gastarbeiter, oder dienten als Soldaten in der französischen Armee. Das schlechte Verhältnis zwischen Franzosen und Algeriern macht deutlich, daß auch ein jahrelanges Nebeneinanderleben nicht automatisch zu einem toleranten Miteinander führt. Eher scheint es Mißtrauen und Aggressionen hervorzubringen.

Streit um das Kopftuch

Ein Jahr bevor der Straßenterror der Jugendbanden die Franzosen erregte, tobte ein ganz anderer Streit, der allerdings nur mit Worten, nicht mit den Fäusten ausgefochten wurde. Frankreich, obwohl zu 80 Prozent katholisch, ist traditionell ein in Religionsfragen tolerantes Land. Um so verwunderlicher als es sich plötzlich über der Frage zerstritt, ob das Tragen des islamischen Kopftuchs, des *hidschab,* in seinen Schulen das Prinzip der „laïcité“, der historischen Trennung von Kirche und Staat, verletze. Begonnen hatte die eher komisch anmutende Affäre in der Sekundärschule Gabriel-Havez in Creil, einem Ort etwa 35 Kilometer nördlich von Paris. Dort hatte der Direktor dieser Schule, die überwiegend von Einwandererkindern besucht wird, zwei Mädchen nach Hause geschickt, weil sie verhüllt zum Unterricht erschienen waren und sich weigerten Haar und Stirn freizulegen. „SOS Racisme“, eine Jugendbewegung, die sich für die Gleichheit der Rassen einsetzt, warf daraufhin dem – übrigens farbigen – Schuldirektor vor, er diskriminiere die beiden moslemischen Mädchen.

Nicht lange, bis ähnliche Konflikte in anderen Schulen mit hohem Ausländeranteil ausbrachen, etwa in Avignon oder Marseille. Während aber dort das Problem durch gütliches Zureden beigelegt werden konnte, gab in Creil der Vater der beiden Mädchen, ein islamischer

Fundamentalist aus Marokko, nicht klein bei. Unterstützt wurde er von seinen Glaubensbrüdern. Mitten in Paris demonstrierten 700 strenggläubige Moslems für das Tragen der Schleier in den französischen Schulen. Als wenig später auch noch die fundamentalistische Organisation „Stimme des Islam" ausgerechnet auf der Place de la Bastille, dem Geburtsort der französischen Revolution, demonstrieren wollte, griff der Pariser Polizeipräsident ein und verbot die Kundgebung. Diese Ereignisse ließen in Frankreich die Wogen der Empörung hochgehen. Die Mehrheit der Franzosen nimmt das Prinzip des Laizismus sehr ernst. Die Revolution von 1789 war nicht nur antimonarchisch, sondern auch antiklerikal, weil die Kirche im engen Bündnis mit der Monarchie stand. Seit 1905, nachdem schon vorher der klerikale Einfluß Schritt um Schritt zurückgedrängt worden war, vollzog die Französische Republik die endgültige und radikale Trennung von Kirche und Staat. Die Franzosen in ihrer überwältigenden Mehrheit wollen die Religion von ihren Schulen fernhalten.[7] Wenn man den Moslems beim Hidschab nachgebe, so ein viel gehörtes Argument, dann könne man den Juden auch nicht verbieten, am Sabbat der Schule fernzubleiben, und ebensowenig den Hare Krischna-Jüngern, mit rasiertem Schädel und gelben Gewändern in der Schule zu erscheinen. Obwohl nach einer Meinungsumfrage 83 Prozent der Franzosen sich gegen das Tragen des islamischen Schleiers in ihren Schulen aussprachen,[8] hat der Staatsrat, Frankreichs höchstes Verwaltungsgericht, anders entschieden: Grundsätzlich sei das Tragen dieses Kopftuchs in staatlichen Schulen zulässig.

Der Islam ist inzwischen Frankreichs zweitstärkste Religion geworden. Etwa 3 Millionen von den 4,8 Millionen Immigrés in Frankreich sind Moslems. Wenn in Frankreich über die *société multiraciale,* die mehrrassige Gesellschaft, gestritten wird, dann geht es eigentlich nur um die Moslems.[9] Ihre Vertreter, etwa die militante „Fédération nationale des muselmans en France", treten immer aggressiver auf. In Marseille und Lyon wurden nach massivem Druck große Moscheen gebaut, obwohl es dagegen erheblichen Widerstand unter den Einheimischen gab.

Der „Quotidien de Paris" sieht inzwischen durch die Moslems die Frage nach der „französischen Identität" aufgeworfen, und der „Expreß" stellte besorgt fest, „heute denken die islamischen Organisationen schon nicht mehr nur an Frankreich, sondern längst an Europa".

Langsam geht den Franzosen auf, welche Umwälzungen sich in ihrer traditionell toleranten Gesellschaft vollziehen: Ob Furcht vor dem Verlust des Arbeitsplatzes, ob Ärger über vorwiegend farbige Drogenhändler, ob Angst vor Überfällen in der Metro, ob zunehmende Nachrichten über Kriminelle mit arabischen Namen, ob Empörung über die barbarische Beschneidung von 20000 in Frankreich lebenden afrikanischen Mädchen, ob Mißmut über den Bau von neuen Moscheen: Die Franzosen stellen mit Erbitterung fest, daß sie ihrer Identität als europäische Nation verlustig zu gehen drohen.[10]

Nach einer Umfrage vertreten inzwischen 84 Prozent der Franzosen – also vier Fünftel! – die Meinung, angesichts des Verhaltens der Fremden seien „rassistische Reaktionen" gerechtfertigt.

Frankreich wird mit einer Entwicklung konfrontiert, die in den USA und Großbritannien schon seit langem in Gang ist. Der französische Soziologe François Dubel stellte in diesem Zusammenhang fest: „Wir haben es mit Jugendlichen zu tun, die sich nicht mehr mit sozialen Gruppen identifizieren. Heute bestimmen sich die Banden nach territorialen und ethnischen Kriterien. Wir nähern uns amerikanischen Verhältnissen mit Banden von Schwarzen, Chicanos und Puertoricanern."

Die gescheiterte Integration

Len Bias, einer der talentiertesten Basketballspieler der USA, starb 1989 an einer Überdosis Kokain, sein zwanzig Jahre alter Bruder ein Jahr darauf als Opfer einer Schießerei auf der Straße. Die beiden jungen Männer, Söhne einer schwarzen Washingtoner Familie, sind Opfer von Rauschgift und Handfeuerwaffen, wie so viele ihrer farbigen Altersgenossen. Auf den Straßen der Innenstädte und Ghettos der Vereinigten Staaten herrschen kriegsähnliche Zustände,[11] registriert eine Studie des „Center for Disease Control" in Atlanta. Andere Untersuchungen ergaben, daß in den Innenstadtbezirken inzwischen jeder Jugendliche eine Schußwaffe besitzt. Nach Schätzungen offizieller Stellen bringen 135 000 Schüler regelmäßig Revolver und Pistolen zum Unterricht mit.[12] Die Mordrate unter schwarzen Jugendlichen ist fünf- bis achtmal höher als unter weißen. Nahezu ein Viertel aller Schwarzen im Alter von 15 bis 30 Jahren sitzt entweder hinter Gittern oder steht unter Polizeiaufsicht.

Zweihundert Jahre nachdem Thomas Jefferson anläßlich der amerikanischen Unabhängigkeit erklärt hatte, „alle Menschen" seien „gleich geschaffen", zerreißt der Rassenkonflikt erneut das Land. Der Wille der Weißen zur Lösung des Rassenproblems ist längst erlahmt. „Die Amerikaner haben es mittlerweile mit einem festgefügten Kastensystem zu tun", klagt der Historiker C. Vann Woodward.

Ganz unten in diesem System rangieren die schwarzen Slumbewohner, und zunehmend auch Einwanderer aus Mittel- und Südamerika. Die weiße Mehrheit hat sich längst an die Begleiterscheinungen dieser Ghettos gewöhnt, an Drogen, Verbrechen und den Zerfall der Familien, solange jedenfalls als diese Begleiterscheinungen nicht auf die weißen Wohnviertel übergreifen. Doch das tun sie immer öfter. Beispiel New York: Die Stadt steht am Rande des Chaos. Wie ihre Probleme zu lösen wären, weiß niemand. Zu finanzieren sind sie schon gar nicht. 830 000 Einwohner von New York City, gut zehn Prozent der Stadtbevölkerung, leben von Sozialhilfe. Eine immer größere Zahl wird kriminell. Mehr als zwei Millionen Haftbefehle und Vorladungen werden nicht befolgt, weil die Strafverfolgungsbehörden hoffnungslos überlastet sind. Die Stadt beherbergt mehr als eine halbe Million Drogenabhängige. Jahr für Jahr werden 10 000 Kinder „toxisch" geboren, das heißt: schon bei der Geburt sind sie von Aids oder Drogen infiziert. Jedes dieser Kinder wird die Stadt allein bis zum Kindergartenalter 220 000 US-Dollar an Betreuung kosten. Keiner weiß, wie die Stadtverwaltung diese enormen Kosten, die von Jahr zu Jahr steigen, aufbringen soll.

1,5 Millionen Konsumenten harter Drogen, darunter 500 000 bis 600 000 Heroin- oder Kokainabhängige – mit solchen Zahlen beschreiben Experten die Drogenszene New Yorks. Drogenkonsum gibt es vor allem unter den sozialen Randgruppen. 80 Prozent der Heroinabhängigen stellen Schwarze, zumeist alle ohne Schulbildung und Beruf. Bei den Lateinamerikanern herrscht der Kokainkonsum vor, auch für sie keine Berufs- oder Lebensperspektive. „Alle Drogenprogramme nützen nicht viel, wenn die sozialen Rahmenbedingungen nicht stimmen", konstatierte der Stellvertretende Drogenbeauftragte des Staates New York. Die Behörden haben die Aussichtslosigkeit ihres Kampfes gegen Drogen längst eingesehen. In Stadtteilen wie der Bronx duldet die Polizei inzwischen Drogenhandel und Drogenkonsum, denn längst ist ihr klar geworden: Dagegen anzugehen wäre sinnlos.

Die Gewalttätigkeit hat inzwischen ein Niveau erreicht, das vor einer Generation noch völlig unvorstellbar war.[13] Anfang der fünfziger Jahre, die im Rückblick geradezu idyllisch erscheinen, obwohl New York immer eine harte Stadt war, wurden 8757 Raubüberfälle registriert; 1990 waren es 93 587, also mehr als zehnmal so viel – alle sechs Minuten einer, wobei die Rate nach allgemeiner Übereinstimmung sogar noch sehr viel höher liegen dürfte, denn viele New Yorker haben es aufgegeben, einen Überfall überhaupt noch zu melden, genauso wie die Polizei sich nur noch darauf beschränkt, die meisten Überfälle zu registrieren, nicht mehr aber zu verfolgen, denn dazu wäre sie personell gar nicht in der Lage.

Die Zustände in New York City entwickeln sich so, daß die gerühmte Toleranz der New Yorker jetzt langsam zu Ende geht. Die Zeitungen sind voll von Berichten über Mittelklassefamilien, die die Nase voll haben und der Stadt den Rücken kehren wollen. Meinungsumfragen zufolge stellen sich 60 Prozent der New Yorker darauf ein, im Laufe der nächsten fünf Jahre aus der Stadt wegzuziehen. Die Gewalt kommt in erster Linie von den Schwarzen und den farbigen Einwanderern. Jeder weiß es. Aber es auch offen zu sagen, wagt kaum einer, und gar Konsequenzen zu fordern, mag schon niemand mehr, und welche Konsequenzen sollten es denn auch sein?

Doch verglichen mit einer anderen US-Stadt, mit Detroit, sind die Zustände in New York geradezu friedlich. Die Hauptstadt des amerikanischen Automobilbaus ist auch zur Hauptstadt des Mordes[14] geworden. In keiner anderen Stadt der USA werden prozentual so viele Morde verübt wie in Detroit. 1986 waren es 646. Von den Opfern waren 46 jünger als 17. Unter den 1,1 Millionen Bewohner stellen die Schwarzen 75 Prozent. Von den schwarzen Jugendlichen sind 62 Prozent arbeitslos; die meisten von ihnen sind zu lebenslanger Arbeitslosigkeit verurteilt, denn in den neuen Fabriken von Ford, General Motors und Chrysler werden einfache Arbeiter nicht mehr gebraucht. Solche Arbeit wird inzwischen von Robotern ausgeführt. Die Hoffnungslosigkeit der jungen Farbigen ist unbeschreiblich. Auf den Schulhöfen prügeln sie sich nicht mehr, sie ziehen sofort die Pistole. In einer Detroiter Schule mußten Detektoren installiert werden, um Kinder daran zu hindern, mit Schußwaffen in den Unterricht zu kommen. Schüler rauben Schüler aus, stehlen einander die Tennisschuhe von den Füßen.

Es war 1967 in Detroit, wo es zu den weltweit beachteten Unruhen kam, mit 43 Toten und einem Schaden von über 500 Millionen Dollar. Tausende von Schwarzen gingen im heißen Sommer auf die Straßen, um die Verbesserungen einzufordern, die ihnen die Bürgerrechtsbewegung erkämpft hatte. Aber Rechte sind das eine, Jobs das andere: Mitte der Achtziger Jahre, zwanzig Jahre nach den Rassenkrawallen von Detroit, hatte sich für die farbigen Bürger der USA die Lage keineswegs gebessert, sondern faktisch verschlechtert; besonders für die Jugendlichen, von denen 42 Prozent arbeitslos sind.

Wenn Detroit die Hauptstadt des Mordes ist, dann ist Los Angeles die

Hauptstadt der Jugendbanden.[15] Mehr als 70 000 Gangbanger (Bandenmitglieder) soll es in der größten Stadt des amerikanischen Westens geben. Organisiert sind die Gangbanger in rund 600 Gangs, oder „Sets". Zwei Drittel aller Gangbanger stellen die Chicanos, Einwanderer aus Mexiko, die zumeist illegal in die USA gekommen sind. Die zweitgrößte Gruppe sind die Schwarzen. Fast alle Gangs handeln mit Rauschgift, vor allem mit Crack. In diesem Geschäft verdienen Jugendliche, selbst Kinder, unglaubliche Summen. Kostet ein Kilo Kokain beim kolumbianischen Lieferanten 10 000 Dollar, so läßt sich daraus Crack kochen, das in Kleinportionen auf den Straßen bis zu 250 000 Dollar bringt. Ein Straßenhändler kann so leicht auf seine 10 000 Dollar in der Woche kommen. Kinder, die als Laufburschen fungieren, schaffen immer noch ihre 500. Die Eltern der Gangbanger in den Einwanderervierteln, wo die Arbeitslosenrate bei 50 Prozent liegt, halten ihre Kinder geradezu zum Drogenhandel an, denn das ist ihre wichtigste Einnahmequelle. Ein Bewährungshelfer über die Gangbanger: „Wenn sie Drogen verkaufen, verdienen sie in zwei Wochen mehr, als wenn sie ein ganzes Jahr bei McDonalds jobben, und die Eltern unterstützen sie meistens, weil die Kids das einzige Geld heimbringen." Zwischen den Gangs toben regelrechte Bandenkriege um Straßen und Reviere. Manchmal wird auch nur zum Spaß herumgeballert. Die Gangbanger rollen mit ihren schweren Wagen durch die Straßen und sobald sie eines Mitglieds einer anderen Gang ansichtig werden, eröffnen sie das Feuer. Die Regierung hat die Gangs inzwischen zum nationalen Problem erklärt, aber die Gangbanger sind der Polizei in den meisten Fällen überlegen, jedenfalls an Feuerkraft. Ihre Lieblingswaffen: Sturmgewehre, Schrotflinten und Maschinenpistolen. Ob in Detroit, New York, Washington D.C., oder Miami: Jugendbanden kontrollieren inzwischen ganze Stadtviertel. Vorbilder für alle: die Gangbangers aus Los Angeles.

Was immer auch die Gründe dafür sein mögen. Tatsache ist: es ist in den USA nicht gelungen, die Schwarzen zu integrieren und zu wirklich gleichberechtigten Bürgern zu machen, nicht in dem Jahrhundert seit der Sklavenbefreiung durch Abraham Lincoln, und auch nicht in den Jahrzehnten seit der Bürgerrechtsbewegung Martin Luther Kings. 28,6 Millionen Schwarzer zählen die USA, etwas mehr als zehn Prozent der Gesamtbevölkerung. Zehn Prozent, das ist nicht viel, und dennoch gelingt es nicht, diese Minderheit zu integrieren und deshalb ist es auch nicht möglich, die daraus resultierenden Konflikte zu lösen, die immer wieder das Land zu zerreißen drohen. Jeder dritte schwarze US-Bürger lebt heute in Not und Armut. Als Europäer hat man allen Grund, sich die amerikanische Entwicklung vor Augen zu halten: Eine Minderheit von zehn Prozent! So hoch ist inzwischen auch schon in einigen europäischen Staaten der Ausländeranteil.

Seit einigen Jahren ist den Vereinigten Staaten ein weiteres Minderheitenproblem erwachsen: die Einwanderer aus dem Süden des Kontinents, vor allem aus Mexiko. Millionen, die teils legal, häufiger aber illegal in den Westen der Vereinigten Staaten einsickern, so daß Beobachter schon von einer Hispanisierung der USA sprechen. Auch hier: keine Chance, eine große, ethnische Minderheit zu integrieren, so daß das Potential der Hoffnungslosen immer größer wird, von denen viele in Drogenkonsum und Kriminalität abrutschen.

Ging früher die Gewalt in den Straßen hauptsächlich von den Schwarzen aus, so treten inzwischen immer mehr Hispanics in Erscheinung. Anfang Mai 1991 kam es in der amerikanischen Bundeshauptstadt zu schweren Krawallen, die von Latinos ausgelöst wurden. Eines der Viertel mit besonders vielen Einwanderern, Mount Pleasant, liegt nur zwei Kilometer vom Weißen Haus entfernt. Die Washingtoner Behörden sahen sich schließlich gezwungen, eine nächtliche Ausgangssperre zu verhängen, nachdem 13 Polizisten verletzt worden waren. Ausgelöst wurden die Krawalle durch einen Vorfall, der dem Muster von Vaulx-en-Velin und Brixton entspricht: Bei der Festnahme war ein Latino von einem Polizisten angeschossen worden, was zum Auslöser für Krawalle mit Gewalttätigkeiten, Plünderungen und Brandstiftungen wurde. Merkwürdig dabei war die Hautfarbe der Kontrahenten: die Latinos gingen nicht etwa auf Weiße los, sondern auf schwarze Polizisten. Von den 500 000 Einwohnern von Washington D.C. sind zwei Drittel Schwarze, die auf die 60 000 meist illegalen Einwanderer aus Mittel- und Südamerika verächtlich herabsehen.

Das schwarze Paris

Genau weiß es keiner, doch Schätzungen gehen dahin, daß im Großraum Paris 700 000 Schwarzafrikaner leben. Paris ist für viele Bewohner der ehemaligen französischen Kolonien in Afrika zur letzten Hoffnung geworden. Sie kommen aus dem Senegal, aus Guinea, aus dem Tschad, aus Kamerun und aus Togo. Willkommen sind sie alle nicht. Die ausländerfeindliche Stimmung greift in Frankreich immer mehr um sich. Aber im Gegensatz zum britischen Rassismus ist der französische lautlos, versteckter, jedenfalls soweit es die öffentliche Meinung angeht.

Doch ganz unten, da, wo ihn die Immigrés zu spüren bekommen, schlägt er nicht weniger brutal durch:

Wabi C., ein junger Mann von der Elfenbeinküste sitzt in einer Metrostation und verkauft selbstgemalte Postkarten. Eines Tages wird er von einer Zivilstreife aufgegriffen. Grund: er hat keinen Gewerbeschein. Die Beamten finden einen Sack voller 10-Francs-Stücke bei ihm. 10 Francs, das ist das, was er für seine Postkarten bekommt. Für die Beamten aber sind die Münzen der Beweis, daß es sich bei dem schwarzen Mann von der Elfenbeinküste um einen Automatenknacker handelt. Er wird zur Wache mitgenommen, muß sich dort nackt ausziehen, wird geschlagen. Dann soll er den Beamten die Füße küssen. In seiner Angst tut er es; später, als er den Vorfall Freunden erzählt, heult er vor Wut. Er schwört, den ersten Weißen zu massakrieren, der ihm über den Weg läuft. Nachdem er sich beruhigt hat, versucht er sich einzureden, daß drei prügelnde, sadistische Polizisten nicht typisch für die weißen Franzosen sind. Aber die Verachtung, die er in ihren Augen gesehen hat, wird er nie mehr vergessen, genausowenig wie sein Haß nachlassen wird, und auch nicht sein Verlangen nach Rache.[16]

Selbst unter den Schwarzen in Paris gibt es unsichtbare, aber wirkungsvolle Trennlinien. Da gibt es auf der einen Seite die Immigrés aus Schwarzafrika, die zumeist illegal hier sind, und auf der anderen die Schwarzen von den Antilleninseln Martinique und Guadeloupe, die alle den französischen Paß haben. So hoffnungslos die Lage beider Seiten auch ist, nicht selten stehen sie sich feindlich gegenüber.

Offiziell sind die „antillas" Franzosen, und damit gegenüber den Schwarzafrikanern enorm privilegiert, aber das ist nur auf dem Papier so. Was wirklich zählt, ist die Hautfarbe, und die ist nun einmal schwarz. Von Gleichberechtigung oder gar Integration kann keine Rede sein. Über 30 Prozent der jungen „antillas" sind arbeitslos. Für viele dieser Jugendlichen bleibt nur der Straßenstrich oder der schnelle Franc in der Drogenszene.

In einer der glänzendsten Metropolen der Welt gibt es inzwischen Viertel, die sich keinen Deut von den Slums afrikanischer Großstädte unterscheiden. Immer mehr afrikanische Frauen sind hier zu sehen, mit Kindern auf dem Rücken, in bunten Tüchern gewickelt, den Wassereimer auf dem Kopf balancierend, weil es in den Abbruchhäusern, in denen sie hausen, längst kein Wasser mehr gibt: die Stadt hat ihnen den Hahn abgedreht, weil sie ihre Rechnungen nicht bezahlen.

Nur einen Steinwurf entfernt, die prächtigen Geschäfte der Reichen, die großen Boulevards, der Luxus der Seine-Metropole. Wie lange noch werden sich die Schwarzen, die Nordafrikaner damit abfinden?

Spanien, multikulturell

Bis 1968 war Spanien ein reines Auswandererland. Noch in den fünfziger Jahren ergoß sich ein steter Strom von Menschen nach Südamerika. Seit den Sechzigern wanderten Hunderttausende als Gastarbeiter in die mitteleuropäischen Industriestaaten. Das verarmte Südamerika ist für das EG-Mitglied Spanien längst kein attraktives Ziel mehr, und als ganz Europa von einer Rezession geschüttelt wurde, in derem Gefolge die Arbeitslosenzahlen auf Millionenhöhe kletterten, kehrten viele spanische Gastarbeiter mehr oder minder freiwillig wieder in ihre Heimat zurück. Was sie nun dort vorfanden, war etwas für sie völlig Ungewohntes: Gastarbeiter, und zwar hauptsächlich solche aus Afrika. Diese Gastarbeiter verrichteten Arbeiten, für die sich viele Spanier zu schade waren, vor allem zu einem Lohn, der oft nur die Hälfte von dem ausmachte, den ein spanischer Arbeiter forderte und auch bekam. Ob bei der Obsternte oder im Gastgewerbe, bei der Müllabfuhr oder in den Bergwerken, arme Teufel aus Afrika taten das, was Spaniern zu mühselig war und zu wenig einbrachte.

Anfang der achtziger Jahre lebten mehrere hunderttausend Ausländer aus der Dritten Welt in Spanien, drei Viertel davon illegal. Je mehr es werden und je auffälliger sie sind, desto größer wird die Fremdenfeindlichkeit, die Afrikanern gegenüber längst zum Rassenhaß geworden ist. Sonderausweise für Farbige, Restaurants und Schwimmbäder, die Afrikanern den Zutritt verwehren, ein Wirt, der sein Restaurant in einen Bereich für Schwarze und für Weiße trennt. Südafrika oder Spanien? Apartheid mitten in Europa.

„Die anderen waren immer die Rassisten, wir nicht", stellt Professor Tomas Calvo Buezas, ein Anthropologe an der Universität von Madrid, fest, „so jedenfalls steht es in unseren Schulbüchern. Doch die Fremdenfeindlichkeit war hier immer latent vorhanden, genauso wie in den anderen Ländern Europas."

Im März 1989 verschärfte die (sozialistische!) Regierung die Einreisebestimmungen für Ausländer aus Nicht-EG-Staaten, eine Maßnahme, die sich vor allem gegen Afrikaner und Lateinamerikaner richtete. Die Grenzpolizei verlangt seither den Nachweis einer Mindestsumme (pro Monat umgerechnet 800 Mark) und die Vorlage einer Rückfahrkarte. Hat es etwas genutzt?

Die Zahl der Einwanderer aus Afrika hat sich in den letzten acht Jahren verfünffacht. In Madrid allein leben 12 000, in Spanien insgesamt 600 000, alles nur geschätzt, denn die Dunkelziffer ist hoch. Aus Lateinamerika kamen im vergangenen Jahr 60 000 Einwanderer, selbst Polen baten in Spanien um Asyl. Offiziell leben 364 000 Flüchtlinge in Spanien, inoffiziell wird ihre Zahl auf über 800 000 geschätzt. Zwar werden Ausländer, vor allem farbige, immer wieder abgeschoben, aber die Zahlen sind minimal: 1436 Marokkaner, 464 Senegalesen, 204 Algerier, und 115 Bürger der Dominikanischen Republik mußten 1989 das Land verlassen. Die Anerkennungsquote für Flüchtlinge ist in Spanien nicht viel anders als in Deutschland: gerade 3 Prozent werden als politische Flüchtlinge anerkannt, mehr nicht.[17] Was geschieht mit den anderen?

Die Wut gegen die Ausländer entlädt sich immer häufiger in Gewalt: Als 70 Afrikaner in dem kleinen Dorf Manjiraon, im Norden von Madrid, untergebracht werden sollen, kommt es im Dorf zum Aufstand. Der sozialistische Bürgermeister faßt die Stimmung zusammen. „Das wäre wie die Invasion von Kuweit."[18] Der Versuch, die Afrikaner in dem nahen Dorf Miraflores unterzubringen, scheitert ebenfalls am Widerstand der Dorfbewohner. Die Behörden sind ratlos: wohin mit den Afrikanern?

Im August des gleichen Jahres wurden in dem Landarbeiterstädtchen Alcarras drei Algerier brutal mißhandelt.[19] Acht vermummte, mit Stökken und Knüppeln bewaffnete Männer hatten die drei überfallen und erbarmungslos zusammengeschlagen. Die Polizei konnte, oder wollte, den Vorfall nicht aufklären. Der Bürgermeister des Ortes erklärte den Vorfall so: „In diesem Jahr gibt es kaum Arbeit, aber es sind genausoviel Afrikaner gekommen wie immer."

In Barcelona werden Afrikaner von der Polizei schikaniert, wenn sie zum Amüsement in die Stadt fahren wollen. In einem Küstenbadeort forderte eine aufgebrachte Bürgerversammlung verschärfte Kontrollen der Marokkaner. Die Verwicklung von Afrikanern in den Drogenhandel an der Costa Brava nahm die Polizei zum Anlaß, eine Hetzjagd auf Schwarze zu veranstalten;[20] immerhin: diese Aktion, die im Polizeijargon als „Operation Zulu" ablief, wurde von der spanischen Öffentlichkeit heftig diskutiert, ja auch kritisiert.

Randale in Kreuzberg

Die Szenen, die die Deutschen auf dem Fernsehschirm miterleben konnten, kannten sie bisher nur von Rassenunruhen in den USA und Großbritannien. Brennende Autos, Barrikaden, Steinhagel, die auf flüchtende Polizisten niederprasselten, eingeschlagene Schaufenster, mit Plündergut dahinhuschende Gestalten. Es war aber weder Detroit noch Birmingham, sondern Berlin-Kreuzberg, wo sich in der Nacht zum 1. Mai 1989 bisher noch nie erlebte Krawalle abspielten. Berlin-Kreuzberg, jener an Ausländern reiche Stadtteil von Westberlin. Ein Viertel davon, SO 36, benannt nach einem Postzustellbezirk, weist besonders viele Hausbesetzer, Alternative und Chaoten auf, aber eben auch einen exorbitant hohen Anteil von Türken. Wenn eine Gegend in der Bundesrepublik multikulturell genannt werden darf, dann dieses Viertel um den Oranienplatz. Daß es dort immer wieder zu Krawallen kommt, war nicht neu, ganz neu aber war, daß sich an jenem 1. Mai auch viele junge Türken beteiligten. Ein Schock für alle, die immer geglaubt hatten, Türken wären durch ihre intakte, traditionell enge Familienbande gegen Ausbrüche von Gewalt und Kriminalität gefeit.[21] Noch schlimmer: es waren nicht nur jugendliche Türken, die sich Seite an Seite mit den Chaoten der Polizei Schlachten lieferten, auch türkische Frauen beteiligten sich an der Plünderung von Supermärkten.

Für die jungen Türken müssen diese Straßenschlachten ein umwerfendes Erlebnis gewesen sein. Fühlten sie sich sonst auf Polizeiwachen Demütigungen und Schikanen ausgesetzt, so sahen sie nun die gleichen Polizisten vor ihnen Reißaus nehmen. Nach diesen Maikrawallen muß manchem jungen Ausländer gedämmert sein, daß es auch anders geht, daß man sich nicht immer nur zu ducken braucht, daß man sich auch wehren kann, notfalls mit Gewalt.

Nach den Kreuzberger Krawallen wurden erstmals Befürchtungen laut, daß die halbwüchsigen Türken künftig auch auf deutsche Altersgenossen losgehen würden. Und genauso kam es denn auch.

Seit 1989, verstärkt aber seit 1990, bilden sich in Berlin – und das nicht nur im Problemstadtteil Kreuzberg – ausländische Jugendbanden. So registrierte die Berliner Staatsanwaltschaft im I. Quartal 1990 die erschreckende Zahl von 23 710 Jugendstraftaten, was gegenüber dem Vorjahr eine Zunahme um 150 Prozent bedeutete. 12 800 dieser Straftaten wurden von ausländischen Jugendlichen begangen, also etwas mehr als die Hälfte.

Hier einige Beispiele, die sich beliebig fortsetzen ließen:

– 8 Türken, 5 Jugoslawen und ein Pole im Alter zwischen 16 und 18 Jahren stehen vor dem Kriminalgericht Moabit, weil sie in der Gegend um den Fehrbelliner Platz Jugendliche bedroht, geschlagen und beraubt hatten.

– Drei Schulen im Wedding (einem anderen Berliner Bezirk mit besonders hohem Türkenanteil), die immer wieder Schauplatz von Übergriffen türkischer Jugendlicher waren, müssen von der Polizei geschützt werden.

– Der Iraner Arash A. (18) verletzte mit einem Messer zwei junge Deutsche lebensgefährlich. Die beiden waren von einer Jugendbande zusammengeschlagen worden. Als sie wehrlos am Boden lagen, rammte der Iraner ihnen ein Messer tief in Bauch und Rücken. Während der Iraner verurteilt wurde, gab es für die mitangeklagten Türken und Libanesen Freisprüche.

– Einen Schaden von 300 000 DM richtet eine Jugendbande im Märkischen Viertel (eine Gegend mit ebenfalls hohem Türkenanteil) an; darunter 56 Autodiebstähle, 153 Diebstähle aus Autos, Raubtaten und Verstöße gegen das Waffengesetz. Als Haupttäter gelten fünf Türken und ein Jugoslawe, im Alter von 16 bis 17 Jahren.

Alles keine Einzelfälle: Die City-Direktion der Berliner Polizei registrierte allein 250 Straftaten jugendlicher Ausländer in den ersten fünf Monaten des Jahres 1990.

Ebensowenig ist Berlin selbst ein Einzelfall. Was sich hier abspielt, passiert ebenso in anderen deutschen Großstädten, die einen hohen Ausländeranteil aufweisen:

– In München werden einer einzigen Bande von fünf jungen Türken 58 Trickdiebstähle und 16 Automatenaufbrüche vorgeworfen.

– In Frankfurt am Main treten an einem Wochenende gleich fünfmal ausländische Jugendbanden in Aktion, die Passanten mit Schlägern oder vorgehaltener Pistole Geld und Wertsachen abpressen.

– Im Hamburger Problemviertel St. Georg haben junge Türken kurdischer Herkunft den Rauschgifthandel fest in der Hand, weitgehend kontrollieren sie auch den Kinderstrich. Viele der Dealer sind so jung, daß sie strafunmündig sind. Die Hamburger Jugendstaatsanwaltschaft hat im Jahr durchschnittlich 600 Fälle wegen Drogendelikte zu bearbeiten. 90 Prozent davon betreffen junge Türken.

Die Hochburgen der Bandenkriminalität legen immer in Stadtteilen, wo sich der Ausländeranteil der 50 Prozent-Grenze nähert oder diese Grenze überschreitet. Um noch einmal auf Berlin zu kommen: Hier treiben inzwischen mehr als 30 ausländische Jugendbanden ihr Unwesen. Der einer ausländerfeindlichen Haltung bestimmt nicht verdächtige, liberale Berliner „Tagesspiegel“ wußte 1990 von 700 Straftaten solcher Banden in knapp drei Monaten zu berichten.

Wenn je etwas vorauszusehen war, dann diese Entwicklung. Man hätte nur einen Blick über die Grenze zu werfen brauchen, nach Frankreich, oder nach Großbritannien, vor allem in die USA: Es ist immer das gleiche Muster: Während die erste Generation der Einwanderer und Gastarbeiter bestrebt ist, möglichst wenig aufzufallen, sich anzupassen, bis hin zur Duckmäuserei, explodiert der Frust der zweiten Generation in Gewalt. Hinweise auf diese Entwicklung gab es genug. So warnten schon Anfang der Siebziger Jahre Sozialwissenschaftler, daß aus den deutschen Großstädten „lauter kleine New Yorks“ werden könnten, wie es 1971 der damalige Stadtentwicklungsreferent von München, Hubert Abreß, formulierte.[22]

Für diese Entwicklung gibt es viele Gründe, sie liegen sogar auf der Hand. An erster Stelle steht eine offen zur Schau getragene Ablehnung, die die orientalisch aussehenden Ausländer täglich zu spüren bekommen. Hinzu kommen miserable Zukunftsperspektiven. Viele der jungen Ausländer schaffen nicht einmal den Hauptschulabschluß, ebensowenig eine berufliche Ausbildung, und selbst wenn sie in Schule und Ausbildung erfolgreich sind, haben sie noch lange keinen Arbeitsplatz: Die Arbeitslosigkeit unter ausländischen Jugendlichen ist erschreckend hoch. In Problemgebieten wird sie auf 50 und mehr Prozent geschätzt, was der Arbeitslosigkeit in den amerikanischen Einwandererslums entspricht. Statt (Gast)arbeiter, wie ihre Väter, sind viele Ausländer der zweiten Generation nur noch (Gast)arbeitslose und (Gast)sozialhilfeempfänger, wie es der „Spiegel“ in einem großangelegten Artikel über Ausländerkriminalität formulierte.[23]

Sie, die Gastarbeiterkinder, wie auch die Kinder der Asylbewerber, haben nur eines in Überfluß: Zeit. So sieht man sie in Gruppen durch die Innenstädte streifen, oder in Fußgängerzonen herumlungern, was wiederum bei den ordnungsliebenden Deutschen Aversionen auslöst. Ablehnung und Verachtung auf der einen Seite, Frust und Wut auf der anderen. Was soll Gutes dabei herauskommen?

Kein Wunder, daß sich diese Jugendlichen ihre Vorbilder unter solchen Landsleuten suchen, die es geschafft haben und scheinbar mühelos viel Geld machen, allerdings zumeist in einer kriminellen Laufbahn: als Drogenhändler, Einbrecher, oder Hehler, die dabei das dicke Geld machen, und in teuren Schlitten durch die Gegend brausen:

Sie sind oft die Vorbilder der arbeitslosen, gelangweilten ausländischen Jugendlichen. Die Hemmschwelle zur Kriminalität ist unter solchen Umständen niedrig, die kriminelle Laufbahn vorgezeichnet: abgebrochene Ausbildung, Jugendbande, Jugendknast, danach Abgleiten ins Milieu.

Biktik Senden Almanya

Um eine weitere Drehung schraubte sich in Berlin die Gewalt im Herbst 1990 hoch. Am 3. Oktober, dem Tag der Deutschen Einheit, kam es in Ostberlin zu bürgerkriegsähnlichen Zuständen. Über Stunden lieferten sich 700 Chaoten mit 2000 Polizisten wahre Straßenschlachten, in der Gegend des Alexanderplatzes, im Herzen der alten City. Erschreckend der Umstand, daß etwa 200 der Gewalttäter junge Türken waren, die aus dem nahen Kreuzberg herübergewechselt waren, um hier Randale zu machen. Intifada in Berlin, mitten in Europa. Nur nebenbei sei angemerkt, daß von den 302 Krawallmachern, die die Polizei festnehmen konnte, nur ganze zehn einem Haftrichter vorgeführt wurden. Auf der anderen Seite waren aber 20 Polizeibeamten so schwer verletzt worden, daß sie in ein Krankenhaus eingeliefert werden mußten. Der damals für die Sicherheit der Stadt verantwortliche Innensenator, Paetzold (SPD), glaubte dennoch eine positive Bilanz über den Polizeieinsatz ziehen zu können. Er stellte befriedigt fest, daß unter den Festgenommenen der Anteil jugendlicher Ausländer nicht ungewöhnlich hoch gewesen sei – die Wahrheit ist: dieser Anteil machte fast dreißig Prozent aus!

Am selben Tag, dem Tag der Deutschen Einheit, demonstrierten in Berlin Hunderte von Türken mit Transparenten, auf denen zu lesen stand: „Biktik Senden Almanya“, auf deutsch: „Deutschland, es reicht“.

Die Reaktionen der Politiker auf Gewaltausbrüche ausländischer Jugendlicher sind ebenso hilf- wie nutzlos. Da sollen zunächst mehr Sozialarbeiter eingestellt werden, sogenannte Streetworker, die sich der Halbwüchsigen annehmen sollen. Andere Vorschläge gehen dahin, junge Ausländer in Sportvereine zu holen, damit sie von der Straße wegkommen. Wer wollte etwas gegen solche gutgemeinten Vorschläge haben? Helfen wird es nicht, solange man den jungen Türken eines nicht bieten kann: eine persönliche und vor allem eine berufliche Zukunft, und dies kann niemand, kann man es doch selbst allen Deutschen nicht. Insofern ist die Forderung der Berliner Ausländerbeauftragten, Barbara

John, entweder dumm oder leichtfertig, oder beides zusammen, wenn sie sagt: „Die Probleme der ausländischen Bürger, Arbeitslosigkeit und mangelnder Wohnraum, müssen beseitigt werden."

Eine Woche bevor es in dem schon zitierten Vaulx-en-Velin zu den bürgerkriegsähnlichen Ausschreitungen kam, war dort im Beisein von Honoratioren eine Kletterwand eingeweiht worden; man wollte den arbeitslosen Jugendlichen, die nichts mit ihrer Zeit anzufangen wußten, etwas Abwechslung bieten. Nach den Unruhen sagte ein arabischer Jugendlicher einem Reporter: „Was soll der Quatsch mit der Kletterwand? Schenkt mir der Staat etwa auch eine Kletterausrüstung?" und man ist versucht, weiter zu fragen: welchen Sinn soll ein arbeitsloser Ausländer darin sehen, in einer Wand aus Beton herumzukraxeln? Würde das auch nur eines seiner Probleme lösen, würde sich dadurch seine hoffnungslose Perspektive auch nur um einen Deut verändern?

Was aber tun? Um der Gewalt der Jugendbanden zu begegnen, beschloß der Berliner Senat, daß ab 1. Juli 1990 neun Sozialarbeiter als „Streetworker" auf die Straße gehen sollten. Knapp vier Wochen später prügelten sechs Türken und zwei Deutsche, alles Halbwüchsige, mitten in der Stadt einen achtzehnjährigen Deutschen zu Tode.

Ein gutes halbes Jahr nachdem der Senat, sein Streetworkerprogramm beschlossen hatte, mußten die Behörden feststellen: die Gewalt unter ausländischen Jugendlichen hat weiter zugenommen.

Die Wahrheit ist, daß die meisten ausländischen Jugendlichen in Deutschland (wie in den anderen europäischen Ländern auch) Außenseiter bleiben werden. Sie werden von der einheimischen Gesellschaft nicht akzeptiert und bleiben ausgegrenzt. Genauso wahr ist, daß viele, wenn nicht die meisten dieser Menschen zwanzig, dreißig Jahre von der öffentlichen Fürsorge werden leben müssen, weil es keine Arbeit für sie gibt (siehe auch Kapitel IV). Daß nicht wenige von ihnen kriminell, zumindest aber eine unruhige, zu Gewaltausbrüchen neigende Masse bilden werden, läßt sich denken. Der überproportionale Anteil jugendlicher Ausländer an Straftaten weist darauf hin (siehe Kapitel V). Länder, die sich schon länger als die Bundesrepublik mit großen, nicht integrierbaren Minderheiten auseinandersetzen müssen, wie die USA, wie Frankreich oder Großbritannien, zeigen überdeutlich, wohin das führt. Wenn nichts geschieht, werden wir hier bald die gleichen und dann nicht mehr lösbaren Probleme haben.

Wenn wir das nicht wollen, muß man den Mut zu konsequentem Handeln aufbringen. Das heißt: es führt kein Weg daran vorbei, diese Menschen, in ihre Heimat zurückzuschicken, selbst dann, wenn sie hier geboren sind. Die Vorstellung, solche Ausländer, die keine Berufsausbildung haben, ja nicht einmal eine abgeschlossene Schulbildung, irgendwann einmal in unsere Gesellschaft integrieren zu können, ist weltfremd, zumal die meisten Türken, um die größte Ausländergruppe zu nennen, jede Integration bewußt ablehnen (siehe Kapitel IV). Warum sollte ausgerechnet bei uns funktionieren, was in allen anderen Ländern mißlungen ist? Die Möglichkeit, eine Schule zu besuchen und sie abzuschließen, ebenfalls einen Beruf zu erlernen, hatten junge Ausländer bisher auch schon. Mehr als das kann man ihnen nicht bieten, auch in Zukunft nicht. In den meisten Fällen reicht es offensichtlich nicht.

Die Hoffnung, der gemeinsame Unterricht mit deutschen Kindern würde zur Integration der jungen Ausländer beitragen, hat getrogen. Wenn 70 Prozent der Schüler Ausländer sind, und nur noch 30 Prozent Deutsche, dann beantwortet sich die Frage von selbst: wer muß sich wem anpassen? In Gebieten mit hohem Ausländeranteil plädieren deutsche Eltern für reine Ausländerklassen, wie auf der anderen Seite ausländische Eltern sich für gemischte Klassen aussprechen. Die ehemalige Berliner Schulsenatorin, Laurin (CDU), faßte ihre Erfahrungen so zusammen: „In den Bezirken ohne Ausländer sind alle für die Integration, aber wenn man in Bezirke mit hohem Ausländeranteil kommt, sieht es schon anders aus." Eine Sonderschullehrerin im Württembergischen resümierte: „Wenn du 50 Prozent Türken in der Klasse hast, dann wird es mühsam. Das senkt das Niveau. Da ist individuelle Förderung nicht mehr möglich."

Daß der Krach auf den Straßen zwischen deutschen und ausländischen Jugendlichen oft schon in der Schule anfängt, wissen Lehrer, die Klassen mit hohem Ausländeranteil haben. Eine Lehrerin an einer Hauptschule in Duisburg-Oberhausen, die eine Klasse mit einem Ausländeranteil von 30 Prozent unterrichtet, hat die Erfahrung gemacht: „Da prallen zwei völlig verschiedene Kulturen aufeinander, und als Lehrer steht man ziemlich hilflos da."

In Frankfurt am Main, der deutschen Stadt mit dem höchsten Ausländeranteil (24,6 Prozent) nimmt die Gewalt an den Schulen in beängstigender Weise zu. Zur Zeit werden die Frankfurter Schulen von 94 000 Schülern besucht, die aus 86 Nationen stammen. Wahrlich eine multikulturelle Gesellschaft, die da im Entstehen begriffen ist. Eine Untersuchung an den Frankfurter Schulen erbrachte das Ergebnis, daß die Gewaltbereitschaft erschreckend zunimmt. Werner Rothenberger, Fachberater für Suchtprävention und Drogenfragen beim Staatlichen Schulamt, sieht die Ursachen dafür (neben Gewaltvideos) vor allem „in der multikulturellen Gesellschaft ... Marokkaner zum Beispiel haben einen ganz anderen Verhaltenskodex". Das Schulamt will jetzt „Ethik-Kataloge" erarbeiten, die – so Rothenberger – „verbindliche Normen für ein Zusammenleben der Schüler aller 86 Nationen setzen".

Und um noch einmal auf den Problemstadtteil Berlin-Kreuzberg zu kommen: 80 Prozent der Hauptschüler hier sind Ausländer. Jeder Dritte erreicht nicht den Abschluß, 6,8 Prozent schaffen es nicht einmal bis zur 10. Klasse. Nach der Schule werden viele arbeitslos: Es bedarf keiner großen Phantasie, sich auszumalen, was hier heranwächst.

Die Berliner Verhältnisse sind zwar extrem, aber beileibe nicht einmalig. Drei von vier jungen Ausländern bekommen in der Bundesrepublik keinen Ausbildungsplatz. Wovon, wenn nicht von der Sozialhilfe, sollen sie als Erwachsene einmal leben?

Das Fremdensyndrom

Man mag zur Fremdenfeindlichkeit stehen wie man will: an der Feststellung kommt man nicht vorbei, daß es sie überall auf der Welt gibt. Man kann es auch wie die Soziologen sagen: Die Haltung gegenüber Fremden ist durch Mißtrauen gekennzeichnet, das leicht in Haß umschlägt. Offensichtlich ist es im Menschen angelegt, daß er Fremde ablehnt und abwehrt. Er empfindet sie als Bedrohung, und dies um so stärker, wenn sie auf Dauer bleiben wollen. Wie stark und wie aggressiv diese Fremdenfeindlichkeit ist, hängt offensichtlich davon ab, wie sehr der Fremde als Bedrohung empfunden wird. Das reicht hin bis zu tief sitzenden, sich über Generationen hinziehende Vorurteilen und Feindschaften. Manche wirken eher komisch, wie die Abneigung der Bayern gegenüber den Preußen, andere sind harmlos, aber nachhaltig, wie zwischen Flamen und Wallonen in Belgien, manche aber sind auch tödlich, wie zwischen Tamilen und Singhalesen auf der Insel Ceylon. Selbst in Ländern, wo man glaubte, die Integration wäre gelungen, brechen urplötzlich wieder Haßgefühle aus: Der Vielvölkerstaat Jugoslawien zerbricht, Serben unterdrücken Albaner, Slowenen wollen nichts mehr mit Serben zu tun haben, Kroaten wollen den Staat verlassen: das multikulturelle Experiment Jugoslawien ist offensichtlich gescheitert, wie andere auch. Im großen Vielvölkerstaat Sowjetunion dringen Gegensätze wieder an die Oberfläche, die seit Jahrzehnten als überwunden galten: Aserbeidschaner beispielsweise verfolgen Armenier und umgekehrt, wobei hier die Religionszugehörigkeit eine wichtige Rolle spielt, die einen sind Christen, die anderen Moslems. Die Reihe ließe sich beliebig fortsetzen: Türken gegen Kurden, Tibeter gegen Chinesen, Hindus gegen moslemische Inder und so fort und so fort.

Auch der vielzitierte und gerühmte „Melting Pot USA“, der amerikanische Schmelztiegel, erweist sich bei näherem Hinsehen keineswegs als ein Integrations-Modell. Soweit es sich um europäische Einwanderer handelte, haben sich zwar vermischt, mit Abstrichen, denn auch in den USA gibt es immer noch eine Hierarchie der Einwanderer: ganz oben Angelsachsen, weiter unten Iren und Italiener, dazwischen Skandinavier und Deutsche. Aber im Grunde überhaupt nicht integriert sind Farbige und neuerdings auch Hispanics, die neuen Zuwanderer aus Mittel- und Südamerika. Schon 1954 hat der amerikanische Sozialpsychologe Gordon W. Allport herausgefunden: „Schätzungsweise vier Fünftel der amerikanischen Bevölkerung hegen so viel Abneigung gegen Minderheitsgruppen, daß es ihr Alltagsverhalten beeinflußt.“ Daran hat sich im Grunde nichts geändert.

Heutige Sozialpsychologen vermuten, das „Fremdensyndrom“[24] habe „kognitive“ Ursachen: wir fürchten im Fremden zum Beispiel den Konkurrenten um begrenzte Ressourcen, auf Deutsch: um Arbeitsplatz und Wohnung. An Meinungsumfragen kann man klar ablesen, daß die Ablehnung gegen Ausländer um so ausgeprägter ist, je näher man ihnen ist. Wer den Ausländer als Konkurrenz um Arbeitsplatz und Sozialwohnung wahrnimmt, im gleichen Viertel mit ihm lebt, wird kritischer sein, als der Akademiker, der in einer guten Gegend wohnt, und als wohlbestallter Beamter den türkischen Gastarbeiter nicht als Konkurrenten empfinden kann. Aus einer solch gesicherten, unbedrängten Position läßt sich natürlich leichter für eine multikulturelle Gesellschaft plädieren als wenn man Wand an Wand mit einer kinderreichen türkischen Arbeiterfamilie lebt.

Daß es Fremdenfeindlichkeit gibt, kann ernsthaft niemand bestreiten. Interessanter ist die Frage nach den Ursachen. Die einen sehen sie im Menschen angelegt, sozusagen als Erbgut, diese Meinung vertreten die Biologisten; dafür stehen die Verhaltensforscher Konrad Lorenz und Irenäus Eibl-Eibelsfeldt. Die anderen meinen, die Fremdenfeindlichkeit sei nur anerzogen, so die Deterministen. Ob Biologisten, oder Deterministen, keine der beiden Schulen kann ihre These letztendlich beweisen. Es gibt Indizien, die die eine Richtung stützen, wie andere, die in die entgegengesetzte Richtung weisen.

Die Wissenschaft bringt einen nicht sehr weit, jedenfalls wenn man exakte, schlüssige Beweise verlangt. Entkleidet man manche Theorie von ihrem wissenschaftlichen Jargon, so kommen meist ganz einfache Wahrheiten heraus, deren Richtigkeit durch die Erfahrung belegt werden. Hält man sich daran, dann kann man von drei wesentlichen Merkmalen ausgehen, nach denen Zugehörigkeit und Fremdheit seit jeher beurteilt werden:

- Aussehen
- Sprache
- Religion

Statt Religion könnte man auch Ritus sagen, oder wenn man will: Weltanschauung.

Ein Engländer spricht eine andere Sprache, ist aber im Aussehen von einem Deutschen nicht unbedingt zu unterscheiden. Einen Türken erkennt man schon an seinem Aussehen, er spricht auch anders, und er hat auch eine ganz andere, dem Mitteleuropäer gänzlich fremde Lebensweise, von seiner Religion gar nicht zu reden. Wenn nun solche auffälligen Fremde sich auch noch nicht absorbieren, sondern ihre Gruppenidentität behaupten wollen, wie etwa die türkischen Gastarbeiter und ihre Familien, provozieren sie allein durch ihr Da-Sein Aggressionen, stiften sie Unfrieden in der Gastgesellschaft.

Ein anderer Aspekt der Fremdenfeindlichkeit wurde bisher nur am Rande erwähnt; er ist aber von einer solch eminenten Bedeutung, daß man sich näher damit befassen muß. Es wurde oben schon draufhingewiesen, daß die Fremdenfeindlichkeit um so ausgeprägter ist, je mehr der Fremde als Bedrohung empfunden wird, etwa als Konkurrent um Arbeitsplatz und Wohnung. Es ist klar, daß sich niemand durch eine Handvoll Ausländer, durch wenige, die in der Masse der Einheimischen praktisch untergehen, bedroht, oder auch nur belästigt fühlen würde. Anders, wenn ihre Zahl sehr groß ist. 28 Prozent Ausländer in einem Stadtteil wie Berlin-Kreuzberg, besonders dann, wenn sie schon durch ihr Aussehen als Fremde auffallen, wie etwa Türken oder Immigranten aus der arabischen Welt, verschwinden nicht mehr in der Masse, dafür sind es einfach zu viele. Die Menge der Fremden, eine zu große Zahl, ist zweifellos neben Aussehen, Sprache, und Religion ein wichtiger Faktor, der zu Fremdenfeindlichkeit führt. Um es einfach auszudrücken: Gäbe es beispielsweise in Berlin nur 5000 Türken anstatt der 150 000, die inzwischen im Westteil der Stadt leben, so würde wohl niemand auf ein „Türkenproblem“ (s. Kapitel IV) auch nur einen Gedanken verschwenden.

Wo immer letztlich die Gründe auch liegen mögen: Menschen ertragen es offensichtlich schlecht, wenn zu viele, zu fremdartig Andere zu ihnen stoßen. Die Erfahrung zeigt, daß solche Minderheiten nicht nur nicht absorbiert, sondern zum Gegenstand von Mißtrauen, Feindschaft und Haß, ja im Extremfall sogar zum Ziel von Verfolgungen werden. Die Bundesrepublik ist in einer Entwicklung begriffen (s. auch Kapitel IV), die solche Konflikte, die von Ausländern verursacht werden, unausweichlich werden läßt, es sei denn: wir änderten unsere Immigrantenpolitik von Grund auf.

Multikulturell, was ist das?

Zweifellos gibt es eine französische, englische, deutsche, italienische und spanische Kultur. Niemand aber würde auf die Idee kommen von einer multikulturellen Gesellschaft zu sprechen, wenn Franzosen, Engländer, Deutsche, Italiener und Spanier zusammenleben. Diese Kulturen haben zwar ihre Eigenarten, aber im Grunde handelt es sich nur um nationale Ausprägungen der umfassenden europäischen Kultur.

Der Begriff multikulturell tauchte auch erst auf, als Menschen aus ganz anderen Kulturkreisen nach Europa einwanderten, vor allem aus der islamischen Welt.

Wenn man Kultur als Hochkultur verstehen will, und so ist sie hier gemeint, dann sind die Träger dieser Kultur immer die Mittel- und Oberschichten eines Landes. Die Menschen aber, die in Massen nach Europa strömen, entstammen, von akademisch gebildeten Asylanten einmal abgesehen, nicht aus den Mittel- oder Oberschichten, sondern aus der Unterschicht, meist aus der untersten, der ungebildetsten. Welche Kultur bringen sie dann mit?

Wenn man als Beispiel die Türken nimmt, schon weil sie die größte Ausländergruppe stellen, welche Kultur begegnet uns da? Wenn man nicht berufshalber mit ihnen zu tun hat, begegnet man ihnen allenfalls auf der Straße. Vielleicht nimmt man auch einmal einen Imbiß an einer Döner-Kebab-Bude, und wenn man sehr interessiert ist, besucht man eine Veranstaltung zur „Woche des ausländischen Mitbürgers", wo man dann anatolische Volkstänze erleben und türkische Musik vom Tonband hören kann. Umgekehrt: in welchem Symphoniekonzert oder in welcher Oper hat man je Türken in größerer Zahl gesehen? Also, welche kulturelle Begegnung findet statt?

Gewiß: das Bild unserer Städte ist bunter geworden. Aber steht das für die enormen Lasten, die uns die Masse der Ausländer verursacht?

Der Begriff „multikulturell" suggeriert einen Zustand, den es in

Wirklichkeit nicht gibt. Besser wäre multinational, und noch besser ein deutsches Wort für den französischen Begriff „société multiracial" gleich: mehrrassige Gesellschaft. Das träfe es. Aber genauso wie die Briten, die ungeniert von „racial equality" (Rassengleichheit) sprechen, haben die Franzosen keine nationalsozialistische Vergangenheit, können deshalb unbefangener als wir mit diesem Begriff umgehen. Dabei geht es genau darum.

Allein der Hinweis, es gäbe unterschiedliche Rassen, mit unterschiedlichen Eigenschaften, löst heutzutage einen Sturm der Entrüstung aus. Als ein bayerischer Politiker den – sprachlich mißglückten – Ausdruck „durchrasste Gesellschaft" gebrauchte, da geriet er so unter Druck, daß er eilends Erklärungen und Interpretationen hinterherschieben, ja sich letztlich sogar davon distanzieren mußte.

Dabei gibt es natürlich solche Unterschiede, wie immer man sie auch werten will. Beispiel: Eine der besten Schulen Amerikas ist die Stuyvesant Highschool in New York. Jedes Jahr bewerben sich 13 000 Schüler um die Aufnahme. 700 werden aufgenommen. Von diesen 700 Schülern ist inzwischen die Hälfte asiatischer Herkunft, ihre Eltern kamen aus China, Japan, oder Korea. Schwarze sind keine darunter, Latinos auch nicht. Der Grund ist einfach: unter den Asiaten hat eine gute Ausbildung einen hohen Stellenwert, Fleiß und Disziplin gelten als wichtige Tugenden. Um den sozialen Aufstieg zu schaffen, werden alle Kräfte mobilisiert. Wundert es da, wenn Kinder asiatischer Herkunft überproportional in dieser Elite-Schule vertreten sind?

Um noch mehr Ungleichheit zu vermeiden, fördern amerikanische Universitäten inzwischen bewußt ethnische Minderheiten. So hat die kalifornische Universität von Berkeley versucht, die ethnische Zusammensetzung ihrer Studentenschaft der des Landes anzugleichen: Schwarze wurden Weißen vorgezogen. Hispanics Amerikanern asiatischer Herkunft. Das Ergebnis war frustrierend: Weniger als 40 Prozent der schwarzen und weniger als 50 Prozent der hispanischen Studenten schafften einen Abschluß. Die Studentenschaft an vielen amerikanischen Universitäten ist längst in viele ethnische Gruppen zerfallen, die verbissen um Einfluß rangeln. Der amerikanische Autor D'Souza, ein ehemaliger Mitarbeiter Ronald Reagans im Weißen Haus, diagnostiziert: Rassischer Chauvinismus beherrscht die Stimmung auf dem Campus. Intoleranz breitet sich aus. Selbst linke und liberale Professoren klagen inzwischen darüber, daß sie Angst haben, durch ein falsches Wort den Zorn ethnischer Minderheiten auf sich zu ziehen. D'Souza spricht sogar vom „Meinungsterror einer gewaltsam herbeigezwungenen multikulturellen Gesellschaft“.

Inzwischen gehören schon rund 25 Prozent der Amerikaner einer ethnischen Minderheit an. Die größten Gruppen: die Schwarzen und die Latinos. Die Probleme, mit denen die amerikanische Gesellschaft offensichtlich nicht zu Rande kommt, treten schon in den Schulen auf. Armut, Gewalt, Kriminalität, Drogen und Hoffnungslosigkeit vergiften den Alltag an vielen Schulen Amerikas, wie die Wochenzeitung „Die Zeit“ schrieb.[25] Das Resultat: Dreizehn Prozent aller heranwachsenden Amerikaner können weder lesen noch schreiben, gelten offiziell als Analphabeten. Hunderttausende amerikanischer Arbeiter beherrschen nicht die einfachsten Rechenarten, sie können weder addieren noch subtrahieren. Und dies im reichsten Land der Erde, das sich immer noch der besten Universitäten der Welt rühmt. Die angesehene amerikanische Wirtschaftsprofessorin, Isabell Sawhill, vom Washington Urban Institute, warnte: „In einer Welt, in der Kapital und Technologie immer mobiler werden, ist es die Qualität der Menschen, die zunehmend über den Rang einer Nation entscheidet.“

Daß es damit in Amerika nicht zum besten steht, zeigt sich inzwischen: Das reichste Land der Welt, die militärische Supermacht USA, droht ihren Rang als führende Industrienation zu verlieren. Von den Patenten beispielsweise, die in Amerika zur Anmeldung kommen, sind inzwischen nur noch die Hälfte amerikanischen Ursprungs. Die Japaner aber haben ihren Anteil von früher acht auf jetzt 21 Prozent steigern können. Fast alle amerikanischen Industriezweige haben sowohl im eigenen Land als auch auf den Weltmärkten an Boden verloren. Die Produktion von Haushaltselektronik etwa ist von weltweit 70 Prozent auf fünf Prozent zurückgegangen. Die amerikanischen Automobilbauer wehren sich verzweifelt gegen die japanische Konkurrenz, ohne viel Hoffnung, dabei gut abzuschneiden. Von den Werkzeugmaschinen, die in der amerikanischen Industrie eingesetzt werden, kommen nur noch 50 Prozent aus eigener Produktion, die andere Hälfte muß importiert werden. Führend sind die Amerikaner nur noch in der Chemie und der Pharmazie, bei Computern und Software, in der Raum- und Luftfahrt sowie bei medizinischen Geräten.

Wenn es irgendwo eine Gesellschaft gibt, die multikulturell, oder besser auf französisch „multiracial“ genannt werden darf, dann die amerikanische. Ist die Vermutung ganz von der Hand zu weisen, daß die Probleme der USA, ihre zunehmenden wirtschaftlichen und sozialen Schwierigkeiten, auch darin ihre Ursache haben?

Auf der anderen Seite die Japaner. Sie schotten sich hermetisch gegen jede Einwanderung ab (s. Kapitel II), sie nehmen keine Gastarbeiter auf und schleppen schon gar nicht hunderttausende von ausländischen Sozialhilfeempfänger durch, wie es die Bundesrepublik tut. Sie investieren stattdessen ihr Kapital in Bildung und Forschung. Die Ergebnisse dieser Politik können uns das Fürchten lehren: In einer Schlüsselindustrie wie der Produktion von Chips ist Europas Elektronikindustrie gegenüber den Japanern hoffnungslos ins Hintertreffen geraten. Sollte sich das nicht ändern, wird „Europa zur technologischen Kolonie Japans“ werden, wie der „Spiegel“ schrieb, denn ohne die Produktion von Chips ist eine moderne Industrie nicht konkurrenzfähig. Unter den zehn größten Herstellern von Halbleiter-Elektronik befinden sich acht Japaner, zwei Amerikaner, aber kein einziger Europäer mehr. Bei schätzungsweise 80 Prozent aller in Deutschland gekauften Computer handelt es sich um ausländische Fabrikate, und dies obwohl Deutschland das Land ist, wo der Computer erfunden wurde.

Eine multikulturelle Gesellschaft ist ein schönes Ideal. In der Wirklichkeit funktioniert sie nicht, nirgendwo auf der Welt.

II. Kommt her, ihr Beladenen alle

Anmerkungen zur internationalen Flüchtlingspolitik

Europa heißt das Ziel

Betont unauffällig, so sehr, daß es schon wieder auffällt, schlendern die beiden südländisch aussehenden, jungen Männer den kleinen Wanderweg entlang, der von Bregenz nach Lindau führt. Als sie der Eisenbahnbrücke ansichtig werden, die das Grenzflüßchen Laiblach überspannt, rennen sie plötzlich los, hetzen über die Brücke, um Minuten später auf deutschem Gebiet zu sein. Unbehelligt schaffen sie den Übertritt von Österreich nach Bayern und damit in die Bundesrepublik, das Ziel ihrer Hoffnungen. Aber schon nach hundert Metern endet diese illegale Einwanderung. Eine bayerische Grenzpatrouille hatte die beiden aus einem Versteck heraus beobachtet und nimmt sie nun fest. Die beiden jungen Türken sind schlecht vorbereitet. Einen glaubhaften Asylgrund können sie in der Aufregung nicht vorbringen. So werden sie in Haft genommen und am nächsten Morgen wieder nach Österreich abgeschoben. Die beiden Türken waren zwei von den rund 8000 illegalen Einwanderern, die die bayerische Polizei an der Grenze nach Österreich im Jahr abfängt. Aber 30 000 bis 40 000 Illegale schaffen es, nach Schätzungen der zuständigen Stellen, unbemerkt die lange, schwer zu kontrollierende Grenze zu passieren.[1] Von den 8 000, die man schnappt, sind 60 Prozent Türken, die nach Deutschland wollen, um hier zu arbeiten, meist schwarz und illegal. Sie kommen aus einem Land, das sich als europäisch versteht, und mit aller Gewalt in die Europäische Gemeinschaft drängt.

Wie in Bayern, so geht es an allen deutschen Grenzen zu. Die illegalen Einwanderer schleichen des nachts durch die Wälder an der deutsch-französischen Grenze, oder wandern durch die flachen, nebelverhangenen Marschen Nordfrieslands, und jüngst, seit der Wiedervereinigung, sickern besonders viele aus der Tschechei nach Sachsen ein, über die unwegsamen Höhenzüge des Riesengebirges. Rumänen und Bulgaren wiederum probieren es von Polen aus, wo manche sogar schwimmend den Grenzfluß, die Oder, zu überwinden suchen.

124 000 illegale Einwanderer wurden 1990 an den deutschen Grenzen festgenommen. Eine automatische Zurückweisung bedeutet das für die meisten aber keineswegs. Wenn sie nur einigermaßen glaubhaft machen können, daß sie verfolgt werden, kommen sie ins Asylverfah-

ren, und dies bedeutet zunächst: Bleibe im gelobten Land. Viele der illegalen Einwanderer warten das Ende des Asylverfahrens gar nicht ab; für sie war es das wichtigste, nach Deutschland zu gelangen. Sie tauchen ab und sind damit dem Zugriff der Behörden entzogen. Wieviele Ausländer sich illegal in der Bundesrepublik aufhalten, vermag niemand auch nur einigermaßen exakt zu sagen. Das Islam-Institut im westfälischen Soest schätzt, daß sich allein 200 000 Moslems illegal in der Bundesrepublik aufhalten.

Das Risiko, sofort wieder abgeschoben zu werden, ist für Grenzgänger nicht sonderlich groß. Mit Hilfe geschickter Anwälte läßt sich fast immer eine Vorschrift finden, die eine Abschiebung verhindert.

Wer es nicht schafft, als Asylbewerber anerkannt zu werden, kann sich immer noch auf die Genfer Flüchtlingskonvention oder auf eine andere Rechtsvorschrift berufen, die einen Ausländer vor einer sofortigen Abschiebung bewahrt.

Folgende rechtliche Möglichkeiten haben Ausländer, um in der Bundesrepublik ein Bleiberecht zu erhalten:[2]

Konventionsflüchtlinge sind nach der Genfer Konvention solche Personen, die sich aus einer begründeten Furcht vor Verfolgung wegen ihrer Rasse, Religion, Staatsangehörigkeit, Zugehörigkeit einer bestimmten sozialen Gruppe oder wegen ihrer politischen Überzeugung außerhalb ihres Heimatlandes aufhalten. Sie dürfen nicht in den Verfolgerstaat abgeschoben werden.

Asylberechtigte nach Artikel 16 des Grundgesetzes sind stets Konventionsflüchtlinge, aber nicht alle Konventionsflüchtlinge sind asylberechtigt. Der Flüchtling, der vor seiner Einreise in die Bundesrepublik bereits in einem anderen Land vor Verfolgung sicher war, ist nicht mehr asylberechtigt (§ 2 Asylverfahrensgesetz).

Wirtschaftsflüchtlinge sind solche, die ihre Heimat aus vorwiegend wirtschaftlichen oder sozialen Gründen verlassen haben. Sie genießen an sich keinen Abschiebeschutz. Konventionsflüchtlinge aber, die das Erstaufnahmeland aus ebensolchen wirtschaftlichen und sozialen Gründen verlassen, bleiben dennoch Konventionsflüchtlinge und können deshalb nicht abgeschoben werden.

Gewaltflüchtlinge sind Personen, die ihre Heimat aus begründeter Furcht vor Gewaltauswirkungen auf Grund eines Krieges, Bürgerkriegs oder einer ähnlichen Situation mit häufiger Gewaltanwendung verlassen haben; es sind keine Konventionsflüchtlinge und genießen auch kein Recht auf Asyl, werden aber in der Regel (§ 53 Abs. 6 Ausländergesetz) aus humanitären Gründen nicht abgeschoben.

De facto-Flüchtlinge sind Personen, die keinen Asylantrag gestellt haben, oder deren Asylantrag abgelehnt wurde, die aber gleichwohl aus humanitären, rechtlichen oder politischen Gründen nicht abgeschoben werden.

Wie man sieht, gibt es genug Möglichkeiten, sich auf die eine oder andere Art ein Bleiberecht in der Bundesrepublik zu erstreiten, notfalls auch zu ersitzen.

Die Millionengeschäfte der Schlepper

Die allermeisten illegalen Einwanderer – Experten schätzen 90 Prozent – werden von professionellen Schlepperbanden an die Grenze gebracht. Oft sind die Grenzgänger von den Schleppern so gut vorbereitet, daß die Behörden sie wohl oder übel in das Asylverfahren einreihen müssen. Fast immer wissen sie genau, was sie zu sagen haben, um zunächst einmal einer Abschiebung zu entgehen. Da behauptet etwa ein Syrer, er sei kurdischer Jeside und deshalb in seiner Heimat der Verfolgung ausgesetzt gewesen. Ein anderer Syrer ist angeblich verfolgt worden, weil er der moslemisch-schiitischen Minderheit angehört. Wer will es nachprüfen? Dazu werden häufig Papiere vorgelegt, die als Fälschung nur schwer zu erkennen sind. In Istanbul und Colombo werden in großem Stil Unterlagen und Pässe gefälscht. Mancher Illegale legt ein Dokument vor, aus dem zweifelsfrei hervorgeht, daß er in seinem Heimatland wegen politischer Straftaten verfolgt wird. Das Dokument stellt ein Rechtsanwalt gegen entsprechende Gebühr in seinem Heimatland aus, auf amtlichem Papier, das von den lokalen Behörden gegen ein gutes Bakschisch besorgt wurde.

Die Einschleusung von Illegalen in die Bundesrepublik ist längst zu einem hochprofitablen Geschäft geworden, das von internationalen Schlepperbanden im Stil der Mafia betrieben wird. Die Gewinne, die aus diesem Menschenhandel gezogen werden, sind enorm. Jonas Widgren, der Europakoordinator des Hohen Flüchtlingskommissars (UNHCR), geht davon aus, daß der Preis für eine Einschleusung zwischen 1000 und 5000 Dollar beträgt, und schätzt, daß die Schlepperorganisationen Gewinne bis zu 50 Millionen Dollar im Jahr machen.[3]

Der Iraner Amir Heidari, der als Kopf einer der größten Schlepperorganisationen gilt, lebt als politischer Flüchtling in Schweden. Er rühmt sich, seit 1988, also in zwei Jahren, mehr als 20 000 Iraner, Kurden und Iraker nach Deutschland und Skandinavien eingeschleust zu haben. Als er von einem schwedischen Gericht zu acht Monaten Haft verurteilt wurde, konnte dies seine Organisation keineswegs lahmlegen. Sofort trat in der Bundesrepublik ein staatenloser Araber an seine Stelle. Als auch der dann geschnappt wurde, verurteilte ihn ein Flensburger Gericht lediglich zu einer Geldstrafe von 3500 Mark wegen „unerlaubten Schleusens von Asylbewerbern“.[4] Dem Schlepperboss wurde sogar gestattet, die Strafe 50 Markweise abzustottern, nachdem er seinen Sozialhilfe-Bescheid vorgelegt hatte. Auf der einen Seite Großverdiener, auf der anderen Seite staatenloser Asylbewerber, der von deutscher Sozialhilfe lebt.

In Polen campierten an der deutschen Grenze im Sommer 91 Tausende von Rumänen und Bulgaren, hauptsächlich Sinti und Roma, die auf eine günstige Gelegenheit warteten, um über die wenig Wasser führenden Grenzflüsse Oder und Neiße zu gelangen. Deutsche Grenzschützer stellten übereinstimmend fest, daß ein großer Teil der Illegalen von Schlepper-Organisationen über die Grenze gebracht wird. Viele Grenzgänger hätten ein festes Ziel, häufig stünden sie in Verbindung mit Landsleuten, die sich bereits als Asylbewerber in der Bundesrepublik aufhalten. Nach Angaben der deutschen Beamten kassieren die Schlepper, zumeist Polen, von den Flüchtlingen 500 bis 600 Mark pro Kopf. Dennoch behaupten die polnischen Behörden, keine Erkenntnisse über Schlepperbanden zu haben. Das Geschäft der Schlepper ist fast risikolos: Oder und Neiße sind an vielen Stellen nicht mehr als knietief, die Kontrollen – bisher jedenfalls – geradezu lächerlich: so patrouillieren im Grenzabschnitt Guben gerade zwei Beamte auf einem 62 km (!) langen Abschnitt. „Gerademal ein Zehntel der Illegalen wird von uns erwischt“, schätzte der höchste BGS-Beamte an der deutschen Ostgrenze und der Bundesinnenminister ging davon aus, daß zwischen dem 1. Januar und dem 31. Juli 1991 42000 Flüchtlinge illegal über die polnische und tschechoslowakische Grenze gekommen sind.

Meist können die deutschen Behörden wenig gegen die Schlepperorganisationen ausrichten, denn die Behörden in den Herkunftsländern verweigern nicht selten jede Kooperation. Nachdem ein türkischer Schlepper mehr als 2000 Landsleute in die Bundesrepublik eingeschleust und sich mit einem Gewinn von einer Million in die Türkei abgesetzt hatte, ersuchte die bayerische Polizei türkische Behörden um Amtshilfe, die aber mit dem Hinweis die Türkei „sei ein Rechtsstaat, die jedem Bürger die freie Ausreise erlaube“ verweigert wurde. Ein hoher bayerischer Grenzbeamter hält „die Verflechtungen zwischen Kriminalität und Polizei“ in der Türkei für so eng, daß „wir jeglichen Verkehr mit Interpol Ankara eingestellt haben.“[5]

Der schon erwähnte Schlepperboss Hadeiri sagte in einem Gespräch mit dem Nachrichtenmagazin „Der Spiegel“ bis zu 60 Prozent seines Honorars gingen für Bestechungen drauf: „Die Beamten, die wir schmieren, haben hohe Positionen auf dem Flughafen, im Wirtschaftsministerium, bei der Einwanderungsbehörde ... Das kostet.“ Und nannte ein Beispiel: „Kürzlich schickte die schwedische Polizei eine unserer Flüchtlingsgruppen, die auf dem Stockholmer Flughafen ankam, umgehend in die Türkei zurück. Um die von dort wieder rauszuschleusen, waren 10000 Dollar Bakschisch fällig. Für einen türkischen Polizeioffizier mußten wir einen neuen Mercedes 200 kaufen.“[6]

Nicht geringe Schuld tragen auch Politiker. So ermunterte der türkische Staatspräsident Turgut Özal, nachdem die Grenzen der DDR offen waren, seine Landsleute: „Geht in den Osten Deutschlands, laßt euch dort nieder. Sucht und nutzt eure Chance.“

Die Schlepper sind inzwischen dazu übergegangen, Flüchtlinge in der Dritten Welt regelrecht zu akquirieren. Sie kämmen systematisch Dörfer in Anatolien, im Pandschab oder auf Sri Lanka durch, und erzählen den Leuten, daß das reiche Europa dringend auf Arbeitskräfte warte, und wer nicht arbeite, bekomme immer noch eine fürstliche monatliche Unterstützung. Kein Wunder, daß dann Familien zusammenlegen, um wenigstens einem der ihren die Überreise zu finanzieren, damit der dann im fernen Europa arbeiten und Geld nach Hause schicken kann.

Fehlt das nötige Geld, um den Schlepper zu bezahlen, gibt es immer noch einen Weg: Der Flüchtling wird dazu benutzt, Rauschgift nach Europa zu schmuggeln. Ein besonders eklatanter Fall dieser Art ereignete sich Anfang 1990 in Frankfurt, als es der Polizei gelang, eine Gruppe von 17 Nigerianern festzunehmen, die zusammen 10 Kilogramm Heroin einschmuggeln wollten. Das Rauschgift war in Präservativen und Gummifingerlingen verpackt, die die Männer verschluckt hatten.

Der Einfallsreichtum der Immigranten scheint unerschöpflich. Jedes Schlupfloch, das der Gesetzgeber, meist in guter Absicht offen gelassen hat, wird rücksichtslos genutzt. So gibt es in Berlin eine Sonderregelung, wonach abgewiesene Asylbewerber, die aus einer Krisenregion stammen, nicht abgeschoben werden dürfen. Eine Schlepperorganisation in Beirut hat daraus umgehend Kapital zu schlagen gewußt. Gegen eine Gebühr von 1700 Dollar schleuste sie Libanesen nach Berlin, die sich sofort bei der Ausländerbehörde meldeten und um eine „Duldungsbescheinigung“ einkamen. Asyl stellten sie bewußt nicht, weil sie wußten, daß dies sowieso abgelehnt würde. Der Trick hatte erhebliche Folgen: statt in Asylantenheimen, mußten die Libanesen in Privatquartieren, meist Pensionen untergebracht werden, sie erhielten auch sofort Sozialhilfe. Pro Person summierten sich dadurch die Kosten auf rund 5000 Mark im Monat. 1000 Libanesen waren mit diesem Trick nach Berlin gelangt. Folgekosten für den Berliner Senat: Pro Jahr 60 Millionen.

Eine Völkerwanderung ungeahnten Ausmaßes

Die allermeisten, die an unsere Tür klopfen, gehören nicht zu den Ärmsten der Armen. Die wirklich Notleidenden schaffen es gar nicht, bis nach Europa zu kommen. Bestenfalls landen sie in den Nachbarländern, wo sie in Flüchtlingslagern mehr schlecht als recht hausen müssen, oder ziehen in Trecks durchs Land, auf der Flucht vor Gewalt oder Hunger.

Die Schätzungen über die weltweiten Flüchtlingszahlen gehen weit auseinander. Eine sehr niedrige Zahl, mit der am meisten operiert wird, geht von 15 Millionen aus. Der schon zitierte Jonas Widgren von der UNHCR, rechnet mit 25 bis 30 Millionen Flüchtlingen überall auf der Welt. 1989 befanden sich die meisten Entwurzelten in:

Südafrika 10,4 Millionen, davon 1,4 Millionen im Ausland.
Afghanistan 7 bis 8 Millionen, davon 1,4 Millionen im Ausland.
Palästinenser 2,8 Millionen, alle im Ausland.
andere Regionen des Nahen Ostens 2,8 bis 3,2 Millionen, davon 1,3 Millionen im Ausland.
Äthiopien 1,8 bis 2,6 Millionen, davon 1,1 Millionen im Ausland.
Afrika südlich der Sahara 2,7 bis 2,9 Millionen, davon 1,1 Millionen im Ausland.
Zentralamerika 1,9 Millionen, davon 0,6 Millionen im Ausland.
Indochina 0,4 Millionen, alle im Ausland.

1990 kamen als große Gruppe Kurden hinzu, die aus dem Irak in die Türkei oder in den Iran geflohen waren.

Bei diesen Flüchtlingen handelt es sich zumeist um politisch Verfolgte im engeren Sinn. Die weitaus größere Zahl der Hunger- und Elendsflüchtlinge ist nicht zu erfassen, es gibt nicht einmal Schätzungen, die einigermaßen verläßlich wären. Anders bei den Umweltflüchtlingen, bei

Menschen also, die ihre Heimat wegen Umweltzerstörungen verlassen müssen. Hier rechnet das Internationale Komitee vom Roten Kreuz mit rund 500 Millionen!

Süd-Nordströme

Die meisten Flüchtlingsströme verlaufen von Süd nach Nord, hauptsächlich aus dem Maghreb, aus dem Nahen Osten und dem indischen Subkontinent nach Europa. Es ist der islamische Bogen, aus dem sie kommen und der von Marokko bis zu den Philippinen reicht. Die Menschen bewegen sich auf den historischen Wegen, die aus dem Orient nach Europa führen: über die Türkei und den Balkan nach Mitteleuropa, und – in sehr viel geringerem Umfang – auch über die spanische Halbinsel.

Verglichen mit den islamischen Zuwanderern ist der Strom aus Afrika zur Zeit noch relativ klein, aber das wird sich ändern. Afrika weist ein exorbitantes Bevölkerungswachstum auf. Nigeria beispielsweise, ein Land, das jetzt rund 100 Millionen Einwohner hat, wird in zehn Jahren 50 Millionen mehr zählen. Die Lage im schwarzen Afrika ist inzwischen so desolat geworden, daß die Weltbank mit einem weiteren Anstieg der Armut rechnet, und dies trotz erheblicher Entwicklungshilfe (siehe auch Kapitel XI).

Immer mehr dieser Zuwanderer aus der Dritten Welt kommen – nach einer Schweizer Regierungsstudie – als „Fordernde, als mobile Welt-Unterklasse, die beansprucht, was ihr rechtens erscheint". Die interkontinentale Fluchtbewegung nach Europa, so die Schweizer Experten, wird aufgrund explosiver Bevölkerungszunahme, düsterer wirtschaftlicher Aussichten und zunehmender Konflikte in der Dritten Welt noch zunehmen.[7]

Ost-West-Ströme

Eine Wanderung von Ost nach West fand in der Vergangenheit kaum statt. Die Westgrenzen des Ostblocks waren praktisch undurchdringlich. Das hat sich dramatisch geändert. Schon 1989 haben insgesamt 1,2 Millionen Menschen die Staaten des ehemaligen Warschauer Pakts verlassen: Deutsche Umsiedler (720 000), bulgarische Türken (320 000, von denen die Hälfte wieder nach Bulgarien zurückkehrte), sowjetische Juden (71 000) und spontane Asylanten, darunter besonders viele Polen, die alle keinen echten Anspruch auf Asyl haben, dennoch zum allergrößten Teil geblieben sind.

Dieser Trend hat sich 1990 fortgesetzt: Die deutschen Umsiedler einmal außer acht gelassen, kamen 1990 120 000 Osteuropäer nach

Westeuropa, die allermeisten wollten in die Bundesrepublik Deutschland: 66 000 Rumänen, 24 000 Jugoslawen, 10 000 Bulgaren und 12 000 Polen. Läßt man die Rumänen außer acht, bei denen man notfalls eine politische Verfolgung anerkennen könnte, so waren sie alle keine politischen Flüchtlinge, sie alle waren auf der Suche nach einem besseren Leben.

Völlig unklar ist, welche Menschenmassen sich in Bewegung setzen werden, wenn in der Sowjetunion 1993 das Gesetz über die freie Ausreise in Kraft tritt. Experten schätzen, daß dann jährlich 2 bis 2,5 Millionen Sowjetbürger sich auf den Weg in den Westen machen werden. Andere Prognosen gehen gar von insgesamt 20 bis 25 Millionen aus, darunter zwei bis dreieinhalb Millionen Rußlanddeutsche, die als Aussiedler sehr viel weitergehende Rechte beanspruchen können als sonstige Flüchtlinge.
Werden sich die Lebensbedingungen in den anderen osteuropäischen Staaten nicht kurzfristig bessern, werden die Flüchtlingsströme aus dieser Region nicht nachlassen, sondern weiter zunehmen.

Was Osteuropa angeht, befinden sich die westlichen Länder in einer heiklen Lage: Als der Ostblock noch festgefügt wie ein Monolith schien, drängte der Westen zum „freien Austausch von Menschen und Meinungen". Das war einer der wichtigsten Grundsätze, den die 35 Staats- und Regierungschefs auf der KSZE, der „Konferenz für Sicherheit, Zusammenarbeit und Entwicklung" 1975 in Helsinki zugestimmt hatten. Jetzt, da es zum Schwur kommt, sehen die westeuropäischen Staaten mit Schrecken die Menschenlawine, die sich in Osteueropa in Bewegung zu setzen droht. Hagen Schulze, Geschichtsprofessor an der Universität der Bundeswehr in München, prophezeit: „Wir werden eine Völkerwanderung erleben, wie es sie in der Weltgeschichte noch nicht gegeben hat."

Wie naiv und blauäugig der Westen in seiner Forderung nach Bewegungsfreiheit war, zeigt folgende Geschichte: Bei seinem ersten Zusammentreffen mit Mao soll der amerikanische Präsident Nixon auch das Problem der fehlenden Reisefreiheit der Chinesen angesprochen haben. Wie es heißt, hat die Entgegnung Maos Nixon die Sprache verschlagen. Der Große Vorsitzende fragte nämlich nur süffisant zurück, wieviel Millionen Chinesen er denn nach New York schicken dürfe?[8]

Das westliche Europa gerät jetzt von allen Seiten unter Druck: vom Süden, aus den Elendsregionen der Erde, und vom Osten, der seinen Menschen endlich die Freiheiten gewährt, die der Westen immer eingefordert hat.

Ob dieser gewaltige Zustrom an Menschen sozial noch zu verkraften ist, darf mit Fug und Recht bezweifelt werden. Wenn man die Dinge realistisch sieht, kommt man an der Feststellung nicht vorbei: es wäre völlig ausgeschlossen.

Arbeitsplätze für die Zuwanderer gibt es so gut wie keine. Seit Jahren gelingt es den Industriestaaten Westeuropas nicht, ihre beträchtliche Arbeitslosigkeit abzubauen und dies trotz einer hochtourig laufenden Konjunktur; eher ist mit dem Gegenteil zu rechnen: bei der nächsten Rezession, die ganz sicher kommen wird, wird die Arbeitslosigkeit noch einmal kräftig in die Höhe gehen. Welche Konflikte wird eine solche Entwicklung dann auslösen?

Heute schon verursacht die Arbeitsloigkeit den westeuropäischen Industriestaaten exorbitante Kosten, die die Sozialbudgets auf das äußerste beanspruchen. Wenn man davon ausgeht, daß die Zuwanderer, ob aus dem Süden oder dem Osten, keine Arbeit finden werden, muß man sich logischerweise darauf einstellen, daß sie der öffentlichen Fürsorge zur Last fallen werden. Wenn man weiter rechnet, daß ein arbeitsloser Ausländer – egal ob als Gastarbeiter oder Asylbewerber – heute im Jahr zwischen 16 000 und 22 000 DM an Kosten verursacht, dann läßt sich unschwer feststellen, welche gewaltigen finanziellen Lasten auf die westeuropäischen Industriestaaten, besonders auf den wirtschaftlich stärksten Staat, die Bundesrepublik Deutschland, zukommen. Man sollte sich nichts vormachen: zu verkraften wird das nicht sein.

Berücksichtigt man auch, daß alle europäischen Staaten schon seit längerem über ihre Verhältnisse leben, und immer mehr Schulden anhäufen, dann ist klar, daß die Belastung, die dieser Flüchtlingsstrom nach sich zieht, nicht zu tragen sein wird.

Dabei ist das, was sich im Osten Europas anbahnt, noch harmlos verglichen dem, was sich im Süden unserer Erde abspielt.

Überbevölkerung

Die Weltbevölkerung, gegenwärtig 5,3 Milliarden Menschen zählend, wächst jeden Tag um eine Viertel Million, jedes Jahr um 90 bis 100 Millionen. Im Jahr 2000 werden auf der Erde schon 6,3 Milliarden Menschen leben. 25 Jahre später werden es 8,5 Milliarden sein. Die Bevölkerungsexplosion findet in den südlichen Regionen statt, die heute schon überbevölkert sind und wo heute schon die meisten Menschen in

Armut leben. 95 Prozent des globalen Bevölkerungswachstums vollziehen sich in den Entwicklungsländern.

Die Erfahrung lehrt, bevor die Menschen verhungern, nehmen sie sich mit Gewalt, das, was sie zum Leben brauchen. Die Menschen in den Entwicklungsländern wissen heutzutage, daß es sich anderswo besser lebt. Dafür sorgen die weltweiten Kommunikationsmedien, Fernsehen und Radio vor allem. Die Armen dieser Welt sehen und hören tagtäglich, daß eine relativ kleine Zahl von Menschen in einem Wohlstand lebt, der für sie unvorstellbar ist. Gleichzeitig wissen sie, daß die Aussichten in ihren Heimatländern hoffnungslos sind. Wie lange wird es dauern, bis immer mehr sich entschließen, dorthin zu wandern, wo das Leben offensichtlich leichter und angenehmer ist, also zu uns?

Es gibt Prognosen, wonach in Asien, Afrika und Lateinamerika etwa 1 000 Millionen Landarbeiter vom flachen Land in die großen Städte umziehen werden, nach Karatschi, Teheran, Ankara, Kairo, Algier, Mexico City und wie sie alle heißen. Diese Städte, die heute schon an ihren Problemen zu ersticken drohen, werden dann zur Hölle werden: es wird an Trinkwasser fehlen, der Müll wird nicht mehr zu beseitigen sein, Millionen werden kein Dach über dem Kopf haben und vor allem: keine Arbeit finden und damit auch nichts zum Leben haben. Diese Wanderungsbewegung, vom Land in die Städte, vollzieht sich schon seit Jahrzehnten, ohne daß sie von uns registriert würde. Eine Schweizer Regierungsstudie prognostiziert,[9] daß gegen Ende unseres Jahrhunderts „jeder fünfte in einer Stadt von über vier Millionen Einwohnern hausen" wird, die Schweizer Experten benutzen mit Absicht das Wort „hausen", denn von einem menschenwürdigen Leben kann dann keine Rede mehr sein.

Was passiert, wenn sich nur 5 Prozent von ihnen, also 50 Millionen auf den Weg in den „reichen" Norden machen? Wie würden die Staaten des Nordens darauf reagieren? Wären sie überhaupt in der Lage, diese Menschenmassen aufzuhalten? Würden sie sie notfalls mit Waffengewalt am Überschreiten der Grenzen hindern?

Man braucht nicht viel Phantasie, um sich die Folgen einer solchen Völkerwanderung auszumalen: Die Staaten des Nordens würden in ihrer heutigen Form aufhören zu existieren. Weder wären länger Ruhe und Ordnung zu gewährleisten, noch ließe sich das komplizierte, teure System der sozialen Absicherung aufrechterhalten. Alles würde zusammenbrechen.

„Wir erleben den Beginn einer langanhaltenden Periode des Chaos", urteilt deshalb der französische Demograph Jean-Claude Chesnais. Und der tschechoslowakische Innenminister, dessen Land selbst vor kaum lösbaren ökonomischen Problemen steht, warnt: „Wenn der Strom der Armutsflüchtlinge und der Minderheiten aus dem Osten weiter anschwillt, dann wird das nicht nur die Tschechoslowakei, Ungarn und Polen weiter destabilisieren, sondern die Beziehungen der Staaten der Welt, ja sogar das Wesen der westlichen Zivilisation verändern."

Die Reaktionen der westeuropäischen Staaten auf diesen Ansturm sind bislang eher hilflos gewesen, vor allem aber nicht konsequent. Alle rechtlichen Maßnahmen, wie etwa die Verschärfung der Asylgesetze, haben im Endeffekt nichts bewirkt. Das belegen die von Jahr zu Jahr steigenden Zahlen der Immigranten:

Deutschland	1989 . . .	121 300
	1990 . . .	193 050
Frankreich	1989 . . .	58 750
	1990 . . .	56 050
Schweiz	1989 . . .	24 400
	1990 . . .	35 850
Schweden	1989 . . .	30 300
	1990 . . .	29 400
Großbritannien	1989 . . .	15 550
	1990 . . .	25 000
Österreich	1989 . . .	21 900
	1990 . . .	22 800
Niederlande	1989 . . .	13 900
	1990 . . .	17 600
Belgien	1989 . . .	8 100
	1990 . . .	12 950
Spanien	1989 . . .	2 850
	1990 . . .	6 850
Dänemark	1989 . . .	4 600
	1990 . . .	5 300
Italien	1989 . . .	2 250
	1990 . . .	4 750

Griechenland	1989 ...	3 000
	1990 ...	4 000
Norwegen	1989 ...	4 450
	1990 ...	3 900
Finnland	1989 ...	200
	1990 ...	2 550
Portugal	1989 ...	150
	1990 ...	100

Doch der Wind beginnt sich jetzt zu drehen:
In *Frankreich,* dem traditionellen Asylland, werden Immigranten im Schnellverfahren abgefertigt. Offensichtlich unbegründete Asylbegehren werden innerhalb weniger Tage zurückgewiesen. „Frankreich ist kein Einwanderungsland mehr. Wir können nicht das Elend der ganzen Welt aufnehmen," so der ehemalige (sozialistische) Premierminister Michel Rocard. Und seine – ebenfalls sozialistische Nachfolgerin, Edith Cresson, will innerhalb weniger Monate 75 000 der 100 000 abgewiesene Asylbewerber abschieben. In der immer heftiger werdenden Ausländerdiskussion verkehren sich die Fronten in geradezu grotesker Weise, so wenn die Kommunistische Partei Frankreichs jetzt den totalen Einwanderungsstop verlangt und ein Flugblatt verteilt, in dem es heißt: „Rauschgift, Gewalt, Kriminalität: Muß man die Augen verschließen, wenn die Immigrés beteiligt sind?"

In den *Niederlanden,* einem ebenfalls traditionell flüchtlingsfreundlichen Land, werden Asylbewerber, deren Antrag in erster Instanz abgewiesen wurde, solange in Gefängnisse gesteckt, bis auch das Berufungsverfahren entschieden ist. Zweck: Abgelehnten Immigranten soll es unmöglich gemacht werden, unterzutauchen.

Dänemark schickt Emigranten aus solchen Ländern, die als sicher gelten – wie die Sowjetunion, oder Rumänien – ohne viel Federlesens wieder zurück.

Italien hatte bereits 1989 seine Einreiseregelungen für Ausländer aus Nicht-EG-Staaten verschärft; demnach dürfen solche Ausländer nur noch dann nach Italien einreisen, wenn sie einen festen Arbeitsplatz vorweisen können. Den Ansturm der Albaner hat das nicht aufhalten können, aber immerhin: Italien hat ohne viel Federlesens, auch gegen internationale Proteste 17 000 albanische Flüchtlinge wieder abgeschoben.

Nach den Umwälzungen in Osteuropa hat auch *Großbritannien* seine Einwanderungs- und Asylpolitik verschärft. Dennoch erwartet es 1991 eine Verdoppelung des Flüchtlingsstroms: statt der 25 000 im Jahre 1990 rechnet man in diesem Jahr mit 50 000 Flüchtlingen. Der britische Premierminister John Major, sah sich zu der Warnung veranlaßt: „Wir müssen aufpassen, daß wir unsere Türen nicht allzuleicht allen Bewerbern öffnen, nur weil Paris, Rom oder London attraktiver erscheinen als Bombay oder Algier."

Das einzige europäische Land, das fast jeden aufnimmt, ja aufzunehmen gezwungen ist, wenn er es nur geschickt anstellt, ist die *Bundesrepublik Deutschland.* Die generöse deutsche Asylpraxis, basierend auf dem Artikel 16 des Grundgesetzes, hat sich weltweit herumgesprochen, mit der Folge, daß inzwischen die Hälfte aller Asylbewerber in der Bundesrepublik landet.

Dabei muß man sich klar sein: Was wir jetzt erleben, ist erst der Anfang. Spätestens 1993 wird es noch schlimmer kommen, wenn im Europa der Gemeinschaft die Binnengrenzen fallen werden. Dies bedeutet: Personenkontrollen an den europäischen Binnengrenzen wird es dann nicht mehr geben, so daß jeder, der eine Außengrenze überwunden hat, frei und unkontrolliert zwischen den EG-Staaten umherreisen kann. Ein Afrikaner beispielsweise, der von einem Schlepper an die Küste Spaniens gebracht wurde, kann dann seelenruhig mit dem Flugzeug von Madrid nach Berlin fliegen, oder auch nach London, oder Paris, niemand wird ihn kontrollieren. Ein Pole, der völlig legal (die Visapflicht für Polen ist aufgehoben) in die Bundesrepublik gekommen ist, kann von hier aus in jedes andere Land der Gemeinschaft weiterreisen, niemand wird ihn daran hindern können. Die Folgen zeigen sich schon, so wenn etwa 200 000 Polen auf der Suche nach Arbeit das eben auch nicht mit Wohlstand gesegnete Griechenland durchstreifen.

Zwischen den Ländern, die im Vorgriff auf 1993 das Schengener Abkommen geschlossen haben, geht es schon los: an der deutsch-französischen Grenze drängen inzwischen Angolaner mit (gefälschten) portugiesischen EG-Pässen auf den deutschen Arbeitsmarkt. Andere Schwarzafrikaner versuchen als „britische" Staatsangehörige in die Bundesrepublik zu gelangen, mit Personalpapieren, die sehr einfach bei den britischen Postämtern zu bekommen und leicht zu fälschen sind.

Da die Regierungen der europäischen Länder weder willens noch in der Lage sind, den Flüchtlingsstrom aufzuhalten, machen sich überall Ausländerfeindlichkeit und Fremdenhaß breit. Überall dort, wo auch Europäer außerhalb der Wohlstandswelt leben, kommt es zu Gewaltätigkeiten gegen die „schmarotzenden Ausländer“: Ob in den neuen Bundesländern, wo Jugendliche Asylantenheime überfallen und die Insassen krankenhausreif schlagen, ob in Italien, wo, wie in Florenz, mit Eisenstangen und Baseballschlägern bewaffnete Trupps afrikanische Straßenhändler zusammenknüppeln, ob in Frankreich, wo in den letzten vier Jahren 20 Ausländer ermordet wurden, nur weil sie Ausländer waren, – überall kocht der Haß auf die Fremden hoch.

Den europäischen Regierungen dämmert inzwischen, daß sie mit ihrer bisherigen Flüchtlings- und Asylpolitik nicht mehr weiterkommen. Der Ruf, die Grenzen abzuriegeln und undurchlässig zu machen, wird immer lauter, eine Forderung, die teilweise sogar schon realisiert ist. So setzt Österreich an der Grenze nach Ungarn sein Bundesheer ein. In der Schweiz gibt es ebenfalls Überlegungen, Soldaten an den Grenzen zu stationieren, und dies nicht ohne Grund:

Die arme, kleine Schweiz

Gemessen an der Bevölkerungszahl ist die Schweiz heute schon das Land, das am meisten von Flüchtlingen bedrängt wird. Der Ausländeranteil ist mit 16 Prozent doppelt so hoch wie in der Bundesrepublik. 1990 strömten 36 000 Asylbewerber in das kleine Land. Den Schweizern geht es ebenso wie den Deutschen. Gesetze binden ihnen die Hände, so daß sie nicht wirkungsvoll gegen den Immigrantenstrom vorgehen können. Dazu kommt noch, daß die Schweiz Sitz mehrerer internationaler Institutionen ist, darunter des Hohen Flüchtlingskommissars und des Internationalen Komitees vom Roten Kreuz. Das alles verpflichtet.

96 Prozent der Schweizer Asylbewerber gelangen illegal ins Land, doch dies spielt im Endeffekt keine Rolle: sind sie erst einmal da, dann unterliegen sie dem Schutz der Genfer-Konvention, die bindend die Prüfung eines jeden einzelnen Falles vorschreibt. Die Schweizer Behörden ersticken deshalb in einer Antragsflut – und zwischenzeitlich füllt sich das Land weiter mit Flüchtlingen. Dem Problem wäre nur beizukommen, wenn die Flüchtlinge an der Grenze abgefangen würden, denn dann könnten sie sofort zurückgeschickt werden. So nimmt es nicht wunder, daß eine besondere Grenzbefestigung wieder zu „Ehren“ kommt: ein 2276 m langer Zaun bei Kreuzlingen, eineinhalb bis zwei Meter hoch, der von den Nazis 1939 errichtet worden war, um die Devisenflucht in die Schweiz zu unterbinden, später aber für viele Juden

zur Endstation wurde, die dem Terror der Nazis zu entkommen suchten. Angesichts dieser Geschichte tut sich auch ein Land wie die Schweiz schwer, rigoros seine Grenzen abzuriegeln. Aber es wird nicht daran vorbeikommen, wenn nicht heute, dann morgen: In manchem Schweizer Kindergarten sind von 24 Kindern schon 22 Ausländer. In manchen Schulen beherrschen 18 von 20 Kindern die Landessprache nicht. In einem Grenzort wie Kreuzlingen beträgt der Ausländeranteil 34 Prozent.

Schweizer Grenzer haben bei arabischen Einwanderern exakte Pläne gefunden, auf denen die wenigen Schlupflöcher eingezeichnet waren, durch die der „Nazi-Zaun" bei Kreuzlingen zu überwinden ist. Die Pläne waren in Berlin hergestellt worden, und – wie die Schweizer Grenzer ermittelten – „für viel Geld" an Flüchtlinge verkauft worden.[10]

Wie Japan mit Flüchtlingen umspringt

Verglichen mit den Zahlen, die wir in Europa gewohnt sind, erscheinen die Flüchtlingszahlen in Japan geradezu grotesk, so niedrig sind sie. Knapp sechseinhalbtausend Flüchtlinge, die meisten aus Vietnam, Laos und Kambodscha, hat Japan aufgenommen, und alle zunächst nur vorübergehend. Diese Menschen werden in einem Camp nordöstlich von Nagasaki festgehalten, in Verhältnissen, gegen die Europäer in Massen zum Protest auf die Straße gingen. Für diese Flüchtlinge gibt es nur zwei Möglichkeiten: legal oder illegal, und dies heißt, aufgehoben oder abgeschoben.[11] Als 1989 weitere 3000 Flüchtlinge durch das Lager geschleust werden sollten, schlugen die Behörden Alarm. Von den 3000 waren 2800 Chinesen, die auf Booten nach Japan gelangt waren und sich als vietnamesische Boat People ausgaben. Nach offizieller japanischer Ansicht wird in China niemand politisch verfolgt, auch wenn jedermann weiß, daß das Gegenteil der Fall ist. Die Chinesen wurden deshalb kurzerhand zu Wirtschaftsflüchtlingen erklärt, die man ohne eine internationale Konvention zu verletzen, wieder abschieben konnte. Rücksichtslos wurden die Chinesen „repatriiert", und dies auch noch auf Kosten der chinesischen Regierung. Man stelle sich einmal vor, die deutsche Regierung würde die hier auf Sozialhilfe lebenden Polen „repatriieren" und die Kosten für die Heimfahrt Warschau in Rechnung stellen.

Die nach europäischen Maßstäben grausame, wohl nur für Asiaten akzeptable Flüchtlingspolitik, ist indes nicht ohne Logik. Ohne ein strenges Exempel, so die japanische Argumentation, würde bald eine Armada von chinesischen Dschunken vor der Küste aufkreuzen und Einlaß in die zweitgrößte Industrienation der Welt fordern. Die konsequente Haltung der Japaner hatte jedenfalls Erfolg: 1989 wurden 2800 illegale Boat People registriert, im Jahr darauf nicht einmal mehr 100.

In seinen elf Flüchtlingslagern beherbergt Japan zur Zeit gerade 900 anerkannte Flüchtlinge. 900 angesichts der vielen Millionen, die in ganz Asien als Flüchtlinge registriert sind! Die Bundesrepublik Deutschland hat rund 900 000 Flüchtlinge aufgenommen, das sind tausendmal mehr.

In der Diskussion um Flüchtlinge, Ausländer, besonders um Gastarbeiter, taucht bei den Japanern immer wieder die Furcht vor den „deutschen Verhältnissen" auf: „Westdeutschland leidet immer noch unter den Millionen eingeladenen Gastarbeitern, die nie zurückgekehrt sind", schreibt die Tageszeitung „Asahi Shimbun", und Kanji Nishio, Professor für Germanistik, warnt: „Wenn wir in die deutschen Fußstapfen treten, dann werden wir unseren Kindern eine riesige Katastrophe hinterlassen." Eine Studie des japanischen Arbeitsministeriums spricht schließlich ungeniert aus, worum es den Japanern bei ihrer Flüchtlings- und Ausländerpolitik geht: „Wir dürfen den deutschen Fehler nicht wiederholen."

Die eiserne Lady

Die Bilder gingen um die Welt, als im Dezember 1989, frühmorgens um vier Uhr Polizisten eine Gruppe von 51 Vietnamesen gegen deren Widerstand in ein Flugzeug nach Hanoi drängten. Weltweite Empörung, als die britische Verwaltung von Hongkong begann, die ersten der 57 000 vietnamesischen Flüchtlinge abzuschieben, die in Notlagern auf ein ungewisses Schicksal warten. Was die empörten Europäer nicht wissen konnten: Der Zeitpunkt war nicht ohne Sinn gewählt, denn im Februar beginnt in Vietnam die Schiffahrtssaison und damit wären aller Erfahrung nach nochmals Tausende von Boat People in das übervölkerte Hongkong geflohen. Was mit der Abschiebung erreicht werden sollte, war somit klar: künftige Flüchtlinge sollten abgeschreckt werden.[12]

Im Grunde haben die Briten nur im eigenen Interesse gehandelt, so, wie es jede Regierung tun sollte, deren Land zum Ziel von Millionen von Flüchtlingen geworden ist. Nur: die meisten Regierungen bringen zu einem so konsequenten Vorgehen nicht den Mut auf. Margaret Thatcher aber hat den Millionen Menschen, die zu einer Völkerwanderung ungeahnten Ausmaßes aufbrechen werden, damals ein klares Signal gesandt, für das ihr andere dankbar sein sollten. Es lautet: Bleibt zu Hause! Wir werden euch nicht aufnehmen.

Der Horror von Bari

Ausgerechnet Italien, ein Land, dem man es am wenigsten zugetraut hatte, sollte ähnlich rigoros vorgehen wie die eiserne Margaret Thatcher. Zweimal waren 1991 Flüchtlingswellen aus Albanien an die Küste Apuliens gebrandet, im März und dann im Juni. 75 000 waren es allein im März gewesen. Die italienischen Behörden sahen sich nicht in der Lage, diese Menschen unterzubringen. Monatelang zog sich die Umsiedlungsaktion hin, zunehmend regte sich Fremdenfeindlichkeit. Arbeit gab es für die unerwünschten Flüchtlinge sowieso nicht, politisch verfolgt waren sie im Grund auch nicht. Die katholische Hilfsorganisation Caritas stellte in einer Studie fest: „Italien ist weder emotional noch kulturell in der Lage, eine ethnisch gemischte Gesellschaft zu akzeptieren." Als Mitte August wiederum Schiffe mit Albanern Kurs auf die süditalienische Hafenstadt Bari nahmen, war die Regierung entschlossen, ein Exempel zu statuieren, zumal sie von der Presse heftig unter Beschuß genommen worden war. „Der Staat kapituliert" hatte die Turiner „La Stampa" auf ihrer ersten Seite geschrieben. Die Behörden sperrten den größten Teil der Albaner in das alte Stadion von Bari, wo es in der Augusthitze bald zu fürchterlichen Zuständen kam. Gestank, Geschrei, Hunger, Abfälle und menschliche Exkremente ließen das Stadion zur Hölle werden. Albaner versuchten auszubrechen, gingen mit Eisenstangen und Messern auf die Carabinieri los. Über dem Menschenkessel kreisten Hubschrauber und warfen Lebensmittel ab. Die Szenen, die täglich über den Bildschirm flimmerten, entsetzten Europa. Aber die italienischen Behörden schoben ungerührt die überwiegende Masse der albanischen Flüchtlinge wieder ab. Der stellvertretende Regierungschef Martelli rechtfertigte die Aktion: „Wir sind nicht für den Niedergang Albaniens, für die Hoffnungslosigkeit seines Volkes und für Hunderte Störenfriede, Sträflinge, Deserteure vermischt mit so vielen armen Menschen verantwortlich." Vielleicht hätten auch diejenigen, die die italienische Regierung kritisierten, etwas genauer hinsehen sollen. Während Fernsehreporter von unerträglichen Zuständen in

Albanien sprachen, von Not und Hunger zu berichten wußten, zeigten die Bilder gut genährte, durchtrainierte junge Männer, denen es immerhin gelungen war, binnen kurzem das halbe Stadion in Trümmer zu legen. Die schon zitierte „La Stampa“ beschrieb die Szenen als „Krieg des dritten Jahrtausends“. Hungerflüchtlinge waren die jungen Albaner sicher nicht, und ob sie so ganz freiwillig kamen, kann auch bezweifelt werden. Bald nach dem Albaner-Exodus tauchten Vermutungen auf, dahinter steckte die albanische Regierung, die die Europäer zu mehr und schnellerer Hilfe für ihr marodes Land zwingen wollte. Wahrscheinlich mehr als nur Vermutungen, denn in der Tat verstärkte die EG umgehend ihre Nothilfe für Albanien, und natürlich standen die Deutschen wieder in der vordersten Linie: Der deutsche Außenminister, Hans Dietrich Genscher, forderte die EG und die westlichen Industriestaaten zu verstärkter Hilfe für Albanien auf.

Die deutsche Flüchtlingspolitik

Unter dem Druck steigender Asylantenzahlen hat die Bundesregierung Ende September 1990 ihre „Flüchtlingskonzeption“ verabschiedet. Im Kern läuft dieses Programm darauf hinaus, daß die Ursachen der Flüchtlingsbewegungen bekämpft und Rückkehr- sowie Re-Integrationsmaßnahmen verstärkt werden sollen.[13]

Zweifellos vernünftig, aber wird das irgendetwas ändern? Die Masse der Flüchtlinge kommt gar nicht in die Industriestaaten des Nordens, sondern sucht Zuflucht in Nachbarländern. Genau gesagt, sind dies 80 Prozent der Flüchtlinge: sie leben irgendwo in den Ländern der Dritten Welt, einige werden unterstützt, viele aber sind vergessen, um ihr Elend kümmert sich längst niemand mehr.

Schon heute unterstützt die Bundesrepublik solche Länder, die Flüchtlinge aufnehmen. In einigen Fällen mit enormen Mitteln: so wurden im Iran und in der Türkei für die Kurden, die Anfang 1991 aus dem Irak geflohen waren, gut eine halbe Milliarde D-Mark bereitgestellt. Diese gigantische Summe zeigt aber auch, daß eine solche Aktion einmalig bleiben muß und nicht weltweit praktiziert werden kann. Wollte man den 25 Millionen Menschen, die sich auf der Flucht befinden, in gleicher Weise helfen, dann würde das an die 60 Milliarden Mark kosten. Keine Frage, daß das nicht zu machen ist. Aber: Warum den Kurden helfen und die Äthiopier verhungern lassen? Eine grausame Alternative. Wir werden künftig öfter mit solchen Alternativen konfrontiert werden.

Bonn beabsichtigt außerdem Repatriierungsmaßnahmen zu unterstützen, wo immer das möglich ist, am besten zusammen mit dem Hohen Kommissar für Flüchtlingsfragen (UNHCR). Bei den irakischen Kurden scheint dies zu gelingen: wenigstens teilweise kehrten sie unter dem Schutz der UNO in ihre Heimat zurück.

Schließlich will man Flüchtlinge, die zu uns kommen, anhalten, in ein anderes Land weiterzureisen, ihnen aber vorher eine Ausbildung zuteil werden lassen, sollte das ihre künftigen Lebenschancen verbessern. Die Idee der Ausbildung ist gut, die Vorstellung, irgendein Einwanderer würde ohne Zwang weiterwandern, indes naiv.

Dennoch: alles in allem keine schlechte Konzeption, aber niemand kann ernsthaft glauben, damit könnte dem internationalen Flüchtlingsproblem seine Wucht genommen werden. Was die Deutschen vorhaben, wird die Wirkung eines Tropfens auf dem heißen Stein haben, mehr nicht. Denn mit allen diesen Programmen, die ja alle nur verschwindend wenige Flüchtlinge erreichen, löst man nicht das Grundproblem der Völkerwanderung unserer Zeit: die permanente Verschlechterung der Lebensbedingungen in weiten Teilen der Welt.

Immerhin taucht im Flüchtlingsprogramm der Bundesregierung erstmals der Begriff auf, der bisher tabu war und der die Probleme entschärfen könnte, nicht in aller Welt, aber vielleicht bei uns. Der Begriff lautet: Repatriierung.

Zunächst sind es nur Worte, vielleicht werden bald Taten daraus. Von ihrem permanent schlechten Gewissen sollten sich die Deutschen nicht daran hindern lassen, denn selbst die neue Hochkommissarin für das Flüchtlingswesen, die Japanerin Sadako Ogata, ist überzeugt, daß eine langfristige Lösung des Flüchtlingsproblems nur darin bestehen kann, die Menschen wieder in ihre Heimat zurückzuführen.[14]

III. Politisch Verfolgte genießen Asyl

Anmerkungen zur Asylantenproblematik

Gegen den Willen des Volkes

Jahr für Jahr gibt die Bundesregierung mehrere Millionen Mark für Meinungsforschung aus, um herauszubekommen, was die Bevölkerung denkt. Die renommiertesten Institute fragen jedes nur denkbare Thema ab, versuchen, die Probleme zu fassen, die den Bundesbürger am meisten drücken, wollen natürlich auch wissen, was man von der Regierung und den Parteien hält. Es gibt wenig, was die Bonner Politiker mehr interessiert, als die Ergebnisse dieser Umfragen und im allgemeinen reagieren sie sehr schnell auf Stimmungsschwankungen in der Bevölkerung.

Wenn eine Meinungsumfrage ergibt, daß eine Mehrheit von 75 Prozent zu einem bestimmten Thema eine bestimmte Meinung hat, und dies auch noch quer durch die Parteien, so dürfte man eigentlich annehmen, daß die Politiker sich darauf einstellen. Doch beim Tabu-Thema Ausländer ist dem nicht so.

In einer breit angelegten Umfrage des Bielefelder Emnid-Instituts[1] fanden die Meinungsforscher Anfang 1989 heraus: 75 Prozent der Deutschen (damals noch nur West) sind der Meinung, daß es in der Bundesrepublik zu viele Ausländer gibt.

Daß eher konservative CDU-Wähler eine solche Position vertreten, konnte man erwarten, daß aber auch die Anhängerschaft der SPD, einer Partei, die es ablehnt über eine Änderung des Asylartikels auch nur zu diskutieren, ebenfalls zu 73 Prozent eine zu hohe Zahl der Ausländer beklagt, wird überraschen, und völlig außerhalb jeder Vermutung ist, daß selbst die Anhänger der Grünen, die sich als Vorreiter einer „multikulturellen Gesellschaft" geben, zu 38 Prozent diese Meinung vertreten.

Die Ergebnisse dieser Umfrage werden um so interessanter, je mehr man ins Detail geht:

Daß als politische Flüchtlinge ins Land kommende Ausländer aufgenommen werden sollen, fordern 32 Prozent, 67 aber verlangen, daß deren Zahl gesenkt wird. 67 Prozent, das entspricht ziemlich exakt einer Zwei-Drittel-Mehrheit. Eine solche Mehrheit wäre erforderlich, um das Grundgesetz zu ändern, was allerdings nur im Deutschen Bundestag möglich ist. Die Bevölkerung hat nach unserer Verfassung keinen direkten Einfluß auf die Lenkung der Staatsgeschäfte. Wie die politischen Verhältnisse nun einmal sind, ist es aber völlig ausgeschlossen, in der „Volksvertretung“ eine verfassungsändernde Mehrheit für eine Änderung des Artikels 16 zusammenzubringen. Dieser Grundgesetz-Artikel legt fest: Politisch Verfolgte genießen Asylrecht.

Hätten die Verfassungsväter ins Bonner Grundgesetz einen Volksentscheid hineingeschrieben, so wie ihn die Weimarer Verfassung noch kannte, der Artikel 16, das Recht auf Asyl, würde mit großer Wahrscheinlichkeit aus dem Grundgesetz genommen. So jedenfalls der Wille des Volkes, wenn man ihn an der oben zitierten Meinungsumfrage festmacht.

Die Umfrage wurde Anfang 1989 durchgeführt; inzwischen ist die Zahl der Asylbewerber drastisch gestiegen. Gleichzeitig haben sich die inneren Probleme der Bundesrepublik dramatisch verschärft: als da sind hohe Dauerarbeitslosigkeit, wachsende Armut, Wohnungsnot, steigende Staatsverschuldung und vor allem: ein immenser Kapitalbedarf zum Aufbau der neuen Bundesländer. Die Annahme ist sicher nicht falsch, daß der Anteil derer, die meinen, es leben zu viele Ausländer hier, heute noch größer wäre, besonders, wenn die Bundesbürger aus dem Osten in die Befragung miteinbezogen würden.

Dennoch reagieren die Politiker kaum darauf. Das Thema Ausländer wird weggedrückt und tabuisiert. Nur wenn der Ärger in der Bevölkerung wieder einmal zu groß wird, reagieren die Verantwortlichen: mit halbherzigen Maßnahmen, die ihnen für kurze Zeit etwas Luft schaffen, an die Wurzel des Problems aber nicht heranreichen. Beweis: trotz immer neuer Hürden, die gegen die Einwanderer aufgebaut wurden, steigt ihre Zahl von Jahr zu Jahr, um 1990 mit 200 000 Asylbewerbern einen absoluten Rekord zu erreichen. Daß mit dem Asylrecht ein unglaublicher Mißbrauch getrieben wird, wissen alle, am besten natürlich die verantwortlichen Politiker. Der Skandal ist, daß sie die Probleme genau kennen, aber nichts Entscheidendes dagegen tun.

An anderer Stelle wurde schon darauf hingewiesen, daß Schlepperbanden Ausländer gegen viel Geld nach Europa schaffen, darunter solche, die von sich aus gar nicht auf die Idee kämen, ihre Heimat zu verlassen. Das gleiche Geschäft, wenn auch ohne unmittelbaren Profit, betreiben humanitäre Organisationen, die Flüchtlinge direkt auffordern, um Asyl zu bitten, wie etwa der deutsche Vertreter des Hohen Flüchtlingskommissar, der in einem Interview sagte, die Gastarbeiter in der ehemaligen DDR könnten „durchaus Anträge auf Asyl stellen“, da Mosambik, Angola und Vietnam, jene Länder, aus denen sie stammen, zu den Krisen- und Entwicklungsländern zählten, als Asylanten könnten sie deshalb bleiben.

Wie das Recht auf Asyl entstand

Als das Grundgesetz nach dem Zweiten Weltkrieg geschaffen wurde, gehörten seine Väter zumeist einer Generation an, die schon in Weimarer Republik politisch aktiv gewesen war. Viele dieser demokratischen Politiker hatten vor Hitler und seinen Schergen aus Deutschland fliehen müssen. Sie erinnerten sich dankbar daran, daß Länder wie die Tschechoslowakei, Frankreich, England und die USA ihnen Asyl gewährt hatten, genauso wie den verfolgten deutschen Intellektuellen, etwa Schriftstellern wie Thomas Mann oder Lion Feuchtwanger. Diese Schicksale hatten sie vor Augen, als sie ins Grundgesetz den Artikel 16 aufnahmen: „Politisch Verfolgte genießen Asylrecht." Es war eine „Generosität", wie einer der maßgebenden Autoren des Grundgesetzes, der SPD-Politiker Carlo Schmidt, es seinerzeit formulierte.

Niemand konnte sich damals vorstellen, daß vierzig Jahre später Hunderttausende aus allen Ecken und Enden der Welt, dank der „Generosität" der Bonner Verfassung an unsere Tür klopfen und um Einlaß bitten würden, und zwar nicht solche Emigranten, wie sie damals den Verfassungsvätern vorschwebten, keine Politiker und keine Intellektuellen, nicht die Elite, sondern ein Heer von Armutsflüchtlingen, die sich hier, in der Bundesrepublik ein besseres Leben, und sei es nur ein Leben auf Sozialhilfe erhoffen, denn das ist immer noch viel mehr als sie zu Hause haben.

Wie grotesk die Folgen dieser „Generosität" sein können, mögen zwei Beispiele zeigen, die zwar extrem, keineswegs aber einmalig sind:

Frankfurt/Main, Flughafen: Mit der Maschine aus Istanbul kommt eine türkische Familie an, Mann und Frau mit zwölf Kindern, ein dreizehntes ist unterwegs, dazu noch die Großmutter. Die Pässe sind in Ordnung. Die Frage nach dem Grund der Einreise beantwortet die Frau mit Hilfe eines Dolmetschers: Man habe zu Hause gehört, daß es in Deutschland für Kinder viel Geld gibt. Der Mann wird befragt, ob er von der Polizei aus politischen Gründen verfolgt worden wäre (es wäre ein Asylgrund gewesen). Nein, wäre er nicht. Die Familie wird daraufhin untergebracht, um am nächsten Tag wieder in die Türkei abgeschoben zu werden. Kurz vor der Abschiebung gibt der Mann zu Protokoll, seine Aussage vom Vortag wäre falsch gewesen, er habe Kopfschmerzen gehabt, jetzt wisse er genau, daß er wiederholt wegen seiner politischen Überzeugung von der Polizei geschlagen worden sei. Also Asyl. Die Familie kann mit insgesamt DM 5146,– an Sozialhilfe im Monat rechnen, wenn das dreizehnte Kind da ist, sogar mit nochmals gut 200 DM. Der Vorgang spielte sich Anfang 1989 ab. Er ist nicht erfunden. Inzwischen benötigen Türken, die in die Bundesrepublik einreisen wollen, ein Visum. Das Schlupfloch Flughafen Frankfurt ist zu. Dafür gibt es aber jede Menge andere.

Ausländeramt Aachen: Ein junger Mann aus Zaire beantragt Asyl, das ihm, da es in seinem Land zweifellos Verfolgung gibt, zunächst auch nicht verweigert wird. Er erhält sofort 514 Mark Sozial- und, weil er einen abgerissenen Eindruck macht, dazu noch 397 Mark Kleiderhilfe. Zusammen also 911 Mark. Der Mann kam aus Belgien, wo er sich schon länger aufhielt. Den Tip mit dem „Asyltourismus“ hatte er von Landsleuten bekommen. Außer ihm standen bisher sechs Männer aus Zaire vor dem Richter, elf weitere sitzen in Untersuchungshaft, gegen 171 laufen allein in Aachen Ermittlungsverfahren. Keiner von ihnen hatte die Absicht, wirklich in der Bundesrepublik zu bleiben, sie alle waren nur mal schnell über die belgische Grenze (der Kongo, heute Zaire, war früher eine belgische Kolonie) gekommen, um ein paar hundert Mark abzukassieren. Zu verhindern ist dies nicht. Wären sie wirklich in der Bundesrepublik als Asylbewerber geblieben, hätten sie sich nicht einmal strafbar gemacht.

Solche Fälle gibt es viele. Man liest sie immer wieder in den Zeitungen und sie tragen dazu bei, daß sich immer mehr Deutsche für Beschränkungen im Asylrecht aussprechen. Aber darf man es sich so leicht machen? Fälle dieser Art gibt es sicher massenhaft, Schicksale echter Verfolgung, echte menschliche Tragödien aber eben auch. Doch: wie sortiert man das aus? Und wenn dies gelingt, was dann?

Gefangen im Gutgemeinten

Die Wahrheit ist, daß sich die Deutschen selbst in einem Netz von Grundgesetzartikeln und Gesetzen sowie internationalen Abmachungen gefangen haben, die es jedem Polen, jedem Roma aus Rumänien, jedem Tamilen aus Sri Lanka, jedem Senegalesen und jedem Araber ermöglichen, in unser Land zu kommen, und wenn er es nur geschickt anstellt: auch hier zu bleiben und auf unbestimmte Zeit auf unsere Kosten zu leben.

Der Artikel 16 des Grundgesetzes, wonach politisch Verfolgten Asyl gewährt wird, ist weltweit einmalig. Was sich inzwischen auch weltweit herumgesprochen hat. Wem es gelingt, an die deutsche Grenze zu gelangen, zu behaupten, er sei politisch verfolgt und wenn er außerdem noch aus einem Land stammt (und in allen Ländern der Dritten Welt gibt es Verfolgung), wo tatsächlich Verfolgung stattfindet, so hat er gute Chancen, in die Bundesrepublik zu kommen und als Asylbewerber aufgenommen zu werden. Dabei hat das Asyl eine gute, richtige und auch schon sehr alte Tradition, an der im Prinzip auch festgehalten werden sollte.

Der Begriff Asyl stammt von dem altgriechischen Wort „asylon", das den inneren Bereich eines Tempels bezeichnete. Einem Menschen, dem es gelungen war, in dieses asylon zu flüchten, durften die Verfolger nichts mehr tun. Später, im Mittelalter, übernahm die Kirche diesen Schutz. Aber es waren immer einzelne, wenige, die Schutz suchten und denen Schutz gewährt wurde, heute sind es Hunderttausende, und von Jahr zu Jahr werden es mehr.

Inzwischen hat der Staat alles mögliche versucht, um den Strom der Asylbewerber zu drosseln. Manche neue Regelung ging hart an die Grenze der Verfassungsmäßigkeit. Auch die Verwaltungsverfahren wurden gestrafft. Mitte 1989 hatten der Bundesinnenminister und die Innenminister der Länder beschlossen, das Anerkennungsverfahren durch administrative Maßnahmen zu beschleunigen. Der Bundesinnenminister erklärte daraufhin, die „Masse der Verfahren wird in wenigen Wochen abgeschlossen sein". Nichts davon. Anfang 1991 mußte das Bundesamt zur Anerkennung ausländischer Flüchtlinge, in Zirndorf, zugeben, daß die Asylverfahren immer noch neun bis zehn Monate dauerten: Man schiebe einen Berg von 150 000 unerledigten Fällen vor sich her.[2] Diese 150 000 Asylbewerber, die sich quasi im Abwartestand befinden, kosten allein während dieser Zeit eine gute Milliarde (genau 1 020 000 000,– DM), Verwaltungskosten etc. gar nicht gerechnet.

Sollte es wirklich irgendwann einmal gelingen, das Anerkennungsverfahren auf ein paar Wochen, vielleicht auch nur ein paar Tage zu verkürzen, was wäre wirklich gewonnen? Jeder Asylbewerber, der sich mit seiner Ablehnung nicht einverstanden erklärt, kann gegen die Entscheidung der Behörde klagen. Auch diese Rechtsstaatsgarantie ist in unserem Grundgesetz verankert: Jeder Verwaltungsakt einer Behörde *muß* von den Gerichten auf Antrag des Betroffenen, hier des abgelehnten Asylbewerbers, überprüft werden. Folge: inzwischen gibt es nicht nur beim Bundesamt einen Stau von unerledigten Fällen, sondern auch bei den Verwaltungsgerichten.

Mit Hilfe eines geschickten Rechtsanwalts kann ein Asylbewerber sein Verfahren ohne weiteres mehrere Jahre verschleppen. Gelingt ihm das über fünf Jahre, so hat er sich praktisch ein Bleiberecht „ersessen", wie es im Amtsdeutsch heißt. Sollte er in letzter Instanz verlieren, so wird er dennoch nach der üblichen Praxis nicht ausgewiesen werden. Dieses langwierige, rechtsstaatlich korrekte Verfahren, erweist sich immer mehr als Farce. Den Nutzen haben nur zwei Parteien: die Asylbewerber und ihre Anwälte. Die Kosten gehen zu Lasten der Allgemeinheit.

Asylverfahren vor den Verwaltungsgerichten dauern im Schnitt zwei Jahre. Der Präsident des Bundesverwaltungsgerichts, Professor Sendler, hielt das für „entschieden zu lange", eine solch lange Dauer „grenze an Rechtsverweigerung". Der höchste deutsche Verwaltungsrichter erwartete deshalb eine „Änderung des Grundgesetzartikels 16". Professor Sendler ist inzwischen in Pension, der Artikel 16 aber immer noch in Kraft.

Die Asylpraxis geht an den Kern unserer Staatsverfassung: Ein so komplizierter Rechts- und Sozialstaat wie die Bundesrepublik kann nur funktionieren, wenn ein allgemeiner Konsens darüber besteht, was man tut und was man läßt. Würden beispielsweise die vielfältigen Sozialleistungen von jedermann eingeklagt und gar in Anspruch genommen werden, so würde unser Sozialsystem zusammenbrechen, und ebenso das Rechtswesen, denn die Gerichte wären mit Streitsachen verstopft. Wenn wir Millionen von Ausländern im Lande haben, denen das Schicksal unserer Solidargemeinschaft völlig gleichgültig ist, dann kommt es notwendigerweise zu einem ungeheuren Mißbrauch des Systems, und zwar gerade deshalb, weil der Gesetzgeber in guter Absicht gehandelt und dabei den mündigen, verantwortungsbewußten Bürger im Auge gehabt hat. Folgendes Beispiel zeigt, wie Ausländer, insbesondere Asylbewerber, dem Rechtsstaat auf der Nase herumtanzen können:

Es geht um einen pakistanischen Asylbewerber, der 1981, damals 21 Jahre alt, nach Westberlin eingereist war. Bald darauf wurde er straffällig. 1982 und 1983 wurde er wegen Rauschgiftdelikte zu Haftstrafen verurteilt und nach Verbüßung seiner Strafen auch jedesmal rechtskräftig ausgewiesen. Er kehrte aber ebenso regelmäßig wieder nach Deutschland zurück. Die erste Abschiebung kostete (Flugkosten) 2393,70 DM, die zweite 2818,80. Kurz nach der zweiten Abschiebung taucht der Mann erneut in Berlin auf, und wird bald darauf wieder wegen eines Rauschgiftdeliktes straffällig. Er kommt in U-Haft, danach in Abschiebehaft. Um seiner Abschiebung – es wäre die dritte gewesen – zu entgehen, stellt er einen neuen Asylantrag, ebenfalls seinen dritten. Begründung: er sei homosexuell und werde deshalb in seiner islamischen Heimat, in Pakistan, verfolgt. Mit dieser Begründung konnte er seine erneute Abschiebung bisher erfolgreich verhindern. Mit dem Fall dieses Mannes mußten sich bisher das Verwaltungsgericht viermal, das Oberverwaltungsgericht dreimal beschäftigen. Alle Verfahrenskosten, natürlich auch die Anwaltsgebühren, gingen zu Lasten der Allgemeinheit. Der zuständige Senator schließlich setzte die Abschiebung des Mannes aus, weil nach einem Beschluß des 1990 amtierenden Berliner Senats (gebildet aus SPD und Alternativer Liste) Ausländer nicht mehr abgeschoben werden dürfen, wenn sie im Herkunftsland „aus geschlechtsspezifischen Gründen" verfolgt werden. Die Pointe dieses Possenspiels aber kommt noch: die Berliner Verwaltung hat die deutsche Botschaft in Islamabad gebeten, festzustellen, ob gegen den Mann tatsächlich ein Haftbefehl wegen Homosexualität vorliegt. In der Tat, es ist nicht zu leugnen: die Bundesrepublik Deutschland ist ein Rechtsstaat.

Die Frage ist nur, welchen Sinn Gesetze noch haben, die einen solchen eklatanten Mißbrauch ermöglichen.

Abgeschoben wird (fast) keiner

In der Asyldiskussion wird immer wieder angeführt, daß nur ein ganz geringer Prozentsatz von Asylbewerbern anerkannt wird, drei bis fünf Prozent zuletzt. Diese geringe Anerkennungsquote ziehen sowohl Kritiker als auch Anhänger unseres Asylrechts als Beleg für ihre Position heran. Für die Verfechter einer humanen, offenen Asylpraxis ist sie der Beweis für das rigide, unmenschliche Vorgehen der Behörden, für die Kritiker umgekehrt ein Beleg, daß es sich bei der überwältigenden Mehrheit der Asylbewerber nicht um Verfolgte, sondern um Armuts- und Sozialflüchtlinge handelt, die die „Generosität" unserer Asylpolitik nutzen wollen.

Zu sagen, daß sie es ausnutzen, wäre falsch, denn wer könnte es nicht verstehen, wenn arme Menschen jede Möglichkeit nutzen, ihr Los zu verbessern? Das ist selbstverständlich. Wollte man dies etwa einen Afghanen, oder Libanesen, oder Kurden vorwerfen? Diese Leute nehmen sich nur das, was wir ihnen so überaus „generös“ anbieten. Die Aggressionen, die viele Deutsche gegen diese Menschen hegen, sie auch offen zeigen, sind an die falsche Adresse gerichtet. Schuld an den Zuständen tragen die politisch Verantwortlichen, denn sie, und nur sie, haben es in der Hand, die Dinge zu ändern.

Falsch wäre es auf jeden Fall, aus der hohen Ablehnungsquote zu schließen, daß die abgelehnten 95 bis 97 Prozent unser Land verlassen müßten, so wie eben die Abschiebung immer wieder als probates Mittel gerühmt wird, damit die Asylbewerberzahlen nicht ins Uferlose steigen. Doch die Praxis sieht ganz anders aus:

Beispiel München, eine Stadt mit einem überdurchschnittlich hohen Ausländeranteil: von 1000 im Jahr 1987 zurückgewiesenen Asylbewerbern sind 200 freiwillig ausgereist, 19 wurden zwangsweise abgeschoben, 130 haben nochmals einen Asylantrag gestellt, 400 haben sich erfolgreich auf das Bleiberecht aus humanitären Gründen berufen und 259 sind einfach untergetaucht. Von 1000 nach einem langwierigen, teuren Verfahren abgelehnten Asylbewerbern haben also nur 219, das sind 22 Prozent, unser Land verlassen, die anderen sind geblieben, wie auch immer und wo auch immer.

Generell gilt, daß rund 60 Prozent der abgelehnten Asylbewerber einen „Bleibeschutz“ genießen, also gar nicht abgeschoben werden können. Zu diesem Ergebnis kam schon 1988 eine Arbeitsgruppe der Innenminister von Bund und Ländern. In dem Bericht dieser Gruppe heißt es: „Daß ein Großteil abgelehnter Asylbewerber nicht abgeschoben wird, liegt nicht daran, daß aus Unkenntnis oder Säumnis keine aufenthaltsbeendenden Maßnahmen eingeleitet werden, sondern an rechtlich zwingenden Hindernissen, an politischen und humanitären Entscheidungen oder an organisatorisch nicht behebbaren Problemen.“ Nebenbei räumte die Arbeitsgruppe indirekt ein, daß es bei Abschiebungen immer wieder zu Konflikten mit Kirchen, Gewerkschaften und Menschenrechtsorganisationen komme.

Zum „Eingreifen“ von Menschenrechtsorganisationen ein Fall: Ein 1984 wegen Rauschgifthandels in Berlin zu fünfeinhalb Jahren Haft verurteilter Tamile, wurde nach Verbüßung seiner Strafe nicht abgeschoben, nachdem Flüchtlingsorganisationen auf die allgemeine Gefährdung von Tamilen in Sri Lanka hingewiesen hatten. Später wurde er sogar aus der Abschiebehaft entlassen.

Bei den Tamilen zeigt sich besonders kraß eine andere Fragwürdigkeit des deutschen Asylrechts. Es ist bekannt, daß die tamilischen Befreiungskämpfer mit einer unglaublichen Brutalität vorgehen. So ist ein Fall durch die Presse gegangen, bei dem diese „Tamile Tigers“ einen Bus anhielten und alle Insassen unterschiedslos niedermetzelten, Männer, Frauen und sogar Kinder. Handelt es sich um Freiheitskämpfer oder um Terroristen? Unser Asylrecht stellt diese Frage nicht: wer verfolgt wird, erhält Asyl.

Geradezu absurd ist auch die Situation, daß sich Verfolgte und ehemalige Verfolger bei uns wiederfinden, beide jetzt als Asylanten. Typisch dafür Asylanten aus dem Iran. Zuerst kamen welche, die vor der Savak, der Geheimpolizei des Schah, geflohen waren, nach dessen Sturz tauchten eben diese Savak-Leute hier auf, da sie nun ihrerseits von dem neuen Mullah-Regime verfolgt wurden. Man kann die Geschichte endlos weiterspinnen: sollte das Mullah-Regime einmal abgelöst werden, dann werden dessen Anhänger als politisch Verfolgte hier aufkreuzen, und so fort und so fort und so fort.

Natürlich kehrt auch dann keiner zurück, wenn ihm keine Verfolgung mehr droht. Beispielsweise jene Chilenen, denen man nahelegte, in ihre Heimat zurückzukehren, nachdem dort wieder geordnete, demokratische Verhältnisse hergestellt sind. Keine Rede davon. Statt dessen – unterstützt von humanitären Organisationen – Proteste, mit denen die Chilenen ihre Ausweisung zu verhindern suchten. Von Dank übrigens an das Land, das ihnen jahrelang Asyl gewährt hatte, kein Wort, sondern Druck, Vorwürfe, Anklagen.

Dem Mißbrauch Tür und Tor geöffnet

Die Zahl der Asylbewerber, die sich Ende 1990 in der Bundesrepublik aufhielten, beläuft sich auf ca. 600 000. Das ist bei einem 60 Millionen Volk (alte BRD, ohne die neuen Bundesländer) eigentlich nicht viel, nicht mehr als ein Prozent. Die Probleme aber, die die Städte und Gemeinden damit haben, sind immens. Das fängt mit den Kosten für Sozialhilfe an, und hört mit der Unterbringung nicht auf. Eine Unterbringung ist häufig nur noch in Notquartieren möglich, kein Dauerzustand, wenn man davon ausgeht, daß diese Menschen ja nicht mehr gehen, sondern für immer hier bleiben wollen. Irgendwann müßte man also auch für sie Wohnungen bauen. Abgeladen werden die Asylprobleme alle bei den Städten und Gemeinden. Von „einem sozialen Sprengstoff, der kaum noch beherrschbar“ sei, sprachen deshalb im Herbst 1990 auf einer Tagung die Verwaltungschefs der Ruhrgebietsstädte.

Weil von Bonn das Problem nicht an der Wurzel gepackt wird, sprich Abschaffung des Artikels 16, verlegen sich die Gemeinden zunehmend darauf, Asylsuchende auf ihre Weise abzuwehren. Durch Schikanen. So erhalten etwa Asylanten die Sozialhilfe nicht mehr in bar, sondern in Form von Warengutscheinen. Eine Diskriminierung, die nicht hingenommen werden dürfte und die schleunigst wieder abgeschafft gehört. Aber: die Gemeindeverwaltungen erleben andererseits tagtäglich, wieviel Mißbrauch getrieben wird. So gibt es Asylbewerber, die gleich in mehreren Städten Asylanträge gestellt und auf diese Weise mehrfach Sozialhilfe kassiert haben. Ebenfalls nicht selten: Polen stellen in der Bundesrepublik einen Antrag auf Asyl, richten sich Konten ein, kehren nach Polen zurück und kommen alle paar Wochen wieder, um das Konto abzuräumen. Der Sozialdezernent von Dortmund ordnete versuchshalber an, einen Monat lang die Sozialhilfe-Überweisungen an Polen zu sperren. Das Ergebnis war überraschend: Etwa zehn Prozent der Betroffenen reagierten überhaupt nicht. Sicher ist die Annahme nicht falsch, daß diese „Verfolgten" sich gar nicht hier aufhielten. Die Aktion in Dortmund war ein Test, der ins Schwarze getroffen hatte, meistens aber läßt sich der Mißbrauch nicht wirksam kontrollieren; denn lädt das Arbeits- oder Sozialamt zu einem Termin, so wird dies dem Asylbewerber im allgemeinen vier Tage vorher mitgeteilt, Zeit genug für einen Polen beispielsweise, um aus Warschau anzureisen.

Nachdem alle bisherigen Maßnahmen im Grunde nichts bewirkt haben, tun bundesdeutsche Politiker jetzt so, als wäre das Problem 1993 in den Griff zu bekommen, wenn in der Europäischen Gemeinschaft die Binnengrenzen fallen. Die verschiedenen Regelungen der europäischen Länder sollen dann einander angeglichen werden. Nur: Die Bundesrepublik hat von allen europäischen Ländern das bei weitem großzügigste Asylrecht. Die anderen Länder, die ebenfalls unter der Flüchtlingsflut stöhnen, werden unser Asylrecht keinesfalls übernehmen. Die Tendenz geht vielmehr überall zu Verschärfung und Abschottung. Wenn sich die europäischen Staaten auf ein strengeres Asylrecht verständigen, würde das bei uns überhaupt nichts ändern: nach wie vor bliebe unser Artikel 16 Grundgesetz geltendes Recht, da es als Verfassungsrecht auch nicht durch europäische Regelungen außer Kraft gesetzt werden kann.

Realistischerweise steht zu befürchten, daß nach einer einheitlichen europäischen Regelung noch mehr Asylanten in die Bundesrepublik strömen werden, wohl wissend, daß bei uns ihre Chancen am besten stehen. Heute schon ist es so, daß gut die Hälfte aller Flüchtlinge, die nach Europa kommen, in der Bundesrepublik landen.

Die europäische Regelung soll so aussehen: ein Asylbewerber kann nur einmal in irgendeinem EG-Land einen Antrag auf Bleibe stellen, wird er dort abgewiesen, gilt diese Abweisung automatisch für alle anderen EG-Länder. Er muß die EG-Region verlassen. Einlaßkontrolle und Abschiebung werden von allen EG-Ländern gemeinsam organisiert. Das klingt logisch, wird aber nichts daran ändern, daß wir auch solche Asylbewerber zumindest ins Asylverfahren nehmen müssen, denn dies verlangt unser Grundgesetz. Die Folge wird also sein: ein in irgendeinem EG-Land abgelehnter Asylbewerber kann dessenungeachtet in der Bundesrepublik noch einmal einen Asylantrag stellen. Da 1993 die Binnengrenzen fallen sollen, kann er auch ohne Kontrolle und ohne daran gehindert zu werden, in die Bundesrepublik einreisen. Eine gewisse Möglichkeit, dies alles zu verhindern, wäre, daß die anderen EG-Staaten ihre abgelehnten Asylbewerber sofort abschieben würden. Aber langfristig würde selbst das wirkungslos bleiben: die EG-Praxis wird sich über kurz oder lang unter den Flüchtlingen herumsprechen, mit der Folge, daß sie von vorneherein in die Bundesrepublik wollen. Angesichts dieser Perspektive ist sogar die jetzige Praxis besser: Nach geltendem Recht können Asylbewerber an unserer Grenze abgewiesen werden, wenn sie vorher bereits in einem anderen Land Zuflucht gefunden haben.

Eine gewisse Entlastung kann – vorausgesetzt der Artikel 16 Grundgesetz bleibt – nur dann erreicht werden, wenn abgelehnte Asylbewerber tatsächlich auch abgeschoben würden. Doch das wird künftig genausowenig funktionieren, wie bisher, es sei denn die Politiker und Behörden würden sich von Protesten nicht beeindrucken lassen, wie etwa die Italiener bei der Abschiebung der Albaner aus Bari, und endlich konsequent die Gesetze anwenden. Wenn heute ein Ausländer wirklich abgeschoben wird, dann handelt es sich um eine Ausnahme, meist um einen, der sich erheblich strafbar gemacht hat, etwa einen Drogendealer. Fast alle Ausländer, die abgeschoben werden sollen, wehren sich mit Händen und Füßen, manchmal müssen sie sogar gefesselt und mit Spritzen ruhig gestellt ins Flugzeug geschafft werden. Eine Behandlung, die menschenunwürdig ist. Doch wie soll man es anders machen? Und: wie stellt man sich erst die Abschiebung von Zigtausenden vor?

In Berlin beispielsweise leben rund 20000 Polen, 2300 haben eine Arbeitserlaubnis, 5000 beziehen Sozialhilfe (als Asylbewerber) und schätzungsweise 10000 halten sich illegal in der Stadt auf. Die 5000 Sozialhilfeempfänger sind in den Ämtern registriert, sie wären leicht zu erfassen, aber wäre es auch möglich, sie abzuschieben? Und was ist mit den 10 000 Illegalen, wie sollte man sie finden, wenn die Bundesrepublik nicht zum Polizeistaat werden soll, und angenommen, es gelänge, sie aufzuspüren, könnte es sich ausgerechnet die Bundesrepbulik Deutschland leisten, schreiende, sich wehrende Polen, auch Frauen und Kinder darunter, mit Gewalt in Zügen oder Bussen zu verladen? Spätestens nach der ersten Abschiebung würde der Protest so gewaltig werden, daß die Aktion abgebrochen werden müßte. Also was?

Es war ein schweres politisches Versäumnis, als man im Deutsch-Polnischen Vertrag nicht die Rückführung der hier lebenden polnischen Asylbewerber aufgenommen hat. Ihre Zahl beläuft sich auf über 60 000, die Kosten, die ihr Asylstatus verursacht, summieren sich auf 500 Milionen Mark im Jahr.

Es werden immer mehr

1981, gegen Ende seiner Amtszeit, resümierte Bundeskanzler Helmut Schmidt: „Es war ein Fehler, so viele Ausländer ins Land zu lassen." Als er zu dieser Einsicht kam, hatte er sieben Jahre die Bundesrepublik regiert. Die Zahl der Ausländer lag jetzt bei 4,6 Millionen, die der Asylanten bei 307 000. Als er 1974 sein Amt angetreten hatte, lauteten die Zahlen: Ausländer 4,1 Millionen, Asylanten 34 000. In der siebenjährigen Amtszeit von Bundeskanzler Helmut Schmidt ist demnach die Zahl der Ausländer um 12 Prozent gestiegen, die der Asylanten sogar um 800 (!) Prozent.

1987 erkannte sein Nachfolger, Helmut Kohl, daß die Abschottung gegen Flüchtlinge „an der Grenze dessen angelangt ist, was bei der Verfassungslage noch möglich ist". In den drei Jahren seit Kanzler Kohl diese Feststellung traf, sind 417 457 Asylbewerber in die Bundesrepublik gekommen, ein absoluter Rekord. Alle Maßnahmen, die bisher getroffen wurden, um den Zustrom an Asylanten zu drosseln, haben im Endeffekt so gut wie nichts bewirkt. Das ist die Wahrheit. Die Frage ist, soll es so weitergehen, oder nicht, und wenn nicht: was wäre dann zu tun?

Grundproblem ist zweifellos das Grundrecht auf Asyl. Das Gesetz des Handelns liegt hier nicht mehr bei den Deutschen, sondern bei all denen, die Asyl fordern. Deutschland könnte auch weiterhin Verfolgte aufnehmen, dazu bedürfte es keiner Verankerung im Grundgesetz. Aber die Asylpolitik wäre dann steuerbar, vor allem: der jetzt mögliche Mißbrauch des Asylrechts wäre leicht auszuschalten.

Der höchste deutsche Richter, der Präsident des Bundesverfassungsgerichts, Prof. Zeidler, hat bei seinem Ausscheiden aus dem Amt sehr deutliche Worte zu dieser Problematik gefunden: „Die Verfassung muß laufend geändert werden. Beispiel Asylrecht. Das ist unter den Voraussetzungen von 1949 formuliert worden. Die Bundesrepublik ist das einzige Land der Welt, das sich ein solch umfassendes, gar nicht funktionsfähiges Asylrecht leistet."[3] Der dies sagte, wußte, wovon er redete: er war über viele Jahre der höchste Richter der Republik gewesen. Er konnte es sich auch leisten, eine solche Meinung zu äußern, niemand wird diesem Mann, der politisch der SPD nahestand, rechtsradikale, oder gar rassistische Ansichten unterstellen wollen.

Das Grundrecht auf Asyl muß aus der Verfassung genommen werden; dann erst sind wir wieder handlungsfähig. Irgendwelche politische Kosmetik, wie ein „Vorschaltgesetz", decken das Problem wieder nur zu, es wäre auch juristisch anfechtbar, vor allem aber: es würde wiederum nichts bewirken.

Ohne Artikel 16 Grundgesetz, das Recht auf Asyl, würde der Zustrom von Ausländern steuerbar. Die gewaltigen, von Jahr zu Jahr steigenden Zahlen ließen sich drastisch reduzieren. Die Weltbank schätzt, daß allein in den islamischen Ländern Nordafrikas und des Nahen Ostens 60 Millionen Menschen unterhalb der Armutsgrenze leben.[4] Diese Region ist uns sehr nahe und von Jahr zu Jahr kommen mehr Menschen von dort hierher. Was könnten wir tun, wenn sich einmal Millionen in Bewegung setzen und an unseren Grenzen Einlaß forderten? Die EG-Kommission schätzt, daß in (nur) zehn Jahren in den südlichen Mittelmeerländern 100 Millionen Menschen keine Existenzgrundlage mehr haben werden. In allen diesen Ländern gibt es auf die eine oder andere Art politische Verfolgung; wir könnten also keinen einzigen abweisen, wenn er unter Berufung auf Artikel 16 unseres Grundgesetzes Asyl beanspruchen würde, ja mehr noch: es nach unserem Recht sogar einklagen könnte. Wo wäre die Toleranzgrenze erreicht? Bei 200000 Asylbewerbern, wie im Jahre 1990, bei einer halben Million, bei einer, bei zwei Millionen?

Und angenommen: es gelänge den Zustrom von Asylbewerbern zu stoppen, oder wenigstens zu drosseln, was ist mit den Hunderttausenden, die schon hier sind? Einem Teil davon sollte weiter Asyl gewährt werden: den wirklich Verfolgten, solange sie an Leib und Leben bedroht sind. Den anderen aber nicht: weder den Wirtschafts- noch den Armutsflüchtlingen. Das könnte so geschehen: wer hier – unberechtigt – Asylanten- oder Flüchtlingsstatuts genießt, dem sollte als erstes die materielle Unterstützung entzogen werden, sprich die Sozialhilfe, die allerdings für eine gewisse Übergangszeit, etwa drei Monate, weiter gezahlt werden könnte, um Härten zu vermeiden. Der Verlust der Unterstützung würde schon eine große Zahl von Asylbewerbern, vor allem Einwanderer aus Osteuropa, veranlassen, die Bundesrepublik wieder zu verlassen. Tun sie es nicht, kann das Ausländerrecht greifen, das heißt: sie können abgeschoben werden. Die Behörden sollten sich dann auch durch Proteste davon nicht abhalten lassen.

Wieviel damit gewonnen wäre, verdeutlichen folgende Zahlen: von den 100 000 Asylbewerbern, die 1988 in die Bundesrepublik kamen, stammte die Hälfte aus Polen (29 000) und Jugoslawien (20 800). Kein einziger von ihnen war zu der Zeit politisch verfolgt, hatte also einen Anspruch auf Asyl. Unsere Rechtsordnung ermöglicht es ihnen aber, sich auf das Asylrecht zu berufen und damit erst einmal zu bleiben.

1989 kamen 121 300 Asylbewerber nach Deutschland, 20 Prozent mehr als im Vorjahr. Darunter 26 000 Polen, und 19 400 Jugoslawen.

1990 kamen 193 632 Asylbewerber in die Bundesrepublik; wiederum gut die Hälfte aus Osteuropa, darunter 35 345 aus Rumänien, 22 140 aus Jugoslawien und rund 8000 aus Polen und ebenfalls 8000 aus Bulgarien. Hier das gleiche, kein einziger von ihnen war ernsthaft verfolgt, in dem Sinne, daß er an Leib und Leben bedroht gewesen wäre.

Das klassische Einwanderungsland, die USA, geht, anders als wir konsequent und ohne falsche Rücksichtnahme vor: So hat die US-Regierung schon 1989 beschlossen, keine Polen und Ungarn mehr als Flüchtlinge aufzunehmen. Würden wir ähnlich konsequent handeln, wäre in den letzten Jahren die Hälfte der Asylbewerber gar nicht mehr über die Grenze gekommen. Es hätte enorme Folgen haben können:

Jeder Asylbewerber kostet an *direkter* Hilfe im Jahr und im Schnitt 8200 DM. Die 50 000 Polen und Jugoslawen, die 1988 gekommen sind, kosten uns pro Jahr 410 Millionen, die 100 000 Osteuropäer, die sich 1990 als Asylanten einfanden, pro Jahr 820 Millionen. Gewaltige Summen, die ausgegeben werden, ohne daß es dafür einen zwingenden Grund gäbe.

Dabei handelt es sich immer nur um die *direkten* Zuwendungen, die insgesamt anfallenden Kosten sind sehr viel höher. Alle anderen Kosten, wie Verwaltung, Gesundheitsfürsorge, auch die erheblichen Kosten des Rechtsschutzes sind darin noch gar nicht enthalten. Experten gehen davon aus, daß diese Nebenkosten genauso hoch sind wie die direkten Zuwendungen.

Aus der anfangs dieses Kapitels zitierten Meinungsumfrage zum Thema Ausländer und Asylanten könnte man den Schluß ziehen, die Deutschen wären besonders kalt und hartherzig gegenüber dem Leid anderer Menschen. Nichts wäre falscher als dies. Tritt irgendwo auf der Welt eine Katastrophe ein, so sind die Deutschen im Spenden Weltmeister, in dieser Beziehung brauchen sie sich nichts vorwerfen zu lassen. Mit den Asylanten und Ausländern geht es ihnen nur so, wie allen ihren europäischen Nachbarn: das Maß ist voll. Es muß sich etwas ändern.

Es gibt in Europa nur ein zweites Land, das so von Immigranten überschwemmt wird wie die Bundesrepublik, das ist die Schweiz, ja, berücksichtigt man die Einwohnerzahl, dann hält die kleine Schweiz sogar den Rekord. 1990 kamen 36 000 Immigranten zu den Schweizern, in den ersten drei Monaten 1991 waren es schon 75 Prozent mehr als in den vergleichbaren Monaten des Vorjahres. Inzwischen erwägt die Schweiz Militär an ihren Grenzen einzusetzen, um den illegalen Grenzüberschritt unmöglich zu machen. Da die Aufnahmekapazitäten der Städte und Gemeinden erschöpft sind, sollen jetzt Lager für Asylsuchende eingerichtet werden. Um das Wort Lager zu vermeiden, sollen sie Großzentren heißen und Platz für 200 bis 500 Ausländer schaffen. Die Fürsorge in diesen Zentren soll auf das Notwendigste beschränkt bleiben. Notfalls sollen auch Soldaten zur Bewachung herangezogen werden. Ziel dieser und anderer Maßnahmen: Die Schweiz für künftige Asylsuchende so unattraktiv wie möglich zu machen.

Sollte dies gelingen, dann werden künftig die Ströme wohl an der Schweiz vorbei und noch stärker nach Deutschland fließen als bisher schon. Der Unterschied zur Schweiz ist nur, daß die Bundesrepublik keine Lager einrichten kann. Solche Einrichtungen sind nach dem, was im deutschen Namen geschehen ist, für alle Zeiten unmöglich.

Die unendliche Diskussion

Nach den Schreckensbildern aus dem italienischen Bari, vor allem aber nachdem die Asylantenzahlen auch in den ersten Monaten 1991 wieder steil nach oben gingen, ist die Diskussion um Asylanten, Flüchtlinge, Aussiedler und Einwanderer verstärkt entbrannt. Nach Bundeskanzler Helmut Kohls Ansicht ist das Flüchtlingsproblem „neben der Geldwertstabilität die innenpolitisch wichtigste Frage geworden“. Doch die Qualität der Diskussion zeigt schon, daß man mit dem Problem nicht ernsthaft umgehen will. Es wird deshalb ungelöst bleiben.

Die meisten der Vorschläge, die jetzt wieder ins Spiel gebracht werden, haben in der Vergangenheit schon nichts gebracht. Das gilt für die Beschleunigung der Asylverfahren ebenso wie für die konsequente Abschiebung. Alles nur Sand in die Augen der Bürger. Neue Ideen tragen auch nicht weit. Etwa die des SPD-Vorsitzenden Engholm, Quoten einzuführen. Weiter gedacht, bedeutete dieser Vorschlag, 100 (gleich die Quote) lassen wir rein, den 101. aber nicht, auch wenn der einzige wirklich politisch Verfolgte unter den 101 sein sollte. Ebenfalls wenig Sinn macht der Vorschlag, Asylanten aus „sicheren Ländern", also solchen, wo keine Verfolgung mehr stattfindet, etwa Polen, schon an der Grenze abzuweisen. Frage: Wie hält es der Urheber dieses Vorschlags mit dem Grundgesetz, können solche Länderlisten den Artikel 16 außer Kraft setzen? Und vor allem: würde es nicht für Menschen aus „unsicheren Ländern" nicht einer Aufforderung gleichkommen, bei uns um Asyl nachzusuchen?

Der gleiche Björn Engholm, der den unausgegorenen Gedanken der Quoten ins Spiel brachte, stellte fest: die Asylfrage ist „letztlich eine Existenzfrage für die Bundesrepublik und den ganzen Kontinent". Wohl wahr. Aber welche Konsequenzen zieht die SPD, die Partei, deren Vorsitzender so spricht, daraus?

Bundeskanzler Kohl hat recht, wenn er eine Änderung des Grundgesetzes fordert, schon weil sonst ein für die Europäische Gemeinschaft allgemein gültiges Asylrecht nicht zu erreichen ist. Doch woher will er die Mehrheit für eine Grundgesetzänderung nehmen? Sein Koalitionspartner, die FDP, lehnt eine Grundgesetzänderung kategorisch ab. Doch für eine Zweidrittelmehrheit bräuchte die Union sowieso die SPD. Die aber weigert sich ebenso an den Artikel 16 heranzugehen wie die FDP.

Jeder weiß: es muß etwas geschehen. Aber solange die Verhältnisse nicht so unerträglich werden, daß die Leute auf die Straße gehen, wird nichts geschehen.

IV. Hugenotten und andere

Anmerkungen zum Ausländerproblem

Das Ausländerproblem ein Türkenproblem?

Dramatisch sieht es keineswegs aus, auf den ersten Blick zumindest nicht. In der (alten) Bundesrepublik Deutschland lebten Ende 1990 rund 5 Millionen Ausländer, legal. Die sich illegal hier aufhalten, sind in dieser Zahl nicht enthalten. Also 5 Millionen, wenigstens. Bei einer Bevölkerung von 60 Millionen ein Ausländeranteil von gut 8 Prozent, nicht sonderlich viel. Nur: die Statistik vermittelt nicht das wahre Bild, sie bringt nur Durchschnittswerte: deshalb sagt ein Ausländeranteil von 8 Prozent auch wenig aus. Die Ausländer, die hier leben, verteilen sich keineswegs gleichmäßig über das gesamte Bundesgebiet, sondern konzentrieren sich in bestimmten Regionen, vor allem in den Großstädten. Dies berücksichtigt, zeigt sich ein ganz anderes Bild:

Frankfurt am Main	24,6 % Ausländeranteil
Offenbach	22,7 % Ausländeranteil
Stuttgart	19,7 % Ausländeranteil
München	18,3 % Ausländeranteil
Düsseldorf	17,0 % Ausländeranteil
Berlin (W)	13,6 % Ausländeranteil[1]

Und ebenso wenig verteilen sich die Ausländer in den Städten gleichmäßig. Auch hier gibt es Viertel mit einem kleinen, und andere mit einem sehr hohen Ausländeranteil. Beispiel Berlin: Bei einem Ausländeranteil von 13,6 Prozent für die ganze Stadt, weisen einzelne Bezirke ganz andere Zahlen auf: Wedding 21 Prozent, und Kreuzberg sogar 28 Prozent. Es sind gleichzeitig die Problemgebiete der Stadt. 1975 hatte deshalb der damalige, von der SPD geführte Senat, in diesen Bezirken eine Zuzugssperre für Ausländer verhängt. Erfolg null, so daß 1990 ein ebenfalls von der SPD geführter Senat diese Zuzugsperre wieder aufgehoben hat. Begründung: sie hätte sich als wirkungslos erwiesen. Inzwischen wohnen 46 Prozent der Ausländer in drei von elf Berliner Bezirken.

Will man also dem überaus komplexen Problem Ausländer gerecht werden, muß man sich von Durchschnittswerten lösen und etwas mehr differenzieren.

Es fängt schon mit dem Begriff Ausländer an. Ausländer sind zunächst alle, die nicht Deutsche sind. Wenn von Ausländern die Rede ist, dann sind alle gemeint, Holländer, Österreicher, Spanier, Italiener, Polen, aber auch Türken, Libanesen, Iraner und Schwarzafrikaner. Nun bedarf es keiner längeren Ausführungen, daß Österreicher zwar auch Ausländer, den Deutschen aber doch viel ähnlicher sind als beispielsweise Türken oder Menschen aus Schwarzafrika. Inzwischen sind die Positionen in der Ausländerdiskussion so verhärtet, daß man solche, an sich selbstverständliche Unterscheidungen heutzutage kaum mehr auszusprechen wagt, will man sich nicht den Vorwurf der Diskriminierung, ja des Rassismus aussetzen. Vor einem Jahrzehnt war man in dieser Beziehung noch sehr viel unbefangener. Damals konnte der Gastarbeiter-Experte der SPD-Bundestagsfraktion, der Abgeordnete Thomas Schroer, unwidersprochen feststellen: „Das Ausländerproblem ist ein Türkenproblem.“ und auch der „Spiegel“ konstatierte noch ganz nüchtern: „Der Anteil der leicht zu integrierenden Ausländer – Italiener etc. – fällt, statt dessen kommen immer mehr Türken, die sich nur schwer zur Anpassung an die kulturellen und religiösen Normen des Gastlandes bewegen lassen.“[2]

Wie war es 1981, als diese Feststellungen getroffen wurden?

Damals lebten in der Bundesrepublik 4,6 Millionen Ausländer, nicht viel weniger als heute. 1,2 Millionen stammten aus den EG-Staaten, 1,5 Millionen waren Türken. Diese 1,5 Millionen Türken waren binnen eines Jahrzehnts in die Bundesrepublik eingewandert – 1970 hatten gerade 6700 hier gelebt. An der enormen Zuwanderung von Türken hatte auch der 1973 verhängte Anwerbestop für Gastarbeiter nichts ändern können, denn zu der Zeit waren schon 910 000 von ihnen hier im Land. Interessant aber, daß seit dem Jahr des Anwerbestops, also seit 1973, die Zahl der hier lebenden Türken um 700 000 gestiegen ist, was einer Zunahme um 77 Prozent entspricht. Dies, und nur nebenbei angemerkt, der Beweis, daß alle Maßnahmen zur Begrenzung des Ausländerzuzugs bisher nicht gegriffen haben.

Daß nur die Hälfte der hier lebenden Türken schon vor 1973 gekommen ist, dem Stichtag des Anwerbestops, widerlegt auch die Behauptung, wir hätten die Ausländer hierhergeholt, wären deshalb für sie auch verantwortlich. Für die Hälfte der Türken zumindest trifft dies nicht zu, ganz abgesehen davon, daß die Argumentation auch aus anderen Gründen schief ist: In dem immer gebrauchten Wort „geholt“ schwingt ein bißchen mit „gegen ihren Willen“, wovon natürlich keine Rede sein kann. Man hatte damals den Ausländern Arbeit und die Möglichkeit geboten, Geld zu verdienen. Und nur deshalb sind sie gekommen. Die erste Generation der Gastarbeiter, man nannte sie übrigens damals noch Fremdarbeiter, hat dies durchaus so gesehen. Als es weniger Arbeit in der Bundesrepublik gab, in der Rezession der Jahre 66/67, ist immerhin fast jeder zweite ohne viel Aufhebens in seine Heimat zurückgekehrt.

Die Zuwanderung von Gastarbeitern setzte Mitte der fünfziger Jahre ein. 1954 kamen 6500 Italiener, 1959 hatten wir 48000 Italiener im Land und dazu 7300 Jugoslawen, 1960 kamen erstmals Griechen in größerer Zahl, 1961 dann Spanier und Portugiesen. Türkische Gastarbeiter tauchten erstmals 1960 auf, es waren ganze 6700; inzwischen stellen die Türken die weitaus größte Gruppe unter den Ausländern.

In den ersten Jahren herrschte noch eine große Fluktuation. Gastarbeiter kamen, sie gingen aber auch wieder. Von den vierzehn Millionen Gastarbeitern, die zwischen 1955 und 1973 in die Bundesrepublik gekommen waren, sind elf Millionen wieder in ihre Heimat zurückgekehrt. Damals galt noch das Rotationsprinzip mit einer beschränkten Aufenthaltsdauer, außerdem gab es keinen Familiennachzug. Inzwischen hat sich das alles verfestigt: viele Ausländer haben ihre Familien nachgeholt. Das Rotationsprinzip ist seit 1975 vom Integrationsprinzip abgelöst worden, was bedeutet: Ausländer sollen sich auf längere Sicht in die deutsche Bevölkerung integrieren. Frage: können sie es, wollen sie es überhaupt, und vor allem können *wir* dies ernsthaft wollen?

Daß es durchaus möglich ist, Gastarbeiter auch gegen ihren Willen nach Hause zu schicken, beweisen die Jahre 1966/67. Die Wirtschaft der Bundesrepublik erlebte damals ihre erste Rezession. Um Arbeitsplätze für Deutsche freizumachen, wurden binnen kurzer Zeit 450000 Gastarbeiter nach Hause geschickt, was damals immerhin fast die Hälfte der Gastarbeiter ausmachte. Wir hatten damals eine halbe Million Arbeitslose, heute aber – und dies schon seit vielen Jahren – haben wir um die zwei Millionen, die Arbeitslosen in den neuen Bundesländern nicht mitgerechnet. Zwar wurden die Vorschriften inzwischen geändert, und zwar klar zu Gunsten der Ausländer, aber nichts könnte den Gesetzgeber daran hindern, sie wieder zu verschärfen.

Arbeitslose Gast„arbeiter“

Anfang der siebziger Jahre, die Zahl der Türken hatte stark zugenommen und erste kritische Stimmen wurden laut, sagte ein hoher Beamter des Berliner Senats: Die Türken, das sind unsere neuen Hugenotten.

Eine groteske Verkennung der Tatsachen. Als Ende des 17., Anfang des 18. Jahrhunderts mehrere Tausend französischer Hugenotten nach Preußen, vor allem nach Berlin kamen, da war dies für das kleine Königreich ein großer Gewinn. Es kamen Menschen, die – nach Maßstäben der damaligen Zeit – hochqualifiziert waren, auch über Kapital verfügten und der Wirtschaft Preußens enorme Impulse geben konnten. Man tritt sicher niemandem zu nahe, wenn man darauf hinweist, daß die eingewanderten Hugenotten den Einheimischen in vielerlei Hinsicht überlegen waren. Der Zustrom war so stark, daß zeitweise jeder dritte Berliner hugenottischer Abkunft war. Keine Probleme mit der Integration, auch wenn es den Begriff damals noch nicht gab. Die Hugenotten kamen aus einem europäischen Land, gehörten als Handwerker der Mittelschicht an, konnten für ihren Lebensunterhalt selbst sorgen und hatten vor allem den gleichen Glauben: sie waren wie die Alteingesessenen Christen.

Wie sieht es mit den „neuen Hugenotten“, unseren Türken aus? In den allermeisten Fällen haben sie überhaupt keine berufliche Ausbildung. Sind von den arbeitslosen Ausländern vier Fünftel ohne berufliche Ausbildung, so von den Türken sogar neun Zehntel. Auf dem Arbeitsmarkt gilt der eherne Grundsatz: geringe Qualifikation, geringe Berufschancen. Es ist deshalb nicht überraschend, daß die Arbeitslosigkeit unter den Ausländern signifikant höher ist als unter den Deutschen: 12,2 Prozent beträgt die Arbeitslosenquote bei den Ausländern, 7,6 Prozent bei den Deutschen (1989).

Zuletzt (1989) waren in der Bundesrepublik rund 1,7 Millionen Ausländer beschäftigt, dazu kommen noch 150 000, die sich als Selbständige ihr Brot verdienen. Unter den Gastarbeitern stellen die Türken mit 560 000 die größte Gruppe, gefolgt von den Jugoslawen mit gut 300 000. Als arbeitslos waren 232 512 Ausländer registriert.

Die hohe Arbeitslosigkeit unter den Ausländern wird aller Wahrscheinlichkeit nach zum Dauerzustand werden. Dies hat einen einfachen Grund: in einer hochentwickelten, spezialisierten Wirtschaft, wie der deutschen, verlieren einfache Tätigkeiten immer mehr an Bedeutung. In diesen Bereichen aber ist die Masse der Gastarbeiter beschäftigt. Sehr deutlich prognostiziert die Bundesanstalt für Arbeit die Zukunft der ausländischen Arbeitnehmer: „Die Erwerbstätigkeit der Ausländer wird seit längerem durch zwei gegenläufige Einflüsse bestimmt. Auf der einen Seite werden deren Beschäftigungsmöglichkeiten durch das längerfristig kleiner werdende Angebot an Arbeitsplätzen mit einfachen Tätigkeiten eingeengt. Zugleich bestehen von der beruflichen Qualifikation her für viele ausländische Arbeitnehmer in den expandierenden Bereichen nur geringe Chancen."

Mit einfachen Worten: das, was sie können, wird nicht gebraucht, und das, was gebraucht wird, können sie nicht. Die Folge wird eine weiterhin hohe, ja wahrscheinlich zunehmende Arbeitslosigkeit unter den Ausländern sein. Die Hoffnung, daß es den jungen Ausländern, denen, die hier geboren wurden, besser ergehen könnte, ist nicht groß. Die Anzeichen weisen eher in die andere Richtung: Wenn in Gegenden mit hohem Ausländeranteil jeder Dritte nicht den Hauptschulabschluß schafft, wenn drei von vier jugendlichen Ausländern keinen Ausbildungsplatz haben, dann kann man zusehen, wie hier ein neues, arbeitsloses Proletariat heranwächst.

Der Arbeitsmarkt für Ausländer ist in den letzten Jahren auch deshalb enger geworden, weil es galt, Arbeitsplätze für eine Million Aussiedler und 560 000 Übersiedler (aus der alten DDR) zu schaffen. Mit noch mehr Aussiedlern ist zu rechnen, vor allem mit Rußlanddeutschen aus der Sowjetunion. Seit der Wiedervereinigung ist den Deutschen ein zusätzliches, in seiner Dimension gar nicht abzuschätzendes, jedenfalls gewaltiges Problem erwachsen: die Massenarbeitslosigkeit in den neuen, den östlichen Bundesländern.

Die Beschäftigung wenig qualifizierter Ausländer ist auch noch aus einem anderen Grund bedenklich: Jedes Volk hat einen gewissen „Bodensatz", eine Unterklasse, das sind Menschen, die für bessere, anspruchsvolle Tätigkeiten einfach keine Voraussetzungen mitbringen, auch nicht qualifiziert werden können. Dessen ungeachtet muß es für sie Arbeit und Lohn geben. Die Arbeit, die für diese Menschen geeignet ist, wird immer weniger und: gerade um diese Arbeitsplätze konkurrieren sie mit Gastarbeitern. Hier entsteht ein Verdrängungsprozeß, von dem einfache Leute besonders betroffen sind, das fängt in der Schule an, setzt sich bei der Ausbildung fort, geht beim Arbeitsplatz weiter und endet auch nicht bei der einfachen, preiswerten Wohnung. Akademiker, die einer „bunten", multikulturellen Gesellschaft das Wort reden, sollten bedenken, daß damit *unsere* Unterschicht ins Abseits gedrängt wird. Die Zunahme der Menschen, die von Sozialhilfe leben müssen, die steigenden Zahl der Dauerarbeitslosen, die erschreckend vielen Obdachlosen, sie sind alle – unter anderem – Opfer dieses erbarmungslosen Verdrängungswettbewerbs. Eine Lobby haben diese Mitbürger nicht, im Gegensatz zu den Ausländern.

Die Arbeitsämter können diesen Verdrängungsprozeß heute schon nicht mehr zugunsten der Deutschen steuern, denn „93 Prozent der hier lebenden ausländischen Arbeitnehmer haben bereits Rechte erworben, die sie auf dem Arbeitsmarkt den deutschen Arbeitnehmern gleichstellen.“: so die Bundesanstalt für Arbeit. Wenn dieser Zustand nicht geändert wird, besteht die Gefahr, daß in unserer Gesellschaft überaus kritische Konflikte entstehen. Die Bundesrepublik hat sich bisher als überaus stabil erwiesen, war allerdings auch noch keinen wirklichen Belastungen ausgesetzt. Die Frage ist, was passiert, wenn solche Belastungen auftreten, werden wir sie unter Kontrolle halten können, oder werden sie unsere staatliche Verfassung destabilisieren?

Wie es heute schon „ganz unten“ aussieht, dafür kann als Beispiel der kleine Ort Bruckhausen herhalten, ein Oberhausener Stadtteil, der im Schatten der Thyssen-Hütte liegt. Sieht man dieses verfallene, teilweise verwahrloste Viertel, so will man nicht glauben, daß man mitten in Deutschland ist. Die meisten der Alteingesessenen sind längst weggezogen. Von den 6500 Bewohnern sind zwei Drittel Ausländer, meistens Türken. Fünf Moscheen gibt es hier, dazu vier türkische Läden. Die Deutschen, die noch hier leben, sind fast alle arbeitslos, während die Türken Arbeit haben. Bei den Deutschen löst dies Aggressionen aus, während die Türken wiederum verächtlich auf das deutsche Proletariat herabsehen. Die Spannungen sind mit den Händen zu greifen. Von einem gutnachbarlichen Miteinander keine Rede, nicht einmal von einem toleranten Nebeneinander. Etwas Gutes kann daraus nicht werden.

In der Ausländerdiskussion wird häufig das Argument angeführt, ohne Gastarbeiter bräche die deutsche Wirtschaft zusammen. Dieses Argument ist von solchem Gewicht, daß man sich ausführlicher damit befassen muß: In der (alten) Bundesrepublik waren 1989 23,8 Millionen Menschen als Arbeitnehmer beschäftigt, darunter 1,7 Millionen Ausländer, das entspricht einem Anteil von 7,1 Prozent, der also etwa so groß ist wie der Ausländeranteil an der Gesamtbevölkerung. Nun stellen unter den Gastarbeitern die EG-Ausländer, also Italiener, Spanier, Portugiesen, Griechen einen nicht geringen Teil: sie müssen völlig aus der Diskussion bleiben, da sie als Angehörige der Europäischen Gemeinschaft praktisch den deutschen Arbeitnehmern gleichgestellt sind; mit dem Zusammenwachsen von Europa wird für sie über kurz oder lang der Begriff Ausländer sowieso irrelevant sein. Bleiben also die Ausländer aus den Drittländern, wie der Terminus lautet. Das sind in erster Linie zwei große Gruppen: die Türken und die Jugoslawen. Zusammen zählen sie 860 000. Diese 860 000 Gastarbeiter entsprechen

3,6 Prozent aller Beschäftigten in der Bundesrepublik. Wenn es überhaupt möglich sein sollte, Gastarbeiter wieder nach Hause zu schicken, dann könnten es nur diese 860 000 Türken und Jugoslawen sein. Aber immerhin, fast eine Million Arbeitsplätze. Will aber jemand ernsthaft behaupten, von diesen knapp vier Prozent der Beschäftigten hänge Wohl und Wehe der deutschen Wirtschaft ab? – und dies bei rund zwei Millionen Arbeitslosen in der (alten) Bundesrepublik, weiteren Hunderttausenden, wenn nicht bald Millionen in den neuen Bundesländern? In Wirklichkeit haben wir seit Jahren ein Überangebot an Arbeitskräften, ein Bedarf an Ausländern besteht überhaupt nicht, schon seit Anfang der achtziger Jahre nicht mehr. Ganz gleich, ob und welche Konsequenzen man aus dieser Tatsache zieht: sicher ist, daß die Arbeitslosigkeit fühlbar kleiner wäre, würden wir nicht Hunderttausende von Gastarbeitern beschäftigen.

Genausowenig hält das Argument einer Prüfung stand, die Gastarbeiter verrichteten Arbeiten, für die sich die Deutschen zu schade sind. In diesem Zusammenhang taucht immer der Hinweis auf die Müllmänner und Straßenkehrer auf, was nur eines beweist: eine mangelnde Wahrnehmungsfähigkeit; denn Müllabfuhr und Straßenreinigung sind inzwischen gesuchte Arbeiten, da sie gut bezahlt und vor allem (Öffentlicher Dienst) krisensicher sind: Arbeitsplätze, um die sich Deutsche reißen. Richtig aber ist, daß für einige besonders schwere und auch ungesunde Tätigkeiten, Arbeitskräfte praktisch nur noch unter Ausländern zu finden sind, etwa in der Chemieindustrie oder in Gießereien. Dennoch: der weitaus größte Teil der Gastarbeiter hat Jobs, die genausogut von Deutschen erledigt werden könnten. Würde der Staat gezwungen sein, wie ein Unternehmen Kosten und Ertrag zu bilanzieren, das Kapitel Gastarbeiter würde zweifellos mit dicken roten Zahlen geschrieben.

Hier sei eine Abschweifung zu einem klassischen Einwanderungsland gestattet, nach Kanada: Bislang galt es dort als unbestritten, daß Einwanderer auch ökonomisch ein Gewinn wären. Der von der Regierung unabhängige „Economic Council of Canada“ hat sich mit dieser Meinung auseinandergesetzt und ist dabei zu dem Ergebnis gekommen, daß die kanadische Wirtschaft aus der Einwanderung einen gewissen Nutzen ziehe, daß dieser aber sehr klein sei.[3] Dies noch als Kommentar hinzugefügt: Kanada ist ein riesiges, menschenleeres Land, das über enorme Bodenschätze verfügt, ganz anders als die kleine, überbevölkerte, rohstoffarme Bundesrepublik.

Daß ein der Bundesrepublik vergleichbares, das heißt hochindustrialisiertes, stark vom Export abhängiges Land sehr wohl ohne ein Heer von Gastarbeitern auskommen kann, zeigt das Beispiel Japan. Unser schärfster Konkurrent auf den Weltmärkten hat längst erkannt, daß bei der Beschäftigung von Ausländern letztendlich die Nachteile überwiegen. Das konnte Japan am deutschen Beispiel studieren. Deutlich spricht dieser Befund eine Studie des japanischen Arbeitsministeriums zur Gastarbeiterproblematik aus, wo es heißt: „Wir dürfen den deutschen Fehler nicht wiederholen", gemeint ist: Gastarbeiter ins Land holen.

Das neue Ausländerrecht

Das Bundesinnenministerium stellte in seinen Erläuterungen zum neuen Ausländerrecht fest: „Die Freizügigkeit innerhalb der Europäischen Gemeinschaft ist für diese von grundlegender Bedeutung." In der Tat, bei Angehörigen aus anderen EG-Staaten kann faktisch schon heute nicht mehr von Ausländern gesprochen werden, so umfassend sind ihre Rechte. Dies betrifft 1 326 000 Menschen, die bereits (1989) bei uns leben. Mit dem Fallen der Binnengrenzen in der Gemeinschaft werden sie praktisch den „Inländern", den Deutschen gleichgestellt sein, wie umgekehrt auch.

Worum es geht, sind die Ausländer aus den Nicht EG-Staaten. 1990 hielten sich 3 658 000 solcher Ausländer in der Bundesrepublik auf. Das entspricht einem Anteil von rund 75 Prozent an den Ausländern insgesamt. Die Bundesrepublik weist damit von allen europäischen Staaten den höchsten Anteil von Nicht-EG-Ausländern auf und rangiert damit weit vor Frankreich und Belgien, obwohl diese beiden Länder ebenfalls ziemlich vorne liegen.

Es würde zweifellos die Diskussion sehr vereinfachen, wenn künftig nur noch von solchen als Ausländer gesprochen wird, die aus Nicht-EG-Staaten stammen. Für sie auch gilt im wesentlichen das neue Ausländerrecht, das von drei Leitlinien ausgeht:

- Der Integration der Ausländer, die auf die Dauer im Bundesgebiet leben und hier bleiben wollen.
- Der Förderung der grenzüberschreitenden internationalen Zusammenarbeit.
- Der Begrenzung der Zuwanderung weiterer Ausländer aus Nicht-EG-Staaten.

Punkt 2 ist unproblematisch, er entspricht den Interessen der Bundesrepublik als eines im internationalen Geflecht politischer und wirtschaftlicher Beziehungen stehenden Staates.

Punkt 1, die Forderung nach Integration der Ausländer ist unsinnig, sie wird sich auf die Dauer auch nicht halten lassen. Denn diejenigen, die in erster Linie gemeint sind, die Türken als größte Gruppe, haben sich in den letzten zwanzig Jahren nicht integriert, wollen es erklärtermaßen auch in Zukunft nicht.

Punkt 3 ist sachlich geboten, wird aber vom Gesetzgeber selbst mehrfach unterlaufen.

Auf der anderen Seite ermöglichen es einige Vorschriften, Ausländern die Aufenthaltsgenehmigung zu entziehen, was aber nach Lage der Dinge nur theoretischer Natur sein dürfte, denn der Vollzug dieser Vorschriften würde Proteste auslösen, denen die Behörden erfahrungsgemäß nachgeben werden. Immerhin, das Gesetz ermöglicht Ausweisungen, und wenn es eines Tages ernsthaft gewollt sein sollte, wären sie möglich. Ausweisungsgründe können nach dem neuen Gesetz sein: unzureichende Wohnung, dauernder Bezug von Sozialhilfe, Begehung schwerer Straftaten.

Wie sieht es nun mit der Anwendung des Gesetzes aus?
Mit dem zum 1. 1. 91 in Kraft getretenen neuen Ausländerrecht wäre per 1. 7. eine größere Zahl von Abschiebungen nicht nur möglich, sondern auch geboten gewesen. Noch bevor die Behörden die erste Abschiebung in die Wege leiten konnten, hagelte es schon Proteste. Menschenrechtsorganisationen, aber auch die Kirchen, protestierten gegen eine „drohende Massenabschiebung". Das Bundesinnenministerium knickte denn auch sofort ein, und erklärte, daß für bestimmte Ausländer, die schon mehrere Jahre hier wären, die sogenannte Altfall-Regelung gelten sollte. Auf der einen Seite, die Forderung nach schneller Abschiebung und das Pochen auf den Grundsatz, daß Asyl immer nur eine Bleibe auf Zeit sein könne, auf der anderen Seite soviele Ausnahmen von der Regel, daß es praktisch zu keiner Abschiebung kommt. In Nordrhein-Westfalen zum Beispiel wären 28000 abgelehnte Asylbewerber von der neuen Regelung betroffen gewesen, in Niedersachsen 21000. Nordrhein-Westfalen behält nun unter anderem 3500 Zigeuner, die Mitte 91 hätten abgeschoben werden sollen. Diese Praxis zeigt, wie weit es in Wirklichkeit mit der Forderung nach Abschiebung abgelehnter Asylbewerber her ist. Die gleichen Länder, die sonst unter der „Last der Asylanten" stöhnen, schrecken im Ernstfall vor Zwangsmaßnahmen zurück, auch wenn das Gesetz ihnen die Handhabe dazu gäbe.

Die Regelung der „Altfälle“ belohnte im übrigen auch noch alle jene Asylbewerber, die auf Kosten des deutschen Steuerzahlers den langen Weg durch die Instanzen nicht gescheut haben. Eine Ermunterung für andere, es ebenso zu machen.

Bei gleicher Gelegenheit wurde auch von den Fraktionen des Deutschen Bundestags die Arbeitsverbotsfrist für Asylbewerber aufgehoben. Bei ihrer Einführung hatte man der Bevölkerung glauben machen wollen, daß damit der Zustrom der Asylanten zu drosseln wäre. Nichts davon.

Die Nachteile, die das neue Ausländergesetz den Ausländern bringt, sind also das Papier nicht wert, auf dem sie stehen. Auf der anderen Seite sind die Möglichkeiten für Ausländer, ihren Aufenthaltsstatus zu verfestigen, beträchtlich erweitert worden, bis hin zur erleichterten Erlangung der deutschen Staatsbürgerschaft (Gebühr DM 100,–). Außerdem sind die Möglichkeiten des Zuzugs von Familienangehörigen stark verbessert. Schon aus diesen Gründen wird die Zahl der Ausländer weiter zunehmen, obwohl gerade dies dem erklärten Willen des Gesetzgebers widerspricht, der da lautet: die Zuwanderung weiterer Ausländer aus Nicht-EG-Staaten ist zu begrenzen.

Da erfahrungsgemäß Verschlechterungen des Status von Ausländern politisch und administrativ nicht durchgesetzt werden, bringt das neue Ausländerrecht den Ausländern faktisch nur Verbesserungen.

Die Folge: Die Zahl der Ausländer wird weiter zunehmen, einmal durch Zuzug, zum anderen durch den Kinderreichtum der bereits hier lebenden Ausländer. Was letzteres betrifft, nur ein Hinweis: die durchschnittliche Kinderzahl türkischer Familien liegt bei fünf Kindern, auch ein Grund, warum die Zahl der hier lebenden Türken in den vergangenen drei Jahren um 15 Prozent gestiegen ist; seit 1973, dem Jahr, da der Anwerbestop in Kraft trat, sogar um 77 Prozent.

Faktisch erlebt die Bundesrepublik seit Jahren einen kontinuierlichen Einwanderungsprozeß. Auch das Asyl, das seinem Wesen nach auf einen vorübergehenden Aufenthalt angelegt ist, wurde längst zum Einfallstor für Einwanderer. Aber während die klassischen Einwanderungsländer, wie die USA, wie Kanada, oder Australien die Einwanderung steuern, Quoten festlegen, einen Teil aufnehmen, den anderen abweisen, läuft bei uns dieser Einwanderungsprozeß völlig ungesteuert ab. Nicht wir bestimmen, wer zu uns kommen soll, sondern diejenigen bestimmen es, die hierherkommen wollen.

Wären die Albaner statt nach Bari mit ihren Schiffen nach Hamburg geflohen, die Deutschen hätten sie anders als die Italiener nicht wieder zurückgeschafft, hätten es nach unseren geltenden Gesetzen auch gar nicht gedurft ...

Was uns die Ausländer kosten

Jeder kritische Einwand gegen einen weiteren Zuzug von Ausländern wird regelmäßig mit dem Argument konterkariert, ja totgeschlagen, wir könnten uns ruhig viele Ausländer leisten, schließlich sei die Bundesrepublik ein reiches Land. Ein Argument, das besonders in der Asylantendiskussion immer wieder gebracht wird. Ob die Bundesrepublik ein reiches Land ist, soll hier dahingestellt bleiben, dazu später mehr. Es würde aber sicher die Diskussion versachlichen und manchem die Augen öffnen, wenn einmal die Kosten aufgelistet werden, die uns durch Ausländer entstehen:

Sozialhilfe. Laut Statistischem Bundesamt bezogen im Jahre 1988 563 000 Ausländer Sozialhilfe, 1989 kamen nochmals 121 000 hinzu, und 1990 weitere 193 000. Zusammen sind dies 877 000. Die Ausgaben an Sozialhilfe, für diese 877 000 Menschen belaufen sich im Jahr, wohlgemerkt: in einem Jahr, auf 7,2 Milliarden DM. Dabei handelt es sich nur um die direkten Zuwendungen. Andere Ausgaben wie Gerichts- und Anwaltskosten für Asylbewerber, Kosten der Gesundheitsfürsorge, allgemeine Verwaltungskosten, etc. müssen noch hinzugerechnet werden, denn sie fallen ja effektiv an. Erfahrungsgemäß sind diese Kosten noch einmal so hoch, wie die direkten Zuwendungen, so daß man auf einen Betrag von gut 14 Milliarden DM pro Jahr kommen dürfte.

Die Ausgaben für Sozialhilfe (natürlich nicht nur für Ausländer), die hauptsächlich von den Kommunen aufgebracht werden müssen, sind in den letzten Jahren kontinuierlich gestiegen. Beliefen sie sich 1980 auf 13,3 Milliarden Mark, so 1990 schon auf 31,5 Milliarden; das ist nebenbei bemerkt, in etwa so viel wie der Bund früher in einem Jahr Schulden gemacht hat. Die Zahl der Sozialhilfeempfänger hat sich seit 1980 verdoppelt, seit 1970 sogar verdreifacht. 1990 bezogen in der (alten) Bundesrepublik rund vier Millionen Menschen Sozialhilfe, jeder vierte davon war ein Ausländer, und dies obwohl ihr Anteil an der Gesamtbevölkerung nur knapp 8 Prozent ausmacht. Das Statistische Bundesamt stellt dazu fest: „In Westdeutschland hat zu dem starken Anstieg der Ausgaben für Sozialhilfe in den letzten Jahren vor allem der anhaltende Zustrom von Ausländern beigetragen."

Die Zahl der Ausländer, die von Sozialhilfe leben, hat sich seit Anfang des Jahrzehnts so entwickelt:

1980: 160 000
1986: 400 000
1988: 563 000
1990: 877 000

Das heißt: verglichen mit 1980, also binnen eines Jahrzehnts, hat sich die Zahl der ausländischen Sozialhilfeempfänger mehr als verfünffacht.

Die wachsenden Ausgaben der Gemeinden für Sozialhilfe haben die Deutsche Bundesbank schon Anfang 1989 veranlaßt, auf die daraus entstehenden Haushaltsprobleme hinzuweisen.

Arbeitslosenunterstützung

Die Bundesanstalt für Arbeit hat 1989 festgestellt, daß arbeitslose Ausländer im Jahr 1,3 Milliarden DM mehr aus der Sozialversicherung ziehen, als die beschäftigten Ausländer an Beiträgen einzahlen.

Arbeitsplätze

In Zeiten andauernder hoher Arbeitslosigkeit werden zweifellos auch deutsche Arbeitnehmer durch Ausländer aus dem Arbeitsmarkt verdrängt. Daß heißt: die Zahl der deutschen Arbeitslosen wäre zweifellos niedriger, wenn weniger Gastarbeiter bei uns beschäftigt wären. Wie groß die „deutsche" Arbeitslosigkeit ist, die durch die Beschäftigung von Gastarbeitern verursacht wird, läßt sich nicht exakt quantifizieren, nicht einmal schätzen. Sie dürfte aber nicht gering sein. Auch wenn die daraus resultierenden Kosten nicht exakt darzulegen sind, es gibt sie zweifellos und deshalb muß auch dieser Faktor in der Ausländerdiskussion eine Rolle spielen. Es ist zweifellos richtig, was der „Spiegel" schon Anfang 1989 konstatierte, „daß es durchaus Zusammenhänge gibt zwischen dem Zuzug von Fremden und dem Arbeitsplatz- und Wohnungsmangel in der BRD".[4]

Faßt man die Zahlungen an Sozialhilfe und Arbeitslosenunterstützung zusammen, so kommt man auf knapp 16 Milliarden, die uns Ausländer im Jahr „kosten", noch nicht gerechnet die Ausgaben für jene deutschen Arbeitslosen, die durch Ausländer aus dem Arbeitsmarkt verdrängt wurden.

16 Milliarden, das ist eine Summe, unter der man sich kaum noch etwas vorstellen kann. Ihre Größe wird aber schon eher verständlich, wenn man ihre andere, vergleichbare Ausgaben gegenüberstellt. So wurden in der Bundesrepublik ausgegeben für

- Personal an Universitäten und Hochschulen ebenfalls 16 Milliarden Mark,
- Forschung durch die Öffentliche Hand ebenfalls rund 16 Milliarden Mark,
- Kindergeld aber schon sehr viel weniger, nämlich rund 11 Milliarden,
- Jugendwohlfahrt 8,4 Milliarden,
- Berufsschulen 7,7 Milliarden,
- Kindergärten 2,8 Milliarden und für die
- Kultur insgesamt 7,7 Milliarden.

Ein reiches Land?

Ob die Bundesrepublik Deutschland ein reiches Land ist, darüber läßt sich trefflich streiten. Tatsache ist jedenfalls, daß sie, obwohl weltweit die Nr. 1 im Export und die Nr. 3 unter den Industrienationen, seit vielen Jahren weit über ihre Verhältnisse lebt, sprich: Schulden macht. Seit Jahren vollzieht sich dieses Schuldenmachen in einem so atemberaubenden Tempo, daß die Deutsche Bundesbank sich gezwungen sah, warnend auf die „hochdefizitäre Finanzentwicklung des Bundes" hinzuweisen.

1970 belief sich die Staatsverschuldung (Bund, Länder und Gemeinden) auf 125,8 MRD DM, 1989, zwanzig Jahre später aber auf das sechsfache, auf 777,3 Mrd. DM, Ende 1990 sogar schon auf eintausend Milliarden. Für Schulden müssen Zinsen bezahlt werden. Dies gilt für Privatpersonen, genauso aber auch für den Staat. Inzwischen haben die jährlichen Zinszahlungen eine solche Höhe erreicht, daß die Handlungsfähigkeit des Staates dadurch erheblich beeinträchtigt ist. 1970 mußte der Staat 6,9 Mrd. DM für Zinsen aufbringen, damals 3,5 Prozent seiner gesamten Ausgaben, 1989 aber schon 61 Mrd., gleich 8,7 Prozent. Dieser Anstieg der Zinszahlungen geht längst zu Lasten der Sachinvestitionen (Bau von Straßen, Krankenhäusern, Schulen etc.): 1970 machten die Zinszahlungen gerade 21 Prozent der Sachinvestitionen aus, 1989 aber waren beide Posten praktisch gleich groß: Zinszahlungen 61 Mrd., Sachinvestitionen 61,5 Mrd. Und es ist nicht abzusehen, wann dieser Trend gestoppt oder gar umgekehrt werden könnte.

Ganz im Gegenteil: das Jahr 1991 brachte eine Neuverschuldung des Staates von unglaublichen 190 Milliarden Mark. Die Staatsschulden steigen damit auf rund 1,5 Billionen oder 1500 Milliarden DM; und bis 1994 werden die Staatsschulden die schwindelerregende Höhe von 2000 Milliarden erreicht haben. Summen, die unvorstellbar sind. Die Zinsbelastung wird dann etwa 170 Milliarden betragen. Die Situation ist inzwischen so kritisch geworden, daß die Experten Alarm schlagen. So trat der Verband öffentlicher Banken mit der Warnung an die Öffentlichkeit, die Staatsverschuldung stelle eine „schwerwiegende Hypothek für die Zukunft" dar.

Mit anderen Worten: Wir, die heutige Generation, lebt seit langem auf Kosten unserer Kinder und Enkel.

Und selbst in der EG, wo die Deutschen immer die wirtschaftspolitischen Musterknaben waren, mit einer hervorragenden Wirtschaftsleistung, die die anderen europäischen Staaten mitgerissen hat, mehren sich die Stimmen, die sich Sorgen um die deutschen Finanzen machen.

Obwohl die Wirtschaft der Bundesrepublik seit Anfang der achtziger Jahre auf Hochtouren läuft, zeitweise sogar geboomt hat, ist der Staat in all den guten Jahren, die ihm auch hohe Steuereinnahmen beschert haben, nicht mit seinem Geld ausgekommen. Jahr für Jahr hat er neue Schulden gemacht, und inzwischen einen Schuldenberg von eintausend Milliarden angehäuft. Wie soll es werden, wenn es mit der Wirtschaft einmal bergab geht?

Jeder Fachmann weiß, daß die Wirtschaftsentwicklung zyklisch verläuft, nach jedem Hoch folgt geradezu automatisch ein Tief. Aufgabe der Wirtschaftspolitik ist es, die starken Schwankungen durch Gegensteuern auszugleichen, zumindest aber, sie nicht zu extrem werden zu lassen. Regel: in guten Jahren spart der Staat, in schlechten Jahren gibt er mehr aus. Davon ist in der „reichen" Bundesrepublik längst keine Rede mehr: der Staat macht seit zwanzig Jahren Schulden, ganz gleich, wie gut die Wirtschaft läuft. Man kann es auch so sehen: für schlechte Zeiten haben wir nicht vorgesorgt. In den wirtschaftlich guten Jahren wurde nichts für schlechtere zurückgelegt.

Wir haben keine Reserven mehr.

Die Volkswirtschaft der Bundesrepublik ist seit bald zwanzig Jahren mit einer hohen Arbeitslosigkeit belastet. Beim nächsten Konjunkturtief, das erfahrungsgemäß kommen muß, wird die Arbeitslosigkeit noch einmal zunehmen. Wie soll dann die Arbeitslosenunterstützung finanziert werden, und: woher erst soll der Staat das Geld nehmen, um die Konjunktur wieder anzukurbeln?

Inzwischen stellen sich für die Bundesrepublik noch ganz neue Probleme, deren Größe überhaupt nicht zu übersehen sind, anfangs ganz sicher auch sträflich unterschätzt wurden: die Entwicklung der ehemaligen DDR, die Heranführung der neuen Bundesländer an den wirtschaftlichen, technischen und sozialen Standard der (alten) Bundesrepublik.

Daß vier Millionen Menschen in der Bundesrepublik sich ihren Lebensunterhalt nicht verdienen können und deshalb auf Sozialhilfe angewiesen sind, wurde schon dargelegt. Tendenz seit Jahren steigend. Aber das ist noch nicht alles: 300 000 Menschen haben keine feste Bleibe. Jahr für Jahr kommen an die 5000 Obdachlose hinzu, und dies in einem „reichen Land". In einem prosperierenden Gemeinwesen wie der Stadt Stuttgart (IBM, Bosch, Porsche, Daimler Benz) fehlt es an 23 000 Wohnungen; die Stadt hat kein Geld, welche zu bauen. In der Bundesrepublik insgesamt mangelt es an einer Million Wohnungen, nach Schätzungen von Experten bald an 1,2. Das soziale Netz, von Generationen erarbeitet und geknüpft, ist zum Zerreißen gespannt. Wie lange wird es noch halten? 276 000 Bundesbürger sind länger als ein Jahr arbeitslos. 314 000 sogar länger als zwei Jahre; ihre Chancen irgendwann wieder einen Arbeitsplatz zu finden, sind deprimierend schlecht. Seit acht Jahren haben wir um die zwei Millionen Arbeitslose, es scheint, als ob wir von diesem hohen Sockel nicht mehr herunterkämen. Wie groß das Heer der Arbeitslosen in den neuen Bundesländern werden wird, weiß niemand. Schätzungen gehen bis zu vier Millionen. Dabei gibt es Arbeit mehr als genug, etwa bei den sozialen Dienstleistungen, wo dringend Personal gebraucht wird. Aber es fehlt an Geld, um diese Arbeit zu finanzieren.

Dennoch wird unverdrossen behauptet, die Bundesrepublik wäre ein reiches Land. In gewisser Weise sind wir es auch, aber dann müssen wir unser Geld wohl für die falschen Zwecke ausgeben. Und das muß sich ändern. Bald.

Zweifellos steht die Bundesrepublik, verglichen mit den meisten Ländern der Welt, nicht schlecht da. Aber dieser hohe Standard ist uns nicht in den Schoß gefallen, er ist von vielen Generationen, die vor uns da waren, mitgeschaffen worden. Was die Deutschen haben, haben sie sich erarbeitet, mit ihren Köpfen und ihren Händen. Geschenkt hat ihnen niemand etwas, dies einmal denen ins Stammbuch, die den europäischen Industriestaaten immer wieder ihren „Wohlstand" vorhalten (siehe auch Kapitel XI).

Die Welt wird es uns nicht danken, daß wir einmal Hunderttausende, ja Millionen fremder Menschen ernährt, mitgeschleppt und unterstützt haben. Deshalb kauft die Welt uns nicht unsere Produkte ab, heute nicht, und sie wird es auch morgen nicht tun. Unsere Position in der Welt, unser Lebensstandard, sie hängen allein von unserer technischen und wirtschaftlichen Leistungsfähigkeit ab, von der Qualität und dem Preis unserer Waren. Alles andere zählt wenig, ja, gar nichts, wenn es hart auf hart kommt. Die Japaner beispielsweise kümmern sich wenig um die Probleme anderer; sie orientieren sich zuallererst am eigenen Vorteil und sind damit bisher nicht schlecht gefahren. Ihr ausgeprägter Egoismus hat ihnen offensichtlich nicht geschadet, wie ihre überragende Stellung auf den Weltmärkten beweist.

Bei den Deutschen hingegen besteht die Gefahr, daß sie sich übernehmen. Etwas mehr nationaler Egoismus würde uns sicher nicht schaden. Ob Milliarden für Polen, hunderte Millionen für Kurdenflüchtlinge, enorme Mittel für die Dritte Welt, oder auch Milliarden für die Ausländer, die bei uns leben, die Deutschen stehen immer an vorderster Front, wenn es ans Helfen geht. Daß das alles auf Pump bezahlt wird, will niemand wahrhaben. Die Folgen werden sowieso verdrängt.

Hoffentlich müssen uns spätere Generationen nicht den Vorwurf machen, statt unser Geld für Ausländer, Flüchtlinge und Asylanten auszugeben, hätten wir es besser in Bildung und Forschung investiert, denn *davon* lebt dieses Land.

Den Armen der Welt können wir sowieso nicht helfen. Es sind zu viele.

Die ergrauende Nation

Die Deutschen ein aussterbendes Volk? Solche, manchmal mit Frage-, manchmal mit Ausrufezeichen versehene Meldungen kann man in schöner Regelmäßigkeit in den Zeitungen lesen.

Tatsache ist zunächst einmal, daß im geeinten Deutschland die Einwohnerzahl bis Mitte der neunziger Jahre auf 80,3 Millionen anwachsen wird, bis zur Jahrtausendwende nochmals, wenn auch nur minimal, auf 80,4 Millionen, um dann bis zum Jahre 2010 auf 78,1 Millionen zu sinken, so jedenfalls die Berechnungen von Bevölkerungswissenschaftlern. Das scheint nicht dramatisch, denn 1939 zählte das Deutsche Reich auch nur 43 Millionen, und 1910 gar nur 36. Diese Zahlen könnten beruhigen, sie sind aber nicht das eigentliche Problem. Was den Verantwortlichen heute Sorge macht, ist der ungünstige Aufbau der

Alterspyramide. 1910 zeigte diese Alterspyramide eine ideale Form: unten breit, nach oben zu spitz zulaufend, mit anderen Worten: die jungen Menschen überwogen zahlenmäßig bei weitem. Das sieht heute anders aus. Unsere Alters„pyramide“ gleicht eher einem Rechteck, mit einem schmalen Unterbau. Und dies wird bald noch sehr viel ungünstiger sein: oben breit, unten schmal, fast wie eine auf dem Kopf stehende Pyramide. Es wird also verhältnismäßig viele alte Leute geben und relativ wenig junge. Problem dieser Überalterung: Immer weniger junge Leute werden immer mehr alte zu ernähren haben. Die Frage, die manchen heute aktiv im Berufsleben Stehenden umtreibt, lautet: wird meine Rente im Alter noch sicher sein?

Die zunehmende Überalterung einer Bevölkerung ist allerdings kein typisch deutsches Problem, es betrifft praktisch alle europäischen Länder:

In *Italien* betrug die Geburtenrate vor fünf Jahren 29,4 pro 1000 Einwohner, heute liegt sie 10,2 und ist damit fast um zwei Drittel niedriger.

In *England* lag sie Mitte der sechziger Jahre bei 18,8 pro Tausend, heute nur noch bei 13,6.

Ähnliches gilt für alle europäischen Länder, auch die osteuropäischen.

Diese Entwicklung hat manche Politiker zu der Forderung verführt: Laßt mehr Menschen nach Europa einwandern, damit unsere Bevölkerung verjüngt wird. Dieses Argument hat auch bei den Aussiedlern eine Rolle gespielt, die seit einigen Jahren in beträchtlichen Mengen aus Osteuropa nach Deutschland kommen, aus Polen, aus Rumänien und künftig in verstärktem Maße wohl auch aus der Sowjetunion kommen werden. Als die einheimische Bevölkerung über die immensen Kosten zu murren begann, die diese Zuwanderung auslöste, hieß es: es kommen viele junge Leute, die später einmal mithelfen werden, eure Renten zu bezahlen. Nichts ist wahr. Auf die Altersstruktur der Deutschen wirkt sich der Zuzug dieser Menschen wenig aus. „Selbst wenn anderthalb Millionen Aussiedler nach Deutschland kämen“, warnte der Präsident des Statistischen Landesamtes von Baden-Württemberg, Professor Wingen, auf einem Kongreß der Deutschen Gesellschaft für Bevölkerungswissenschaft, „würde dies für die Altersstruktur der Deutschen nur eine Änderung hinter dem Komma bedeuten.“[5]

Ähnlich nüchtern sieht der Schwede Jonas Widgren, Europa-Koordinator des Hohen Flüchtlingskommissars, die Möglichkeit, durch Zuwanderung die Überalterungsprobleme der europäischen Industriestaaten zu lösen. Für Schweden macht er folgende Rechnung auf: Die Alterspyramide würde sich in diesem Land nur dann verbessern, wenn jedes Jahr 100 000 Einwanderer kämen, und dann auch erst im Laufe eines Jahrhunderts![6] Schweden hat acht Millionen Einwohner, Deutschland zehnmal soviel. Welche Menschenmassen Jahr für Jahr zu uns kommen müßten, um die Altersstruktur der Deutschen zu verbessern, ist schier unvorstellbar, und absolut irreal.

Es gibt aber noch ein ganz anderes Problem: Die Zahl einer Bevölkerung sagt noch nichts über ihre Qualität aus, sonst müßten so überbevölkerte Staaten wie Bangladesh oder Indien wahre wirtschaftliche Riesen sein. Die Frage nach der Qualität der Zuwanderer mag manchem inhuman erscheinen, in Wahrheit ist sie von enormer Bedeutung. Die Hugenotten, um nochmals dieses Beispiel anzuführen, erhöhten nicht nur die Einwohnerzahl Preußens, sie verbesserten dank ihrer beruflichen Qualifikation auch die Bevölkerungs„qualität" ihrer neuen Heimat. Davon kann von den nach Europa drängenden Menschen aus der Dritten Welt nicht die Rede sein. Wie Wissenschaftler sagen, kommt es durch diese Menschen zu einer „Unterschichtung". Mit anderen Worten: die heutigen Einwanderer sind häufig für die Aufnahmeländer eine Belastung. Ihr Bildungsgrad, ihre berufliche Qualifikation entsprechen nicht den Anforderungen moderner Industriegesellschaften und Arbeitsmärkte. Oder wie es der Bevölkerungswissenschaftler Josef Schmid, von der Universität Bamberg ausdrückt: „Zuwanderer würden so ... in Deutschland allenfalls Quantitätsprobleme lösen, aber gleichzeitig neue Probleme schaffen, da sie hier zuerst einmal ‚Kostgänger' sind",[7] – und dies, muß man hinzufügen, auf sehr lange Sicht.

Die Verweigerung

Wenn die Bundesregierung die Integration in den Mittelpunkt ihres neuen Ausländergesetzes stellt, so nimmt sie damit eine Position ein, die absolut nichts mit der Wirklichkeit zu tun hat, jedenfalls was die größte Ausländergruppe betrifft, die 1,5 Millionen Türken. Tatsache ist, daß sich immer mehr von ihnen nicht nur bewußt von der Gastgesellschaft abschotten, sondern auch eine zunehmend feindliche Haltung einnehmen. Der Orientalist und genaue Kenner der Szene, Karl Binswanger, resümiert: „Ein deutliches *Feindbild* von der deutschen Gesellschaft, das immer mehr türkischen Arbeitsimmigranten gepredigt wird, ist im Entstehen."[8]

Maßgeblichen Anteil an dieser Entwicklung, die von der deutschen Öffentlichkeit allenfalls am Rande wahrgenommen wird, haben die vielen türkischen Organisationen. Sie fördern nicht nur den Zusammenhalt der Türken untereinander, sondern bekämpfen auch gezielt jedwede Integration. Begründet ist diese Haltung in einer fundamentalistischen Auffassung vom Islam; dabei ist dieses Verhalten – wie so oft in der islamischen Welt – widersprüchlich: einerseits lehnt man die deutsche Gesellschaft und ihre Lebensweise konsequent ab, andererseits will man aber am wirtschaftlichen und sozialen Leben der gleichen Gesellschaft teilhaben. Peter Heine, Professor für Orientalistik an der Universität Münster, beschreibt das Wirken dieser Organisationen so: „Die Leiter der religiösen Organisationen filtern für ihre Mitglieder die deutsche Realität und stellen damit eine Verstärkung der kulturellen Differenzen her."[9]

Zwar treten diese Organisationen nach außen ebenfalls für Integration ein, aber sie meinen damit etwas ganz anderes als wir; typisch dafür eine Aussage der ADÜTDF (Avrupa Demokratik Ülkücü Derneleri Federasyonu, Federation der Türkisch-Demokratischen Idealistenvereine Europa), einer nationalistisch-islamischen Organisation: „Als Türken wollen wir weitere Zugeständnisse an unsere Lebensart, Würde und Identität erreichen. Das verstehen wir unter Integration." Integration also nicht als Anpassung an die Gastgesellschaft sondern umgekehrt.

Um die Gruppe zusammenzuhalten, genügt es nicht, sich abzuschotten, es bedarf auch eines Feindbildes. Dieses Feindbild wird in der deutschen Gesellschaft gesucht. Die AMGT, die „Organisation Nationale Sicht Europas", stellt die Deutschen ihren Mitgliedern so dar: „Der Europäer ist ein Atheist und Götzenanbeter, ein Wucherer, Kapitalist, Sozialist, Zionist, Kommunist und Imperialist, ständig brünstig und besoffen, ehebrecherisch und materialistisch."[10]

Die gleiche AMGT, immerhin die größte türkische Organisation in Europa, plant eine eigene Gewerkschaft für moslemische Türken in der Bundesrepublik. Auch hier wieder das Bestreben, etwas Eigenes zu schaffen, und sich nicht in bereits vorhandene Organisationen des Gastlandes zu integrieren. Wie überhaupt alle Aktivitäten dieser türkischen Vereine darauf gerichtet sind, ihre Landsleute vor den Einflüssen der Gastgesellschaft zu bewahren. So werden etwa Kindergärten unterhalten, wo nicht nur Mädchen und Jungen getrennt sind, sondern auch jeder Kontakt zu deutschen Kindern strikt vermieden wird. Eine Indoktrination der türkischen Kinder findet sogar an den *deutschen* Schulen statt. So fand die Berliner Schulverwaltung Schulbücher, wo es in Türkisch hieß: „Ein Deutscher ist ein Diener, zwei Deutsche ein Gefreiter und ein Soldat, drei Deutsche eine Invasionsarmee." Amerikaner wurden mit den Begriffen Gangster, Blue Jeans und Cowboys charakterisiert, Juden als Bettler und Wucherer bezeichnet. Diese Schulbücher waren offizielles, mit öffentlichen Geldern finanziertes Unterrichtsmaterial. In den staatlichen Schulen ist eine gewisse Kontrolle noch möglich, in den privaten Koranschulen aber nicht. Wenn türkischen Kindern an diesen Koranschulen eine Überheblichkeit gegenüber ihren deutschen Altersgenossen eingetrichtert wird, so interessiert das schon niemanden mehr, es braucht sich dann aber auch niemand zu wundern, wenn türkische Jugendliche, derart indoktriniert, ihre deutschen Mitschüler tyrannisieren. Bei der türkischen Rechts- und Sozialberatung – ebenfalls ein wichtiges Betätigungsfeld der türkischen Vereinigungen – gilt es seit langem als wichtige Aufgabe, islamische Traditionen gegen geltendes deutsches Recht durchzusetzen, etwa die Befreiung der Mädchen vom Schulsport zu fordern, oder die Anerkennung von Paßbildern von Frauen mit dem islamischen Kopftuch einzuklagen.

Der Aufbau einer moslemischen „Parallelgesellschaft" (Binswanger) vollzieht sich, ohne daß die Masse der Deutschen etwas davon merkte. Während Ausländerbeauftragte für das Konzept einer multikulturellen Gesellschaft werben und die Regierung die Integration zum Kern ihrer Ausländerpolitik erhebt, postulieren die Anführer der moslemischen Ausländer eine bewußte Integrationsverweigerung, verlangen aber gleichzeitig, daß ihre Glaubensbrüder auf Dauer in Europa bleiben dürfen.

Die Haltung vieler Türken gegenüber dem Gastland ist nicht nur durch Distanz gekennzeichnet, sondern auch durch ein zunehmend aggressives, beleidigendes Verhalten, so wenn der IKZ* die Haltung vertritt: „Jeder Gläubige muß wissen, daß die Religionen anderer Nationen nichtig und falsch sind und ihre Angehörigen Ungläubige sind," oder: „Wir (gemeint die Türken) sind eine edle und adelige Nation, die die Fahnen des Islam tausend Jahre getragen hat. Gottseidank sind wir Muslime. Deshalb werden wir uns nicht – wie damals die Polen – in Deutschland assimilieren."

Und auf einer Demonstration der AMGT, des größten türkisch-

* JKZ = Avrupa Islam Kültür Merkezleri (Verband der Islamischen Kulturzentren Europa).

muslimischen Dachverbandes hieß es: „Die Macht steht allein Allah, dem Propheten und den Gläubigen zu. Wer sich der Scharia widersetzt, dem zerquetschen wir den Schädel."

Die Scharia ist das islamische Gesetz. Der gläubige Moslem will, daß es überall auf der Welt, wo Moslems leben, Gültigkeit hat.

V. Mitleid mit der Polizei

Anmerkungen zur Ausländerkriminalität

Statistik kontra Vor-Urteile

Auf einer Tagung des Bundeskriminalamtes über Ausländerkriminalität faßte ein hoher Hamburger Polizeibeamter seine Erfahrungen mit Ausländern so zusammen: „Auch wenn man die ausländerspezifischen Delikte nach dem Ausländergesetz und dem Asylverfahrensgesetz sowie die besonderen Bedingungen der Ausländer gegenüber den Deutschen einschränkend berücksichtigt, ist die Entwicklung hin zu einer stärkeren Straftatenbelastung ausländischer Staatsangehöriger unverkennbar." Als der Beamte, Leiter der Spezialdienststellen der Hamburger Kriminalpolizei, diese Feststellungen[1] traf, bezog er sich auf die Kriminalstatistik 1987, derzufolge 260 000 ausländische Straftatverdächtige registriert worden waren, oder anders ausgedrückt: jeder fünfte Tatverdächtige ein Ausländer war. In den darauffolgenden Jahren sollte sich die Situation beträchtlich verschärfen: 1989, also nur zwei Jahre später, wurden bereits 336 000 ausländische Tatverdächtige registriert. Das heißt: Nunmehr war schon jeder vierte Tatverdächtige ein Ausländer. Die Ausländerkriminalität ist somit binnen zweier Jahren um 29 Prozent gestiegen. Und dies, obwohl im gleichen Zeitraum in der Bundesrepublik die Kriminalität insgesamt um 2 Prozent zurückgegangen war. Der Trend hat sich auch 1990 fortgesetzt: lag der Ausländeranteil 1989 bei 24,5 Prozent so ist er 1990 auf 26,7 Prozent gestiegen.[2]

Was diese Zahlen bedeuten, sieht man erst, wenn man sie mit den entsprechenden Werten der deutschen Bevölkerung vergleicht. Dann zeigt sich nämlich, daß die Kriminalität unter den Ausländern inzwischen viermal so hoch ist wie unter den Deutschen; immer auf die jeweilige Bevölkerungszahl bezogen.

Ausländer ist, wie im vorigen Kapitel schon dargelegt, ein sehr undifferenzierter Begriff. Man muß ihn schon etwas auffächern, dann zeigt sich, daß von 383 583 (1990) ausländischen Tatverdächtigen

82 243 Türken waren,
53 817 Polen
46 528 Jugoslawen
24 963 Rumänen
20 927 Italiener.

Aufschlußreich auch, wie stark Ausländer 1990 an einzelnen Straftaten beteiligt waren (in Klammern die Werte von 1989):

	Ausländeranteil
Ausländer- und Asylverfahrensgesetz	95,6 Prozent (95,1)
Taschendiebstahl	79,7 Prozent (69,8)
Urkundenfälschung	50,7 Prozent (55,6)
Falschgeld	63,7 Prozent (54,4)
Vergewaltigung in Gruppen	43,9 Prozent (39,7)
Glücksspiel	54,0 Prozent (50,9)
Schwerer Ladendiebstahl	45,4 Prozent (46,9)
Raub, Überfälle	41,5 Prozent (36,8)
Gewerbsmäß. Hehlerei bei Kfz	40,8 Prozent (*)

Läßt man die Vergehen gegen das Ausländer- und das Asylverfahrensgesetz einmal außer acht, beides typische Ausländerdelikte, so kommt man dennoch an der Feststellung nicht vorbei, daß bei vielen kriminellen Handlungen Ausländer in einem Maße beteiligt sind, das weit über ihrem Anteil an der Gesamtbevölkerung (7,2 Prozent) liegt.

Noch mehr als solche Prozentsätze sagen die konkreten Zahlen aus: 1092 Vergewaltigungen, 5206 Fälle von Raub und räuberischer Erpressung, 16616 Fälle von gefährlicher und schwerer Körperverletzung gingen in einem einzigen Jahr (1989) auf das Konto von Ausländern. Daß hinter diesen nüchternen Zahlen nicht nur konkrete kriminelle Handlungen stehen, sondern sich auch ebensoviele menschliche Schicksale verbergen, ebensoviel Leid verursacht wurde, darf und sollte nicht übergangen werden.

Besonders besorgniserregend ist, daß sich dieser Trend fortsetzen, ja eher noch verstärken wird. Denn die Statistiken belegen auch, daß die Kriminalität besonders unter jugendlichen Ausländern sehr ausgeprägt ist, gerade in der Generation also, von der man erwartet hatte, sie würde sich am schnellsten bei uns integrieren. Davon kann keine Rede sein, genau das Gegenteil ist eingetreten. Türkische Kinder werden zu 9 Prozent straffällig (Vergleichszahl deutsche: 3,7 Prozent), türkische Jugendliche zu 18 Prozent (Vergleichszahl deutsche 8,7 Prozent), türkische Heranwachsende zu 14,4 Prozent (Vergleichszahl deutsche 10,1 Prozent).

Um deutlich zu machen, um welche Straftaten es sich dabei handelt:

Von den Türken

– die sich des Raubs, der räuberischen Erpressung und räuberischer

* 1989 noch nicht gesondert erfaßt.

Angriffe auf Kraftfahrer verdächtigt gemacht haben, waren drei Viertel Jugendliche,

- die des Diebstahls ohne erschwerende Umstände verdächtig waren, waren 83 Prozent im jugendlichen Alter,
- die des Diebstahls unter erschwerenden Umständen verdächtig waren, befanden sich 78 Prozent Jugendliche.

(Alle Zahlen 1989).

Diese Entwicklung ist keineswegs schockierend, sie war vorhersehbar. Beispiele dafür gibt es in allen Ländern, die schon seit längerer Zeit einen hohen Ausländeranteil aufweisen. In den USA, oder auch in Großbritannien war die Kriminalitätsrate unter den Einwanderern der ersten Generation nicht höher als die der Einheimischen, eher kleiner. Eine Erfahrung, die sich in der Bundesrepublik jetzt bestätigt: die erste Generation der türkischen Gastarbeiter wird deutlich weniger straffällig als vergleichbare Altersgruppen der Deutschen. Ganz anders bei den nachfolgenden Generationen: in der Regel gerät die zweite oder dritte Generation nicht nur sehr viel häufiger als ihre Väter und Großväter mit den Gesetzen in Konflikt, ihr Anteil an verschiedenen Delikten liegt auch deutlich höher als der der Einheimischen; besonders bei Gewaltdelikten.

Der Trend ist im Steigen begriffen: Während bei den deutschen Kindern die Zahl derer, die in Tatverdacht geraten, in den Jahren 1984 bis 89 um 25 Prozent zurückgegangen ist, ist der Anteil bei den Ausländern um 17 Prozent gestiegen; dieser an sich durchgängige Trend ist bei den Jugendlichen noch ausgeprägter: bei den Deutschen Rückgang um 33 Prozent, bei den Ausländern Zunahme um 48 Prozent; gleiches Bild bei den Heranwachsenden: Deutscher Rückgang um 17 Prozent, Ausländer Zunahme um 60 Prozent. Um es mit einer exakten Zahl auszudrücken: im Jahr 1989 sind 89 470 junge Ausländer, die in Deutschland leben, mit dem Gesetz in Konflikt gekommen. Diese Zahl soll zunächst einmal so stehen bleiben; später soll versucht werden, die Gründe für diese besorgnisserregende Entwicklung, die sich 1990 weiter verstärkt hat, herauszufinden.

Die Statistik bestätigt auch ein Vorurteil, das sich damit allerdings als keines erweist: Welche Gründe es auch immer dafür geben mag, sei es eine andere Mentalität, eine andere Weltanschauung, eine andere Religion, oder auch der oft zitierte Kulturschock. Wo immer man die Gründe auch suchen mag: Es kann nicht übersehen werden, daß Ausländer aus bestimmten Ländern und Regionen besonders zu Kriminalität neigen:

Herkunftsland	Zahl der hier Lebenden	Tatverdächtige	%
Ghana	14924	5419	37
Sri Lanka	32705	11990	36
Libanon	30053	9410	31
Rumänien	21101	5188	29
Polen	220443	44831	20
CSFR	31695	5681	18
Iran	81331	8916	11
Syrien	10697	1279	11

(alle Zahlen 1989)

Mit anderen Worten: Jeder Dritte (!) der in der Bundesrepublik lebenden Gahnaer, Sri Lanker und Libanesen wurde im Jahr 1989 einer Straftat verdächtigt; ebenso jeder fünfte Pole, Rumäne und Tschechoslowake, und jeder zehnte Iraner und Syrer.

Vergleicht man dies mit *europäischen* Ausländern, so zeigen sich erhebliche Unterschiede, die deutlich zugunsten der Westeuropäer ausfallen: Kriminalitätsrate bei den Italienern 4 Prozent, Österreichern ebenfalls 4 Prozent, Niederländern 3,5 Prozent, oder Spaniern 2,6 Prozent. Man kann es auch anders sagen: Der Anteil der Kriminellen unter den Libanesen beispielsweise ist zehnmal so hoch wie unter den in der Bundesrepublik lebenden Niederländern, der der Polen fünfmal so hoch wie der der Italiener.

Der Einwand, ein großer Teil der von Ausländern begangenen Delikte hänge mit ihrem Status als Ausländer zusammen, geht am Problem vorbei, stimmt so auch nicht. Es ist zwar richtig, daß ein Viertel der von Ausländern begangenen Delikten aus Verstößen gegen das Ausländer- und Asylgesetz besteht, drei Viertel aber eben nicht.

Aber auch solche ausländertypischen Vergehen bleiben Strafdelikte; sie wiegen im Endeffekt genauso schwer wie beispielsweise ein Betrugsdelikt, denn der ausländische Täter, der sich den Asylantenstatus zu erschwindeln sucht, betrügt nicht weniger, als der Deutsche, der für die Rentenversicherung falsche Angaben macht. In beiden Fällen entsteht dem Staat und damit der Allgemeinheit ein erheblicher finanzieller Schaden.

Alle bisher genannten Zahlen sind Durchschnittszahlen. Sie gelten für das gesamte Bundesgebiet. In einigen Großstädten, die einen besonders hohen Ausländeranteil aufweisen, sind die Zustände ungleich dramatischer. In Frankfurt etwa, wo jeder Vierte ein Ausländer ist, wird jede zweite Straftat von einem Ausländer begangen.

Klar auf das Konto von Ausländern gehen Straftaten, die früher in Deutschland eher selten waren, etwa Taschendiebstähle: 1989 wurden 36 835 solcher Fälle registriert, 152 Prozent mehr als zwei Jahre zuvor. 1990 stiegen die von der Polizei erfaßten Fälle nochmals um 37,9 Prozent. Bei fast der Hälfte (52 Prozent) der 1989 gefaßten Täter handelte es sich um Ausländer aus Südosteuropa, zumeist Zigeuner. In Berlin, wo sich im Sommer 1990 besonders viele Roma aus Rumänien aufhielten, registrierte die Polizei im ersten Halbjahr 760 tatverdächtige Taschendiebe, davon waren 713 Ausländer und davon wiederum 405 Romas gewesen. „Der Taschendiebstahl ist ihre Domäne", wie der Westberliner Landespolizeidirektor feststellte. Für die Polizei frustrierend: Die gefaßten Täter – in Berlin zu 90 Prozent Ausländer – werden oft nur erkennungsdienstlich behandelt, und dann wieder auf freien Fuß gesetzt. Sie in Untersuchungs- oder Abschiebehaft zu nehmen, ist nicht möglich, weil in den Gefängnissen kein Platz mehr ist. Kein Wunder, daß diesen Tätern die Bundesrepublik wie ein Eldorado vorkommen muß, wo man fast kein Risiko läuft; zumal die Aufklärungsquote bei Taschendiebstählen äußerst klein ist: sie lag 1990 bei 7,4 Prozent, in mehr als neun von zehn Fällen kommt der Täter also sowieso ungeschoren davon, und wenn er gefaßt werden sollte, passiert ihm praktisch auch nichts.

Ein starkes Gefühl der Unsicherheit löst beim Bürger zunehmend die Straßenkriminalität aus, eine früher in Deutschland eher seltene Verbrechensform. 1989 wurden 1 568 420 derartiger Fälle registriert: Diebstahl, Raub, Körperverletzung, das sind Delikte, die immerhin mehr als ein Drittel der Kriminalstatistik beanspruchen (1989). Steigerung gegenüber dem Vorjahr: 13,4 Prozent bei einer Aufklärungsquote von nur 16 Prozent!

Eine ähnliche Betroffenheit verursachen die bei Tag begangenen Wohnungseinbrüche bei den Geschädigten. Ihre Zahl hatte sich 1987 gegenüber dem Vorjahr verdoppelt. Der durchschnittliche Schaden pro Einbruch betrug 30 000 DM. Diese Einbrüche werden überwiegend von Ausländern begangen, und zwar in erster Linie von Jugoslawen und Polen. Bei den Jugoslawen handelt es sich vielfach um gut organisierte Banden, die in der Bundesrepublik feste Stützpunkte haben. Die eigentlichen Täter reisen oft nur ein, um den Einbruch zu begehen. Bevor die Polizei zugreifen kann, sind sie wieder verschwunden. Die Frankfurter Kripo schätzt, daß allein im Rhein-Main-Gebiet 1000 jugoslawische Wohnungseinbrecher ein- und auspendeln. Mit Hilfe eines Touristenvisums, das ihnen die deutschen Konsulate bereitwilligst ausstellen, können solche Kriminelle jederzeit und unkontrolliert in die Bundesrepublik einreisen.

Ähnliche Zustände in anderen süddeutschen Großstädten: In München etwa zerschlug eine Sonderkommission eine aus 157 Jugoslawen bestehenden Diebes- und Hehlerbande, der 13 Einbrüche, 162 Diebstähle und 333 Fälle von Hehlerei vorgeworfen werden. In Stuttgart faßte die Polizei eine neunköpfige Jugo-Bande, die systematisch Geldboten und Tankstellen ausraubte. Die Täter sagten nach ihrer Festnahme aus, sie wären von ihrem Boß nach Deutschland mit dem Versprechen gelockt worden, hier politisches Asyl zu bekommen.

Das polizeibekannte Oberhaupt der Jugo-Mafia im Frankfurter Raum kann nicht abgeschoben werden, weil der Mann seit Jahren seine Anerkennung als Asylant einklagt. Nachdem ihm das Bundesamt für politisch Verfolgte zweimal das Asyl verweigert hatte, prozessierte der millionenschwere Jugoslawe durch alle Instanzen. Mit allen nur denkbaren Tricks, unter anderem Anwaltswechseln, konnte er das Verfahren immer wieder verzögern, mit der Folge, daß er seit mehr als 13 Jahren eine Abschiebung zu verhindern wußte.

Gerade bei jugoslawischen Kriminellen zeigt sich besonders häufig eine bewußte Instrumentierung des deutschen Asylrechts. So gibt es beispielsweise eine monarchistische Vereinigung von Exil-Jugoslawen, die in der Tat in Jugoslawien verboten ist, aber inzwischen ihren Hauptzweck darin sieht, Schutzbriefe für Kriminelle auszugeben, natürlich gegen entsprechendes Honorar. Mit bis zu 10 000 DM lassen sich die Jugo-Monarchisten solche Bescheinigungen bezahlen, die dem Inhaber attestieren, politisch verfolgt zu sein. Das Zirndorfer Bundesamt ist längst zu der Auffassung gekommen, daß diese Vereinigung nur noch „als reiner Zweckverband zur Asylerzwingung" existiert.

Das Recht auf Asyl, dieses „generöse Angebot", wie es die Väter des Grundgesetzes voller Idealismus sahen, ist in diesen und anderen Fällen längst nichts weiter mehr als ein Schutzschild für ausländische Schwerkriminelle.

Aus einer anderen Welt

Mit welcher, uns absolut fremden Mentalität ausländische Kriminelle zuweilen vorgehen, zeigt ein Fall aus Bochum:[3] Die Bochumer Polizei hatte eine Serie von 350 Wohnungseinbrüchen aufzuklären. Bald stellte sich heraus, daß es sich bei den Tätern um „reisende ethnische Minderheiten“ handelte. Die Begriffe Sinti oder Roma, oder gar Zigeuner, darf die nordrhein-westfälische Polizei nach einem Erlaß ihres Innenministers nicht mehr verwenden. Aber darum handelte es sich bei den Tätern: es waren Sinti bzw. Roma, die eigens zum Einbruch in die Bundesrepublik eingereist waren. Als die Bochumer Kripo den Tätern auf die Spur gekommen war, meldeten sich einige der Tatverdächtigen, um der Polizei ein Geschäft vorzuschlagen: Wir verschwinden aus Bochum, und gehen in eine andere Stadt, wenn die Polizei von einer Strafverfolgung absieht. Daß die deutsche Polizei sich auf ein solches „Geschäft“ nicht einlassen kann, war den Leuten völlig unverständlich. Welche Welten hier aufeinanderstoßen, zeigte auch, daß sie offen zugaben: Wir kommen nach Deutschland, um hier von Diebstählen zu leben, das ist für uns ganz normal.

Ein nach europäischen Maßstäben unfaßbarer Fall hat sich im August 91 in Hamburg zugetragen: Polizeibeamten hatten ein Mädchen beim Diebstahl erwischt. Da es mit seinen acht Jahren noch strafunmündig war, mußte sie von den Beamten den Eltern übergeben werden, Zigeunern, die auf einem Campingplatz am Rande Hamburgs leben. Als die Beamten dort ankamen, wurden sie von 25 Männern und Frauen mit Zeltstangen, Knüppeln und Tränengas attackiert. Elf der Beamten sind dabei verletzt worden. Einer der Angreifer hatte sich ein einjähriges Kind gegriffen und damit auf die Beamten eingeschlagen. Erst 100 Polizeibeamten gelang es, die Ruhe wieder herzustellen.

Ob Polizeibeamte, Staatsanwälte oder Richter, sie alle machen immer wieder die Erfahrung, daß Ausländern häufig jedes Bewußtsein für die Rechtswidrigkeit ihres Handelns fehlt. Das gilt besonders für Ausländer, die aus einem ganz anderen Kulturkreis kommen, etwa aus den islamischen Ländern des Nahen Ostens.

Praktisch machtlos ist die Polizei gegenüber Wohnungseinbrüchen, die von ausländischen Kindern begangen werden. Oft werden diese Kinder von ihren Eltern oder Hintermännern zum Diebstahl geradezu abgerichtet. Das Risiko ist minimal: die Polizei muß die Kinder sofort wieder freilassen, den Eltern geschieht ebenfalls nichts, denn eine Tatbeteiligung ist ihnen fast nie nachzuweisen. In Berlin sind einige Familien von Asylbewerbern polizeibekannt, deren Kinder eine Vielzahl von Einbrüchen bzw. Diebstählen in Warenhäusern begangen haben. Die Kinder wurden darauf geradezu professionell vorbereitet, wie der ehemalige Innensenator von Berlin, Prof. Kewenig, feststellte.[4] Wenn diese Kinder bei ihren „Raubzügen“ (Kewenig) gefaßt werden, verweigern sie die Aussage unter Hinweis auf ihren Rechtsanwalt. Sie wissen genau, daß ihnen die Polizei nichts anhaben kann, da sie noch strafunmündig sind. Auch den Eltern ist eine Verletzung der Fürsorge- und Erziehungspflicht nur sehr schwer nachzuweisen, und selbst wenn der Nachweis einmal gelingt, passiert ihnen nichts: aus humanitären Gründen können sie als Asylanten meist nicht abgeschoben werden.

Welche unglaublichen, ja schon komische Folgen solche Kinderkriminalität haben kann, zeigt ein Fall, in den libanesische Asylbewerber verwickelt waren und der sich ebenfalls in Berlin abgespielt hat: Im Januar 1988 waren zwei acht und elf Jahre alte libanesische Brüder bei einem Einbruch in einem Fotogeschäft ertappt worden. Im Zuge der Ermittlungen stellte sich heraus, daß die Kinder mindestens 40 Einbrüche in Bekleidungsgeschäften auf dem Kerbholz hatten, mit einer Beute von insgesamt 300 000 DM. Als sie das erstemal erwischt worden waren, waren sie ihrer Mutter übergeben worden, einer dreiundvierzigjährigen Asylbewerberin aus dem Libanon. Kurz danach wurden die beiden erneut dabei überrascht, wie sie in ein Geschäft einbrechen wollten. Die gleiche Prozedur: da strafunmündig, wurden sie wieder der Mutter übergeben. Inzwischen stellte sich heraus, daß die beiden Kinder von den 13 Familienangehörigen, alles Libanesen, alles Asylanten, systematisch auf Einbruchstouren geschickt worden waren. Die Familienfürsorge konnte nichts unternehmen, weil sie die Personalien der Kinder nicht kannte; die Polizei wiederum durfte diese Personalien aus Gründen des Datenschutzes nicht weitergeben; das war erst nach Abschluß der Ermittlungen zulässig. Die Kinder sollten nunmehr in ein Heim, wogegen sich die Mutter zur Wehr setzte. Die Einweisung war aber auch noch aus einem anderen Grund problematisch: es kollidierten in diesem Fall das Asylrecht mit dem Jugendschutz. Sollte das Asylverfahren der erwachsenen Libanesen noch länger dauern, und sollte ihr Antrag letztendlich abgelehnt werden, so dürften sich die Kinder in der Zwischenzeit durch den Heimaufenthalt an die hiesigen Lebensverhältnisse so gewöhnt haben, daß sie sich in ihrer Heimat nicht mehr zurechtfinden würden. Grotesk, aber so die gängige Argumentation und Verfahrensweise. Die Kinder dürfen also bleiben. Folge: Da es inhuman wäre, die Familie auseinanderzureißen, sprich, die Mutter abzuschieben, die Kinder aber hier zu lassen, darf auch die Mutter bleiben. Ergo: das kriminelle Verhalten dieser Kinder, wozu sie von der Mutter sogar angestiftet wurden, erhöht die Chancen der Eltern, in der Bundesrepublik zu bleiben und hier von Sozialhilfe zu leben. Kommentar eines Sprechers der Berliner Innenverwaltung zu diesem Fall: „Integrationsmaßnahmen laufen dem eigentlichen Asylanerkennungsverfahren zuwider."

Unser Rechtssystem beruht auf einen gewissen Konsens dessen, was erlaubt und was verboten ist. Wenn Ausländer ein ganz anderes Wertesystem haben, etwa Moslems, entstehen so ungeheure Probleme, daß sie von unserem, der europäischen Aufklärung verpflichteten Rechtssystem nicht mehr bewältigt werden können. Wenn etwa ein strenggläubiger Muselmane als Angeklagter vor Gericht sagt: Meine Religion gebietet es mir, eure Gesetze zu brechen. Wie soll man dem Mann Gerechtigkeit widerfahren lassen? (siehe auch Kapitel IX)

Anderes Beispiel: Unser Recht stellt an die Ablehnung eines Zeugenbeweises als „unerreichbares Beweismittel" sehr strenge prozessurale Anforderungen. Diese strengen Anforderungen sind in Deutschland, auch in den europäischen Ländern mit ihrer gut funktionierenden Justiz gerechtfertigt, auch zu erfüllen. Wie aber soll das beispielsweise bei einem „Alibizeugen" funktionieren, wenn dieser Zeuge sich inzwischen wieder in Pakistan oder im Vorderen Orient befindet, wenn es ihn denn überhaupt je gegeben hat? Die Chancen, diesen Zeugen aufzuspüren, bzw. nachzuweisen, daß es ihn nicht gibt, sind für die deutsche Justiz praktisch null. Gerissene Angeklagte, die von einem Anwalt gut beraten werden, können diese Schwierigkeiten gezielt ausnutzen, mit dem Ergebnis, daß eine Verhandlung auf unbestimmte Zeit ausgesetzt oder auf nicht mehr vertretbare Art verlängert wird.

Ein anderes großes Erschwernis in der Strafverfolgung stellen die Sprachschwierigkeiten der Ausländer dar. Die Strafverfolgungsbehörden werden mit einer immer größer werdenden Zahl nichtgängiger Sprachen konfrontiert. Dolmetscher dafür sind oft nicht zu bekommen, und wenn, dann nur zu horrenden Kosten. Der ehemalige Präsident des Bundeskriminalamtes, Boge, nannte als Beispiel einen Prozeß gegen Kurden, wo sich allein die Übersetzerkosten auf über 900 000 DM belaufen hatten. Oft verschanzen sich Ausländer hinter Verständigungsschwierigkeiten; auch zeigen sich Ausländer, indem sie sich auf ihre Sprachschwierigkeiten berufen, wenig geständnisbereit. In einer Bremer Untersuchung zu Sexualdelikten heißt es: „Geständnisse ausländischer Straftäter über Vergewaltigungsdelikte sind nicht zu erlangen."

Einer Abschiebung schließlich können ausländische Straftäter oft dadurch entgehen, daß sie sofort einen Antrag auf Asyl stellen, womit dann ihr Verbleib in der Bundesrepublik erst einmal gesichert ist.

Beantragt ein Pole Asyl, muß er behaupten, politisch verfolgt zu sein, andernfalls würde sein Antrag sofort abgelehnt. Objektiv kann er gar nicht politisch verfolgt sein, denn in Polen gibt es seit Jahren schon keine politische Verfolgung mehr. Das weiß der Pole, der um Asyl bittet, das weiß ebenso der deutsche Beamte, der den Antrag entgegennimmt, ja, ihn entgegennehmen muß, wie es unsere Rechtsordnung nun einmal verlangt. Ein eklatanter Rechtsmißbrauch. Aber der Pole kommt ins Asylverfahren, und genießt zunächst den Schutz des Artikel 16 Grundgesetz, wonach Politisch Verfolgte in der Bundesrepublik Deutschland einen Anspruch auf Asyl haben. Auf die Dauer wird der Pole mit seinem Schwindel nicht durchkommen, aber für eine gewisse Zeit ist er vor Abschiebung sicher, erhält er eine Unterkunft und bekommt Sozialhilfe zum Leben. 1990 haben 9155 Polen auf diese Weise Asyl beantragt, im Jahr davor waren es sogar 26 092. Zur Zeit leben in der Bundesrepublik rund 220 000 Polen; schätzungsweise 60 000 von ihnen beziehen Sozialhilfe. Kosten für die Allgemeinheit: 500 Millionen Mark, pro Jahr wohlgemerkt. Kein einziger dieser „Asylanten" ist verfolgt, kein einziger von ihnen hat deshalb einen berechtigten Anspruch auf Asyl.

Wenn es um Straftaten von Asylbewerbern geht, handelt es sich zunächst und zumeist um solche, die einem Ausländer, den Zutritt in die Bundesrepublik ermöglichen, das sind Straftaten gegen das Ausländer- und das Asylverfahrensgesetz. Dazu kommt häufig der Versuch, sich mit Hilfe gefälschter Unterlagen, den Asylantenstatus zu sichern, das waren 1989 immerhin 25 084 Fälle. Fälschungen dieser Art aufzudecken, erfordert einen immensen Verwaltungsaufwand. Es gelingt auch nicht immer. Folge: eine nicht bekannte, wahrscheinlich sehr große Zahl von Ausländern genießt deshalb unberechtigterweise den Asylantenstatus.

Nach Ansicht von Polizeiexperten nimmt die Mehrzahl der Asylbewerber schon bald nach der Einreise eine illegale Erwerbstätigkeit auf. „Damit ist meistens schon eine Kriminalisierung vorgezeichnet",[5] wie der Leiter der Spezialdienststellen der Hamburger Kriminalpolizei auf einer Tagung des Bundeskriminalamtes feststellte. Hamburg und Berlin haben inzwischen Dienststellen eingerichtet, die sich speziell mit ausländerspezifischen Delikten befassen, etwa Betrug beim Bezug von Sozialhilfe, oder Schwarzarbeit. In der Berliner Dienststelle arbeiten 45 Beamten: allein die Personalkosten, die dadurch der öffentlichen Hand, sprich dem Steuerzahler, entstehen, sind beträchtlich, etwa 2,7 Millionen Mark im Jahr. Im Vergleich mit dem, was Ausländer an direkten Kosten (siehe Kapitel IV) verursachen, ein minimaler Betrag, aber solche Ausgaben gehen dafür auch in keine Kostenstatistik ein.

Asylbewerber müssen für die Dauer ihres Asylverfahrens ihre Pässe bei der Ausländerbehörde hinterlegen. Um dem zu entgehen, geben viele an, ihre Papiere verloren zu haben. In Wirklichkeit haben sie sie, gut versteckt, behalten. Stellen sie nun ihre Anträge unter einem falschen Namen, so können sie mit ihren richtigen Papieren jederzeit unerkannt ein- und ausreisen, auch unter dem falschen Namen Straftaten begehen, und sich mit Hilfe ihres echten Passes jederzeit der Strafverfolgung entziehen.

Laut Kriminalstatistik des Bundeskriminalamtes hat sich der Anteil der Asylbewerber an der Ausländerkriminalität zwischen den Jahren 1984 bis 1990 fast verdreifacht: er betrug zuletzt 22,6 Prozent.

Rauschgiftkriminalität

Obwohl der Anteil der Ausländer an der Rauschgiftkriminalität auf den ersten Blick nicht höher als der Durchschnitt der Ausländerkriminalität ist, nannte der ehemalige Präsident des Bundeskriminalamtes, Boge, sie „bedrückend“, um festzustellen: „je qualifizierter das Delikt und je härter die Droge, um so größer ist der Anteil“ der Ausländer.[6]

72 Prozent des von der Polizei beschlagnahmten Heroins befand sich im Besitz von Ausländern, in erster Linie von Türken, 92 Prozent des ebenfalls beschlagnahmten Kokains im Besitz von Ausländern, vor allem von Südamerikanern. Der oberste Rauschgiftfahnder der Bundesrepublik zog daraus den Schluß, daß der Anteil der Ausländer an der Rauschgiftkriminalität ganz erheblich über den statistischen Angaben liegen muß. Bei den Ermittlungsverfahren, die das Bundeskriminalamt gegen den *international* organisierten Rauschgifthandel führt, beträgt der Anteil der Ausländer 70 Prozent. Der BKA-Beamte folgerte daraus, daß „die Rauschgiftsituation in der Bundesrepublik ganz überwiegend das Werk organisierter Ausländerkriminalität im Inland und Ausland ist“.

Diese organisierte Kriminalität verfügt über eine umfangreiche, aufwendige Logistik und kann enorme Mittel einsetzen. Beispiel: Um einen Transport von über 8 t Haschisch aus dem Libanon nach Mitteleuropa durchzuführen, kauften die Täter eigens ein Schiff. Sie brachten das Rauschgift, in 275 Leinensäcken verpackt, im mittleren Ballasttank des

Schiffes unter. Die Einstiegsluke wurde mit einer speziell für diesen Zweck gefertigten Stahlplatte verschraubt und zusätzlich mit Beton übergossen. Darüber wurde die legale Ladung von 600 t Pflastersteinen gestaut.

Häufig werden durch Kuriere oder unverfängliche Ladungen die Kontrollsysteme an den Grenzen regelrecht getestet. So „werden manchmal umfangreiche Schiffsladungen mit sinnlosem Inhalt, z. B. Sand in Konservendosen, von Kontinent zu Kontinent befördert, nur zu dem Zweck, die staatlichen Strategien und Kriterien der Verdachtschöpfung und Durchsuchungsmethoden zu erkennen und bei den weiteren Planungen zu berücksichtigen". (Bundeskriminalamt)

Andere, häufig von internationalen Rauschgiftringen angewandte Mittel sind Einschüchterung und Gewalt. Bei einer Aktion des Bundeskriminalamtes, die gemeinsam mit ausländischen Stellen in einem Land des Nahen Ostens durchgeführt wurde, konnte die dortige Polizei 125 kg Heroin sicherstellen und 13 Personen festnehmen. Unter den Festgenommenen befand sich das Oberhaupt einer einflußreichen Familie. Kurz darauf wurde zur Befreiung dieses Mannes ein Gefängniswärter bestochen, damit der sich bei der geplanten Befreiungsaktion ohne Widerstand niederschlagen ließ. Vorsichtshalber brachten die Täter aber auch noch vier Kalaschnikow-Gewehre mit, um ihren Mann notfalls mit Gewalt freizubekommen.

Anlaufstellen für Rauschgifttransporte sind zumeist hier lebende Ausländer; wie der Generalsekretär der Interpol, der Brite R. A. Kendall, feststellte, können „kriminelle Ausländer sich leichter in der ausländischen Gemeinschaft verbergen, und die Polizeiaktionen gestalten sich schwierig". und weiter: „Die Tatsache an sich, daß es eine ausländische Gemeinschaft gibt, wirkt schon wie ein Schutzschild."

Im Vergleich zur internationalen, gut durchorganisierten Rauschgiftkriminalität scheinen die hier tätigen Kleinhändler harmlos, obwohl sie natürlich sehr stark das Bild bestimmen, das sich Deutsche von Ausländern machen. So sind für jeden, der das Frankfurter Bahnhofsviertel durchquert, die herumlungernden Schwarzafrikaner und ihre Kundschaft nicht zu übersehen. In der B-Ebene unter dem Frankfurter Hauptbahnhof halten sich manchmal bis zu 600 Drogenabhängige auf. Die Kleinverteilung von Heroin ist in Frankfurt fest in der Hand von Senegalesen, die sich in der Bundesrepublik zumeist als Asylbewerber aufhalten. Ein Frankfurter Drogenfahnder über diese Sorte von Dealern: „Er landet im Knast, kommt nach Verbüßung seiner Strafe raus, dealt weiter, wird wieder erwischt, sitzt eine weitere Strafe ab. Vor

Ausweisung braucht er keine Angst zu haben. Er ist ja Asylant und hat Anspruch auf Schutz."

In nicht unerheblichem Maße trägt das deutsche Auswärtige Amt eine Mitschuld an diesen Zuständen. Ihm kann der Vorwurf nicht erspart werden, daß es diesen Drogenkriminellen die Einreise nach Deutschland überaus leicht macht. Die Senegalesen, die den Frankfurter Drogenmarkt beherrschen, kommen zunächst als Touristen, um dann hier Asyl zu beantragen. Dieser Ablauf ist allgemein bekannt; er sollte auch dem Auswärtigen Amt nicht verborgen geblieben sein. Dessenungeachtet erteilt die deutsche Botschaft im Dakar jungen Männern, die weder ein Wort Deutsch sprechen, noch einen triftigen Grund angeben könnten, warum sie als Touristen nach Deutschland wollen, freigebig und anstandslos Einreisevisa.

Die Zahl der ausländischen Drogenhändler wird in der Tat stark durch die hohe Zahl von Asylbewerbern beeinflußt, und mehr als die Hälfte der am Drogenhandel beteiligten Asylbewerber wiederum sind Schwarzafrikaner.
Nach Feststellungen der baden-württembergischen Polizei haben sich großstädtische Asylantenwohnheime zu bevorzugten Umschlagplätzen für Heroin und andere harte Drogen entwickelt.

In München gibt es ein Asylantenwohnheim, das als Drogenzentrum stadtbekannt ist. In 20 Monaten erfolgten dort 200 Festnahmen. Bei den 26 überführten Drogenhändlern handelte es sich ausschließlich um Asylbewerber aus Schwarzafrika.

In Hamburg ist das Wohnheim für Asylbewerber an der Wandsbeker Kattunbleiche eine beliebte Adresse für Fixer. Überwiegend Ghanaer, so die Hamburger Kripo, bieten hier Kokain und Heroin an.

In Berlin konnte die Polizei bei einem jordanischen Asylbewerber Heroin und Kokain im Werte von einer halben Million Mark sicherstellen; der Mann lebte – wohl zur Tarnung – von Sozialhilfe.

Aus der Rauschgiftkriminalität, besonders der international organisierten „droht uns", wie das Bundeskriminalamt feststellte, „ein Gewalt- und Korrumptionspotential bisher nicht gekannten Ausmaßes."

In den Griff zu bekommen ist diese kriminelle Eruption längst nicht mehr, allenfalls gelingen der Polizei noch Einzelerfolge. Wie sollten allein die Hunderte von türkischen Fernlaster kontrolliert werden, die Tag für Tag mit Lebensmitteln für die hier lebenden Türken in die Bundesrepublik rollen? Obwohl genau bekannt ist, daß aus der Türkei über den Landweg besonders viel Heroin geschmuggelt wird, kann die Polizei nicht viel ausrichten:

70 Prozent der für den westeuropäischen Markt bestimmten Heroins gelangt über die Balkan-Route nach Deutschland. 1988 stammte etwas mehr als die Hälfte des in der Bundesrepublik sichergestellten Heroins aus der Türkei, ein Jahr später waren es schon zwei Drittel.

In seinem Rauschgift-Jahresbericht 1990 stellt das Bundeskriminalamt fest, daß die „Türkei als Heroinherkunfts- bzw. Ausgangsland ... eine herausragende Stellung einnimmt".

Produziert wird dieses Rauschgift in Laboren in der Osttürkei, vermutlich auch in Großlaboren an der Grenze zum Iran. Istanbul ist zum Umschlagzentrum für Drogen geworden. Hier werden, meist in Fernlastern, Verstecke für den Rauschgifttransport eingebaut. Gerade Lastkraftwagen bieten unzählige Hohlräume, die sich als Verstecke anbieten. Jeden Tag rollen auf drei Routen durch den Balkan mehr als 1000 Laster aus der Türkei. Ein Strom, der für die Polizei nicht mehr zu observieren, schon gar nicht zu kontrollieren ist. Besonders Transporte mit leichtverderblichen Waren haben gute Chancen durchzuschlüpfen. Gründliche Kontrollen kosten viel Zeit und findet der Zoll nichts, stehen ihm hohe Schadensersatzforderungen ins Haus.

Wenn der Polizei einmal ein größerer Fang gelingt, dann meist nur wenn sie einen Tip bekommt oder nach sehr aufwendigen, meist verdeckten Fahndungen. So konnte die Berliner Polizei 18 Kilogramm Heroin in einem türkischen Lastwagen sicherstellen, nachdem Monate lang Kollegen „verdeckt" gearbeitet hatten, zum Teil sogar in der Türkei selbst. Das Versteck war besonders raffiniert ausgedacht: in einem der Bremszylinder war eigens eine Kammer eingeschweißt worden, in dem das Rauschgift untergebracht worden war. Ohne glücklichen Zufall, vor allem aber mühevoller Vorarbeit, wäre es nie möglich gewesen, diesen Transport abzufangen. Es war die größte Menge Rauschgift, die je von der Berliner Polizei sichergestellt wurde.

In Berlin leben 150000 Türken, ein großer Teil fährt regelmäßig mit dem Auto nach Hause. Dieser Strom ein- und ausreisender Türken ist effektiv nicht mehr zu kontrollieren. Wenn die Polizei einmal einen PKW-Transport abfängt, dann ist es Zufall, so wie bei dem im August 91 gefaßten Türken, der in seinem Auto 13,4 Kilogramm Heroin im Werte von 9 Millionen Mark nach Berlin einschmuggeln wollte. Der Mann lebte seit elf Jahren in Berlin.

Es ist so, wie der Leiter des Berliner Rauschgiftdezernats feststellte: „Im Heroingeschäft sind neben Arabern vor allem Türken tonangebend."[7]

Ein ähnlicher Coup wie den Berlinern gelang der Hamburger Kripo, als sie 21,5 Kilogramm Heroin sicherstellen konnte, das in Reisebussen aus der Türkei eingeschleust worden war. Kopf der Bande war ein türkischer Kurde, der rechtzeitig im Ausland untertauchen konnte.

Anfang 1990 saßen in Hamburg 26 Türken wegen Rauschgiftdelikten in Untersuchungshaft. Bei allen handelt es sich um Kurden, die sich bereits aus ihrer Heimat kennen, da sie alle aus Nachbardörfern stammen. Dieser Mafia-ähnlich organisierte Ring brachte – ähnlich wie in Berlin – das Rauschgift in LKWs nach Hamburg, wo es im Alten Land, einem Obstbaugebiet vor den Toren Hamburgs, in Erddepots zwischengelagert wurde. Das war leicht zu organisieren, denn in dieser Gegend arbeiten viele Kurden als Erntehelfer. Die von der Hamburger Kripo bei der Kurden-Mafia sichergestellten 20 Kilogramm Heroin hätten für eine Million Konsumeinheiten gereicht. Eine Million Schuß – was können Drogenprogramme angesichts solcher Mengen noch ausrichten?

Ähnlich wie bei den Flüchtlingsschleppern, haben in der Türkei auch beim Rauschgift korrupte Beamte die Hand mit im Spiel. So fand die Wiesbadener Kripo 1988 bei der Zerschlagung eines Drogenringes heraus, daß es sich beim Kopf der Bande um einen hohen türkischen Zollbeamten handelte. Ein großer Teil des Heroins wurde bei einem in Berlin lebenden Türken sichergestellt; es hatte einen Marktwert von rund elf Millionen Mark. Bei seiner Festnahme versuchte der Mann eine Pistole zu ziehen. Er lebt seit vielen Jahren in Berlin, und hatte einen „verfestigten Aufenthaltsstatus", wie es im Amtsdeutsch heißt. Neben dem „Berliner" Türken wurden bei der Zerschlagung dieses Ringes auch türkische Dealer in Salzburg sowie in Antwerpen und Brüssel verhaftet.

Die Szene stellt sich in anderen Ländern Westeuropas nicht anders dar, so wurden vom französischen Zoll bei der Kontrolle eines türkischen Lastwagens, 22 Kilogramm Heroin entdeckt, die unter einer Ladung von 16 Tonnen Ziegenfellen versteckt gewesen waren.

Die Mailänder Polizei konnte eine Ladung von 50 kg Heroin feststellen, das aus der Türkei eingeschmuggelt worden war; vierzehn Tage vorher waren am Comer See schon drei Türken verhaftet worden, die 70 kg Heroin bei sich hatten.

Die Rauschgiftkriminalität hat sich längst wie Mehltau über die westeuropäischen Staaten gelegt. Ausgangspunkt ist fast immer der Nahe Osten, meist die Türkei oder der Libanon.

Zur Beteiligung von Türken an Rauschgiftdelikten stellt der Rauschgift-Jahresbericht 1990 des Bundeskriminalamtes fest: „Die größte Gruppe der nichtdeutschen Tatverdächtigen stellen die Türken. Sie machen 31,7 Prozent der ausländischen Tatverdächtigen aus, nachdem sie den höchsten relativen Zuwachs (38 Prozent) zu verzeichnen haben. Türkische Täter sind die dominierende Ausländergruppe sowohl in Verbindung mit Heroin als auch mit Kokain (!) und Cannabisprodukten."

Die Folgen sind verheerend: In seiner alljährlichen „Rauschgiftbilanz" mußte der Bundesinnenminister feststellen, daß es 1990 1478 Rauschgifttote gegeben hat, 50 Prozent mehr als im Jahr zuvor. Die Zahl der Rauschgiftsüchtigen, die erstmals zu harten Drogen gegriffen haben, ist 1990 auf 10 013 Personen gestiegen. Kommentar des zuständigen Ministers: „Die für das Jahr 1990 festgestellten Daten und Fakten im Rauschgiftbereich bestätigen, daß für die Bundesrepublik Deutschland die Situation auf dem Rauschgiftsektor sich weiter verschärft und die Bedrohung durch illegale Drogen zugenommen hat."

Offene Grenzen

Als im Sommer 1989 in dem luxemburgischen Städtchen Schengen ein Regierungsabkommen über offene Grenzen vereinbart wurde, da hatten alle Beteiligten nur das Beste im Sinn, wie immer. Frankreich, die Bundesrepublik, Belgien, die Niederlande, Luxemburg und Italien wollten schon vor Verwirklichung des Binnenmarktes (1993) die Schlagbäume abschaffen. Das mit dem „Schengener Abkommen" vereinbarte Fallen der Binnengrenzen sollte quasi als Probelauf für den großen, grenzenlosen europäischen Binnenmarkt dienen.

Was die Politiker zu wenig bedacht hatten, war, daß die Kriminalität in Europa bald ebenfalls grenzenlos sein wird. Heute, da es noch Grenzen zwischen den europäischen Staaten gibt, werden 60 Prozent der in der Bundesrepublik mit Haftbefehl Gesuchten an der Grenze gefaßt. Solche Erfolge werden bald nicht mehr möglich sein, denn nach dem „Schengener Abkommen" wird es an den europäischen Binnengrenzen keine Kontrollen mehr geben. Das international organisierte Verbrechen hat sich – wie immer den Behörden einen Schritt voraus – längst auf die neue Situation eingestellt. Das baden-württembergische Landeskriminalamt hat Erkenntnisse darüber, „daß die großen kriminellen Organisationen ihre Operationsgebiete schon an die europäischen Binnengrenzen verlegen".[8]

Die internationalen Rauschgiftkartelle beginnen bereits in Europa zu investieren, denn der Transport *in* Europa wird nach dem Wegfall der Grenzen immer leichter, ja fast risikolos werden. Eine „Schwemme" an

Rauschgift sei in Europa zu befürchten, prophezeit der Leiter des baden-württembergischen Landeskriminalamtes. Ein weiteres Problem: Zunehmend drängen synthetische Drogen, die in Europa selbst hergestellt werden, auf den Markt. Ohne Kontrollen an den Grenzen können sie künftig praktisch risikolos von Land zu Land verschoben werden. Inzwischen kommen in verstärkten Umfang synthetische Drogen auch aus Polen; nicht zuletzt auf Drängen der Deutschen haben die Unterzeichnerstaaten des Schengener Abkommens inzwischen den Visa-Zwang für Polen aufgehoben und damit ein weiteres Schlupfloch für Drogenkriminelle geöffnet.

Zwar sieht das Schengener Abkommen vor, daß „die Außengrenzen der Gemeinschaft stärker gesichert werden" müssen. Aber davon ist zur Zeit noch nichts zu sehen. Der nach Europa drängende Flüchtlingsstrom, wie auch die Zunahme des international organisierten Verbrechens werden die Probleme so verschärfen, daß eine massive Abschottung Europas unumgänglich werden wird, früher oder später, aber es wird kommen. Wer künftig mehr Freizügigkeit in Europa will, wird nicht daran vorbeikommen, seine Außengrenzen Europas besser zu sichern.

„Jetzt fahren sie das Zeug schon mit Bussen über die Grenze", wunderte sich ein Zollbeamter an der Straßburger Europabrücke, nachdem es ihm und seinen Kollegen gelungen war, im Linienbus Spanien-Frankreich-Bundesrepublik fünf Nordafrikaner zu schnappen, die eine ansehnliche Menge Rauschgifts bei sich hatten.

Mehr und mehr nutzen inzwischen auch illegale Einwanderer dieses Schlupfloch. So wurde an der deutsch-französischen Grenze festgestellt, daß in größerer Zahl Angolaner mit gefälschten portugiesischen EG-Pässen ankommen. Andere Schwarzafrikaner versuchen es via Großbritannien, denn die britischen Personalausweise sind ohne weiteres auf den Postämtern zu bekommen und besonders leicht zu fälschen.[9]

Solche Erfolge werden die Behörden künftig nicht mehr verbuchen können, jedenfalls nicht an den europäischen Binnengrenzen. Den deutsch-französischen Grenzübergang Weil am Rhein beispielsweise passieren im Jahr 150 Millionen Reisende. Man kann sich leicht vorstellen, was allein an diesem einen „Grenz"Übergang künftig los sein wird. Binnengrenzen offen, Außengrenzen ungesichert, das ist die Situation, auf die sich Europa in den nächsten Jahren einstellen muß.

So wird in naher Zukunft wohl das eintreten, was Polizeiexperten schon seit längerem prophezeien, etwa der Vizepräsident des Bundeskriminalamtes: „Das international organisierte Verbrechen wird mehr und mehr zu einer Bedrohung für unsere Gesellschaft."

Läßt man die eben geschilderten Probleme, vor allem die einzelnen Fälle, auf sich einwirken, so könnte leicht der Eindruck entstehen, bei den hier lebenden Ausländern handelte es sich um lauter Kriminelle. Das ist natürlich Unsinn. Kriminelle gibt es unter Deutschen genauso wie unter Ausländern. Die Frage ist nur: wieviele, prozentual gesehen? Von den etwa fünf Millionen Ausländern, die bei uns leben, wurden 1989 sieben, vielleicht auch zehn Prozent einer kriminellen Handlung verdächtigt. Allerdings in einem einzigen Jahr. Vergleicht man diese Werte mit den entsprechenden der deutschen Bevölkerung, so kommt man nicht umhin, festzustellen, daß die Kriminalität unter Ausländern unverhältnismäßig hoch ist: viermal so hoch ist wie unter den Deutschen. Und noch etwas darf nicht übersehen werden: sie steigt von Jahr zu Jahr an.

Die oben geschilderten Delikte, insbesondere die Rauschgiftdelikte mögen extrem erscheinen, nur: es handelt sich beileibe nicht um ausgesuchte Einzelfälle. Um beim Rauschgift zu bleiben: im Jahr 1989 wurden 16 138 Rauschgiftdelikte von Ausländern begangen, eine Zahl, welche die Größe des Problems schon erkennen läßt. Bei den Diebstahlsfällen gingen 121 884 auf das Konto von Ausländern, bei schwerer und leichter Körperverletzung waren es 37 036 Fälle, und dies alles in einem einzigen Jahr.

Gegen die Kriminalstatistik wird immer wieder der Einwand erhoben, sie berücksichtige nicht die besondere Situation der Ausländer, übersehe ihre zum Teil trostlosen Lebens-, Arbeits- und Wohnverhältnisse, vor allem in den Großstädten, wo eine „Generation der Hoffnungslosen“ heranwachse. Diese Einwände sind richtig, nur: was ändern sie an den Tatsachen? Wie die Welt nun einmal ist, läßt sich an den teilweise tristen Lebensverhältnissen der Ausländer wenig oder gar nichts ändern. Der Staat ist – schon allein finanziell – überfordert: Er kann nicht jedem Ausländer eine gesunde und dazu noch billige Wohnung verschaffen, er kann ihnen auch nicht sichere, gut bezahlte Arbeitsplätze garantieren, und er kann ihnen auch keine positive Lebensperspektive verheißen. Das ist nicht nur bei uns so, sondern in den meisten europäischen Ländern, die alle ihre Probleme mit den vielen, zu vielen Immigranten haben. Arbeitsplatz, Wohnung, eine günstige Lebensperspektive, das sind im übrigen Wohltaten, die unser Staat auch vielen seiner eigenen Bürger nicht versprechen kann.

Es gehört zu den sicher besseren Eigenschaften der Deutschen, für alles und jedes eine Erklärung haben zu wollen. Nur: Analysen und Erklärungen bringen einen auch nicht sehr weit, wenn man die Probleme selbst nicht lösen kann. Offensichtlich sind wir nicht in der Lage, das Problem der vergleichsweise extrem hohen Ausländerkriminalität zu lösen. Ganz im Gegenteil: die Situation wird immer bedrückender, die Zahl der ausländischen Tatverdächtigen steigt von Jahr zu Jahr, wie die Statistiken belegen. Dieser Trend wird sich voraussichtlich nicht nur fortsetzen, sondern sogar noch verstärken. Die erschreckend hohe Kriminalitätsrate unter jugendlichen Ausländern ist ein Indiz dafür.

Die Frage stellte sich: wollen wir dies hinnehmen, wollen wir in einigen Jahren in unseren Großstädten Verhältnisse haben, wie sie heute in New York, Detroit oder Los Angeles herrschen? Oder wollen wir das nicht? Diese Frage wird in der Ausländerdiskussion ausgeklammert, ja allein schon das Aufzeigen von Fällen wird als Ausländerfeindlichkeit gebrandmarkt. Wir werden aber nicht daran vorbeikommen, uns damit auseinanderzusetzen.

An anderer Stelle (siehe Kapitel I) wird ausführlicher auf das Phänomen der ausländischen Jugendbanden eingegangen. Erklärungen für das aggressive, kriminelle Auftreten dieser Jugendlichen gibt es mehr als genug, auch viele gutgemeinte, ja idealistische Konzepte, wie man dieser besonderen Form der Kriminalität begegnen könnte. Alles in Ordnung. Doch wie ist die Wirklichkeit? In Berlin beispielsweise hatten sich türkische Straßengangs darauf spezialisiert, ältere Frauen auszurauben, wenn diese ihre Rente von der Post holten. Für diese Jugendlichen, die manchmal mit äußerster Brutalität vorgingen, wurden intelligente (und teure) Re-Sozialisierungsprogramme eingerichtet. Auch das ist in Ordnung. Aber kam jemand auf die Idee, sich um die Opfer zu kümmern? Hat jemand auch nur einen Gedanken an die Opfer verschwendet? Hat es je ein Programm oder eine Therapie gegeben, die diese hilflosen, alten Frauen über den Schock hinweghelfen könnte, den sie durch diese brutalen Überfälle erlitten haben?

Zum Schluß eine Feststellung des eingangs dieses Kapitels zitierten Hamburger Polizeiexperten: „Türkische Mitarbeiter der Hamburger Polizei betonen immer wieder, daß viele ihrer Landsleute mit der Liberalität und dem Langmut der Polizei nur wenig anfangen können, ja ‚sie sogar Mitleid mit der deutschen Polizei hätten'. Besonders junge ausländische Tatverdächtige stellen bald fest, daß die strafrechtliche Sanktionierung auch nicht annähernd ihren Erwartungen entspricht und fühlen sich unter Umständen ermuntert, ihre kriminelle Karriere fortzusetzen."[10]

In Berlin hat die Jugendkriminalität derart zugenommen, daß es mindestens ein halbes Jahr dauert, bis die ertappten Täter dem Richter vorgeführt werden. Die Staatsanwaltschaften schieben 10 000 unerledigte Fälle vor sich her. Der Leiter der Arbeitsgruppe Jugendkriminalität stellte resignierend fest: „Die Schuldigen werden meist sofort entlassen. Dann haben sie überhaupt keinen Respekt mehr vor dem Staat und machen gerade weiter."

Und ein weiteres Zitat, es stammt von den früheren Präsidenten des Bundeskriminalamtes, Boge: „Langfristig können sich auch bei uns vergleichbare Strukturen der organisierten Kriminalität wie in anderen Staaten entwickeln. Kritisch dabei ist weniger der dann vermutete Anstieg der Kriminalität, als vielmehr die Entwicklung von Parallelgesellschaften, d. h. von Macht- und Einflußstrukturen, die nicht mehr der staatlichen Kontrolle unterliegen. Die Entwicklung in einigen Staaten der Dritten Welt, aber auch der Kampf gegen die organisierte Kriminalität in Italien und den USA belegen augenfällig, daß unter den Rahmenbedingungen eines rechtsstaatlichen Systems wenig Chancen bestehen, eine hochentwickelte kriminelle Parallelgesellschaft auf Dauer wirksam zurückzudrängen."[11]

VI. Den Dschihad nach Europa tragen!

Anmerkungen zum Nah-Ost-Terrorismus

Die Libanon-Connection

Der junge Mann aus dem Libanon kam 1976 über Westberlin in die Bundesrepublik. Sofort stellte er einen Antrag auf Asyl. Die Bearbeitung seines Antrags dauert drei Jahre. 1979 wird der Antrag abgelehnt. Die Abschiebung muß aber ausgesetzt werden, weil der junge Libanese Rechtsmittel einlegt. Er lebt von Sozialhilfe. 1980 heiratet er eine 14 Jahre ältere Deutsche. Das verschafft ihm eine Aufenthaltserlaubnis für zunächst drei Jahre. 1984 erhält er dank seiner deutschen Frau die deutsche Staatsbürgerschaft. Seine libanesische behält er bei. Er lebt jetzt in einer kleinen Stadt im Saarland.

Im Juni 1985 wird auf dem Flug von Athen nach Rom eine Boeing entführt. Auf dem neuen Kurs nach Beirut ermorden die Entführer einen Passagier, einen 23jährigen Amerikaner, dessen Leichnam sie nach der Landung auf die Rollbahn werfen. Die Maschine startet weiter nach Tripolis. Dort verliert sich die Spur der Entführer. Man weiß aber: es handelt sich um Araber, wahrscheinlich Libanesen.

1986 heiratet der Libanese mit deutschem Paß ein zweitesmal, diesesmal eine junge Landsmännin, die mit ihrer Familie ebenfalls im Saarland lebt. Mit der Deutschen ist er zu der Zeit noch verheiratet, er hat damit keine Probleme: der Koran gestattet ihm zwei Ehefrauen.

Am 13. Januar 1987 wird bei der Einreise nach Deutschland der Libanese Mohamed Ali Hamadi auf dem Flughafen Frankfurt festgenommen. Er reist mit einem falschen Paß. In seinem Gepäck werden vier Flaschen Methylnitrat gefunden, ein hochbrisanter Sprengstoff. Die Polizei vermutet in ihm einen der Entführer der Boeing von Juni 1985.

Vier Tage nach der Festnahme des Mohamed Hamadi wird in Beirut der Deutsche Rudolf Cordes entführt, drei Tage darauf der ebenfalls im Libanon tätige Alfred Schmidt. Am 24. Januar droht die islamische Organisation „Hisballah", die „Partei Gottes", mit dem Tod der beiden Deutschen, falls der in Frankfurt festgenommene Mohamed Hamadi wegen der Flugzeugentführung im Juni 1985 an die Amerikaner ausgeliefert werden sollte.

Am 26. Januar wird bei der Einreise nach Deutschland, wiederum auf dem Flughafen Frankfurt, der Deutsch-Libanese Abbas Hamadi festgenommen. Es ist jener junge Mann, der 1976 als Asylbewerber in die

Bundesrepublik gekommen war und inzwischen die deutsche Staatsbürgerschaft besitzt. Ihm wird vorgeworfen, die Entführung der beiden Deutschen im Libanon organisiert zu haben, um seinen Bruder freizupressen. In der Nähe seiner Wohnung im Saarland entdeckt die Polizei ein Sprengstoffdepot, das Abbas Hamadi angelegt hat. Es enthält das gleiche Methylnitrat, das man bei seinem Bruder Mohammed Hamadi sichergestellt hatte.

Im April 1988 wird Abbas Hamadi, geboren im Libanon, genaues Alter unbekannt, seit 1984 deutscher Staatsangehöriger, zu einer Freiheitsstrafe von 13 Jahren verurteilt. Die Richter halten ihn der Beteiligung an der Geiselnahme im Libanon für überführt. Sein Bruder, der Libanese Mohammed Hamadi erhält wegen Mordes, Geiselnahme und Flugzeugentführung Lebenslänglich.

Hinter den beiden Hamadi-Brüdern stand die libanesische „Hisballah", eine Vereinigung radikaler libanesischer Schiiten, die vom Iran aus gesteuert und finanziert wird. Ihr Ziel: im Libanon eine „Islamische Republik" nach dem Vorbild des Iran zu errichten. Ihre Hauptfeinde hatte ihnen noch der Ayatollah Chomeini gezeigt und vorgegeben: „Den großen Satan USA" und das „zionistische Gebilde Israel". Sicherheitschef der Hisballah ist ein Mann namens Mahdi Hamadi; es ist der ältere Bruder der beiden in Deutschland verurteilten Hamadis.

Im Mai 1991 werden im Libanon erneut zwei Deutsche entführt, zwei Mitarbeiter einer Hilfsorganisation. Hinter der Entführung vermuten die Sicherheitsbehörden den Hamadi-Clan, der damit die beiden in Deutschland einsitzenden Hamadi-Brüder freipressen will.

Auf einer Tagung des Bundeskriminalamtes stellte der langjährige Polizeipräsident von München, Dr. Manfred Schreiber, fest: „Neben anderen westeuropäischen Staaten bietet insbesondere die Bundesrepublik Deutschland mit ihren verfassungsrechtlich garantierten Freiräumen, ihrer freiheitlichen demokratischen Grundordnung und ihren sozialen Errungenschaften sowie ihren weitgehend offenen Grenzen zu den Nachbarn einen geeigneten Nährboden, eine ideale Basis für terroristische Aktionen."[1]

Der Verfassungsschutzbericht der Bundesregierung von 1989 vermerkt, daß knapp 100 000 Ausländer Mitglieder von extremistischen Organisationen sind. Eine erschreckend hohe Zahl, verglichen mit den den knapp 5 Millionen Ausländern, die hier leben. Im Vergleich mit dieser Menge handelt es sich bei den deutschen Extremisten, sowohl von rechts als auch von links, um verschwindend kleine Gruppen.

Läßt man die irische Untergrundorganisation IRA einmal außer acht, so liegen die Wurzeln des Ausländerterrorismus hauptsächlich im islamischen Raum, im Nahen Osten. Unter den in der Bundesrepublik lebenden Extremisten stellen Türken die stärkste Gruppe (29 350 Mitglieder), gefolgt von Arabern (3650), Iranern (3250) und schließlich Kurden (2950).[2]

Organisiert sind diese Ausländer in 25 Gruppen, die der deutsche Verfassungsschutz alle als extremistisch einstuft. Typisch für den nahöstlichen Terrorismus ist, daß häufig innerhalb einer Volksgruppe völlig gegensätzliche Positionen vertreten werden, so gibt es beispielsweise unter den Iranern auf der einen Seite die „Union islamischer Studentenvereine in Europa", die das Mullah-Regime unterstützt, und auf der anderen Seite die „Iranische Moslemische Studentenvereinigung", die in scharfer Opposition zum jetzigen Regime steht. Diese Liste ließe sich beliebig fortsetzen, bei den Türken etwa auf der einen Seite die rechtsextremen „Grauen Wölfe" und auf der anderen Seite die linksextremistische „Avrupa da Dev Genc", die sich durch eine besondere Gewaltbereitschaft auszeichnet.

Sieht man von den spektakulären Vorgängen, wie Flugzeugentführungen, Sprengstoffanschlägen und Fememorden, einmal ab, so merken die Deutschen von diesen Gruppierungen und ihren Auseinandersetzungen nur wenig, fast nichts. Die Feindseligkeiten der extremistischen Ausländergruppen richten sich in erster Linie gegen Landsleute, die andere Positionen vertreten, nicht gegen das Gastland.

Wenn es zu Gewaltakten kommt, von denen Einheimische betroffen werden, so kommen die Täter fast immer aus dem Ausland. Sie reisen an, leben aber nicht hier, finden jedoch häufig bei hier ansässigen Landsleuten Unterstützung. Der Fall der Hamadi-Brüder zeigt das klassische Muster: das Zusammenspiel zwischen nahöstlichen Terrorkommandos und hier lebenden „Unterstützern", bei denen es sich oft um Asylanten handelt. Wichtig für den Erfolg der Kommandos auch „die Unterstützung, wenn nicht gar Steuerung der Aktion durch nahöstliche staatliche Stellen" (Manfred Schreiber).[3] Die deutschen Behörden können diesen Terroristen nur schwer, wenn überhaupt auf die Spur kommen, da sie mit falscher Identität, aber echten Papieren einreisen. Sind diese Terrorkommandos erst einmal hier, sind sie schwer auszumachen, denn „ständige Beobachtung eines Ausländers (ist) nicht möglich" (Manfred Schreiber).

Die spektakulärsten Terroranschläge werden im Nahen Osten geplant und dort auch vorbereitet, meistens im Libanon. Im Grunde handelt es sich immer um Auseinandersetzungen mit Israel, die aber nicht direkt ausgetragen werden, weil dieser Gegner nur schwer zu treffen ist. Statt dessen richtet sich der Terror gegen die Verbündeten Israels. Seit Jahren wird der Westen, vor allem Europa von Terroranschlägen aus dem Nahen Osten bedroht. Am empfindlichsten wird der internationale Flugverkehr getroffen, dessen Sicherung inzwischen einen geradezu grotesken Aufwand erfordert.

Die islamischen Terroristen haben einerseits ihre Basis in Ländern des Nahen Ostens, wo sie mehr oder minder offen von den Regierungen geschützt werden, wie im Iran, in Syrien und vor allen im Libanon, aber auch im Libyen Gaddafis, das sich immer wieder als letzte Zuflucht für bedrängte Terroristen angeboten hat. Andererseits verfügen sie über ein Netz festgefügter Zellen überall in Europa, auf das sie jederzeit zurückgreifen können und das ihnen jederzeit Unterstützung angedeihen lassen kann. Diese Zellen werden von Landsleuten gebildet, die meist schon länger in Europa leben, manchmal auch die Staatsbürgerschaft des Gastlandes haben, wie im oben geschilderten Fall des gebürtigen Libanesen Abbas Hamadi.

Wie ungeniert die Rückendeckung durch die Nahost-Staaten ist, macht ein Aufruf des iranischen Parlamentspräsidenten Rafsandschani vom Mai 1989 deutlich. Wie die iranische Nachrichtenagentur Irna berichtete, hat Rafsandschani die Palästinenser dazu aufgerufen, weltweit Amerikaner und Angehörige anderer westlicher Staaten zu töten, Flugzeuge zu entführen und Fabriken in die Luft zu sprengen. Wörtlich sagte Rafsandschani: „Es ist nicht schwer, Amerikaner oder Franzosen zu töten, es gibt so viele auf der Welt. Etwas schwieriger ist es, Israelis zu töten ... Diejenigen, die Israel mit zehn Milliarden Dollar im Jahr unterstützen ... ist deren Blut irgend etwas wert?" Ein Aufruf zum Dschihad, zum Heiligen Krieg (siehe Kapitel IX), wie er immer wieder im Islam ertönt, aber dieser Krieg ist alles andere als heilig, er wird aus dem Dunkel heraus geführt und die Opfer sind zumeist Unschuldige. Es ist Terror, nichts weiter, mag er sich bemänteln wie er will.

Wie direkt islamische Regierungen und Terroristen zusammenarbeiten, zeigt der Sprengstoffanschlag auf eine Diskothek in Berlin, am 5. April 1986. Bei diesem Anschlag kamen in der Diskothek „La Belle", die häufig von US-Soldaten besucht wurde, zwei Amerikaner und eine Frau ums Leben. Weitere 230 junge Leute wurden zum Teil schwer verletzt. Vom ersten Tag an gab es Hinweise, daß die Spur nach Ost-Berlin, in die damalige libysche Botschaft führt. Die amerikanische Aufklärung hatte mitbekommen, daß von dort verdächtige Funksprüche in den Nahen Osten gesendet wurden. Was anfangs nur vermutet werden konnte, wurde vier Jahre später zur Gewißheit. Als die westdeutschen Behörden nach dem Zusammenbruch der DDR an Akten der Staatssicherheit herankamen, wurde offensichtlich, daß die Libyer in den Fall verwickelt waren. Bei der Durchsicht der Unterlagen stießen die Ermittlungsbehörden auch auf den mutmaßlichen Attentäter, einen zur Zeit des Anschlags 21 Jahre alten Libanesen. Wie sich jetzt herausstellte, saß er bereits in Westberlin in Haft, aber nicht wegen des Attentats, sondern wegen einer später verübten Vergewaltigung. Nach seiner Entlarvung kündigte er an, daß er nach Verbüßung seiner Strafe politisches Asyl in der Bundesrepublik beantragen werde.

Wie der Fall der Hamadi-Brüder zeigt, haben arabische Terroristen in der Bundesrepublik Anlaufstellen, wo sie unbemerkt von der Polizei unterschlupfen können. Die Einreise ist für gesuchte Ausländer nicht schwierig. Falsche Pässe von solchen Ländern zu bekommen, die offen zum Terror aufrufen, ist kein Problem. Kontaktpersonen in der Bundesrepublik können Asylbewerber sein, oder auch Gastarbeiter, selbst Studenten. Dies gilt besonders für palästinensische Terrorgruppen. In der Bundesrepublik leben 88 000 Palästinenser, die allermeisten als Asylanten und Flüchtlinge.

Kampf für ein freies Kurdistan

Während sich der Terror der Araber zumeist direkt gegen westliche Länder richtet, bedroht die auffälligste ausländische Extremistenorganisation, die PPK, die marxistische „Arbeiterpartei Kurdistans" in erster Linie hier lebende Ausländer, vor allem Türken. Die Kurden sind ein über vier Länder versprengtes Volk. Einzelne Gruppen leben im Irak, im Iran, in Syrien und vor allem in der Türkei. Mit unterschiedlicher Intensität kämpfen sie seit den zwanziger Jahren für ein „befreites Kurdistan", für einen unabhängigen Staat, in dem alle Kurden vereint sind. Über acht südostanatolische Provinzen hat deshalb die türkische Regierung den Ausnahmezustand verhängt. Kurden, soweit sie sich im Freiheitskampf engagieren, werden verfolgt, auch gefoltert, und deshalb bei uns als Asylanten anerkannt. Hier aber, im Gastland, setzen sie ihren Kampf fort. Inzwischen laufen in der Bundesrepublik zahlreiche Ermittlungsverfahren gegen Kurden wegen Mitgliedschaft in einer terroristischen Vereinigung nach § 129 a des Strafgesetzbuches. Am spektakulärsten ist ein Mammutprozeß vor dem 5. Strafsenat des Oberlandesgerichts Düsseldorf. Hier wird seit Ende 1989 gegen 18 Kurden verhandelt, Männer und Frauen, die als Mitglieder der marxistisch-leninistischen Arbeiterpartei Kurdistans angeklagt sind, eine „terroristische Vereinigung gebildet zu haben“, und ihre „äußeren und inneren Feinde bis hin zur physischen Vernichtung“ verfolgt zu haben. Aus Furcht vor Anschlägen kurdischer Terroristen mußte das Gerichtsgebäude in Düsseldorf mit einem grotesken Aufwand zu einer sicheren Festung umgebaut werden. Der Prozeß läßt sich dennoch kaum in geordneter Weise führen. Als größtes Hindernis haben sich trotz dreier Übersetzer die Sprachschwierigkeiten in diesem teuersten Gerichtssaal der Republik erwiesen. Die kurdische PKK hat in der Bundesrepublik knapp 3000 Mitglieder, bekommt aber bei Demonstrationen oder Veranstaltungen bis zu 9000 Anhänger auf die Beine. Es ist „eine straff organisierte und konspirativ arbeitende Organisation“, wie das Bundesamt für Verfassungsschutz feststellt. Politische Aktivitäten und Verbrechen mischen sich: so gilt die PPK auch als „besonders unverfrorene Schleuserorganisation“ (Der „Spiegel“).[4] Der Freiheitskampf wird unter anderem durch Rauschgifthandel in der Bundesrepublik finanziert. Gesteuert wird die Organisation von einem Zentralkomitee, das seinen Sitz in Damaskus hat. Die Anhänger der PKK zeichnen sich durch eine besondere Militanz aus. Immer wieder werden deutsche Einrichtungen angegriffen oder besetzt, etwa die Parteizentrale der Berliner SPD, oder – im Ausland Lufthansa-Büros, oder deutsche Konsulate und Botschaften. Obwohl das Verhalten dieser kurdischen Asylanten eindeutig gegen das Ausländerrecht verstößt, sehen die deutschen Behörden von einer Ausweisung in größerem Stil ab, teils um nicht noch mehr und aggressivere Aktionen zu provozieren, teils weil ihnen rechtlich die Hände gebunden sind, siehe Kapitel II.

Seit Ende des Golfkrieges läuft für die Kurdenflüchtlinge aus dem Irak ein großes Hilfsprogramm. Die Deutschen haben sich daran mit 500 Millionen Mark beteiligt.

Im Sommer 1991 überfallen kurdische Freischärler im Osten der Türkei eine deutsche Reisegruppe und verschleppen zehn deutsche Touristen. Kurz darauf bestätigt sich der Verdacht, daß hinter den Entführern die PKK steckt, die auch in der Bundesrepublik organisierte „Arbeiterpartei Kurdistans“. Anfang August gibt einer der Angeklagten im Düsseldorfer Kurdenprozeß, ein Mann namens Ali Sapan, in seiner Eigenschaft als Sprecher der „Nationalen Befreiungsfront Kurdistans (ERNK)“ in Bonn eine Pressekonferenz. Er bestätigt, daß Kurden hinter der Entführung stecken, versichert aber, daß die zehn Deutschen bald freigelassen werden. Die ERNK ist nach Erkenntnissen der deutschen Sicherheitsbehörden eine Teilorganisation der terroristischen Arbeiterpartei Kurdistans (PKK). Wenige Tage später werden die verschleppten Deutschen wirklich freigelassen.

Durch terroristische Aktionen von hier lebenden Ausländern kommt einiges zusammen. Die Entführung der beiden Deutschen im Libanon, in der die eingangs erwähnten Hamadi-Brüder verwickelt waren, hatte seinerzeit die Bundesregierung wochenlang beschäftigt. Andere Aktivitäten bedürfen einer ständigen, aufwendigen Beobachtung durch die Sicherheitsorgane. Auszutrocknen ist dieser Sumpf nicht, dafür leben zuviele Ausländer aus dem Nahen Osten in der Bundesrepublik: Palästinenser, Libanesen, Iraner, Kurden und so weiter.

Auch wenn das Bundesamt für Verfassungsschutz feststellt, daß „terroristische Aktivitäten schiitischer und palästinensischer Extremisten die Sicherheitsinteressen der Bundesrepublik Deutschland erheblich“ beeinträchtigen, ist der Ausländerterrorismus eher eine Randerscheinung. Die großen Ausländerprobleme sind von ganz anderer Art. Allerdings gibt es immer Fälle, die zeigen, wie alles zusammenhängt. So etwa der Fall des Abbas Hamadi. Was wird aus ihm werden, wenn er seine Strafe abgesessen hat? Eine Abschiebung ist nicht möglich, da er die deutsche Staatsbürgerschaft besitzt. Einen Beruf hat er nicht gelernt. Ob er je seinen Lebensunterhalt wird verdienen können, ist fraglich. Wird es also nicht es darauf hinauslaufen, daß er dann zwanzig, dreißig, oder auch vierzig Jahre von Sozialhilfe leben wird, und seine Familie natürlich auch?

Im Falle des Abbas Hamadi war die Einbürgerung noch schwierig. Dank des neuen Ausländergesetzes, das sich dem Prinzip der Integration verpflichtet sieht, ist für Ausländer die deutsche Staatsbürgerschaft relativ leicht zu erlangen (siehe auch Kapitel IV).

VII. Jeder gegen jeden und alle für Allah

Anmerkungen zu den Arabern

Wahn und Wirklichkeit

Befaßt man sich näher mit dem Nahen Osten, vor allem über einen längeren Zeitraum, so drängt sich immer stärker der Eindruck eines totalen Chaos auf. Anstatt die Region mit der Zeit zu verstehen, werden die Irritationen immer größer. Man beobachtet: Unter den Ländern des Orients herrscht ununterbrochen Streit, aber nicht nur das, auch die Fronten wechseln ständig. Jeder scheint den Dolch im Gewande zu tragen, und bei einer passenden Gelegenheit auch zu zücken. Hinzu kommt: Politische Auseinandersetzungen werden in der arabischen Welt mit einer Unduldsamkeit und einem Fanatismus geführt, wie man es – vom Balkan abgesehen – in Europa spätestens seit den dreißiger Jahren nicht mehr kennt. Jeder politischen Handlung haftet etwas seltsam Irrationales an, so daß arabische Politik dem Europäer faktisch unverständlich bleibt. Längst vergangene Ereignisse vermischen sich immer wieder mit Problemen von heute.

Bestimmt wird das Denken und Handeln der Araber vor allem aber von einer fixen Idee: hinter all dem Mißgeschick, das ihnen widerfährt, steckt eine große Verschwörung, die den Streit, den sie untereinander haben, von außen schürt. Sie sind fest überzeugt: Gäbe es diese Verschwörung nicht, so wäre die ersehnte Einheit aller Moslems längst wieder hergestellt. Jeder, außer den Arabern weiß, daß es eine solche Verschwörung in Wirklichkeit nicht gibt. Es handelt sich um nichts weiter als eine kollektive Einbildung. Sie hilft den Arabern allerdings ungemein, denn für alles Übel und für alle Schmach sind immer andere, nicht aber sie selbst verantwortlich. Daß die Ursachen der eigenen Ohnmacht weder in einer westlichen Konspiration, noch in den Kreuzzügen, noch im Kolonialismus liegen, ja nicht einmal in der Existenz des Staates Israel ihre Ursache haben, das einzusehen, ist für die meisten Araber ein Ding der Unmöglichkeit.

Die Bereitschaft zum Selbstbetrug, zum Verbiegen der Wirklichkeit ist in der arabischen Welt weit verbreitet. So war der Golfkrieg noch nicht vorbei, da wußte man in den Cafés von Algier und Amman, von Damaskus und Kairo, von Marrakesch und Bagdad längst über die Hintergründe Bescheid: in Wahrheit hätten nicht die Alliierten, sondern die Garden Saddam Husseins gesiegt, denn über Wochen konnten sie die Nichtgläubigen aufhalten und den Feind damit zum Frieden und zum Abzug zwingen. Israel sei zwar nicht geschlagen, aber das komme schon noch, Konstantinopel hätten die Moslems schließlich auch nicht an einem Tag erobert. Wahrscheinlich wäre der Rückzug der Iraker aus Kuweit eine List, man werde schon noch sehen, vor allem, wenn Saddam seine Geheimwaffen einsetze, und schließlich: sind die Ungläubigen nicht längst wieder verschwunden, aus dem Dar al-Islam, dem Haus des Islam?

Solche für uns Europäer abstrus, grotesk anmutenden Vorstellungen machten in den arabischen Ländern nach dem Golfkrieg die Runde und vor allem: jedermann glaubte fest daran. Die wahren Ergebnisse dieses Krieges, die demütigende Niederlage der Iraker, die beinahe vollkommene Zerstörung des Landes, die Vernichtung seines enormen Waffenpotentials, dies alles wird nicht wahrgenommen: Es würde nicht in das Bild passen, das man sich von der Welt macht.

In den Basaren und Souks wird immer wieder die Einheit der Araber beschworen, aber sie ist und bleibt eine Utopie, sosehr sie auch fanatisierte Massen herbeizubrüllen suchen. Die Wirklichkeit sieht anders aus: Statt der Einheit herrscht ein ständiger Streit in der arabischen Welt. Konflikte gibt es zwischen den Syrern und den Irakern, dann zwischen den Irakern und den Iranern, auch wenn die Iraner keine Araber, aber immerhin noch Moslems sind, und zwar besonders fanatische. Zwischen diesen beiden reichen Ölstaaten tobte acht Jahre lang ein Krieg, der am Ende keinem einen Vorteil brachte, die Wirtschaft dieser Länder aber ruiniert und ihre Entwicklung um Jahrzehnte zurückgeworfen hat. Natürlich steckte dahinter die Verschwörung des „großen Satans", wie der Ayatollah Chomeini die USA nannte. Streit gibt es auch zwischen Tunesien und Libyen, aber auch zwischen Libyen und dem Tschad, außerdem zwischen Ägypten und Libyen, und so fort. Kuweit und Saudi-Arabien unterstützten den Irak im Krieg gegen den Iran, nachdem der vorbei war, überfiel der Irak Kuweit, und er hätte sicher auch Saudi-Arabien angegriffen, wenn das nicht die internationalen UNO-Truppen verhindert hätten. Wer im Libanon gegen wen stand, blieb für einen Außenstehenden völlig unverständlich. Der frühere amerikanische Außenminister Schultz, machte nach vielen vergeblichen Versuchen, den Libanon zu befrieden, den Vorschlag: am besten wäre es, einen Zaun um das Land zu ziehen, dann könnten sie sich zwar weiter massakrieren, würden aber wenigstens die Welt in Ruhe lassen.

Der Vorschlag war zynisch gemeint, hatte aber einen richtigen Kern: Der Westen sollte sich nach Möglichkeit aus allen Konflikten des Nahen

Ostens heraushalten, denn er kann die Probleme dieser Region doch nicht lösen. Dahinter steckt die Erkenntnis, daß der Westen die arabische Welt im Grunde nicht verstehen kann. Wir haben es mit einer völlig anderen Denkungsweise, auch einer ganz anderen Welt-Sicht zu tun.

In dieser Region ist alles in Fluß. Bündnisse ändern sich fast von Tag zu Tag. Machthaber tauchen auf und verschwinden wieder. Wenn es überhaupt eine Konstante in der arabischen-islamischen Welt gibt, dann diese ständige Veränderung. Was vor dem Ersten Weltkrieg der Balkan war, ist heute der Nahe Osten: ein ewiger Unruheherd, von dem man sich am besten fernhält, denn sonst droht man sich darin zu verlieren.

Der Israeli Dore Gold, vom Jaffee Center for Strategies in Tel Aviv, ist zwar Partei, hat aber nicht unrecht, wenn er urteilt: „Die Instabilität des Nahen Ostens kann nicht überwunden, sie kann aber kontrolliert werden.“[1] Man ist geneigt, hinzuzufügen: „Wie der Golfkrieg zeigte.“ Und Kemal Atatürk, der Begründer der modernen Türkei, wußte als Orientale schon, warum er seinen Nachfolgern dringend ans Herz legte, sich aus allen Händeln im Nahen Osten herauszuhalten.

Diese Region mit ihren fanatisierten Massen ist ein Pulverfaß, sie war es immer. Das Konfliktpotential, das sich aber inzwischen angesammelt hat, ist so gewaltig, daß es sich eines Tages mit einem gewaltigen Knall entladen wird. Es ist gewiß nicht der einzige Unruheherd in der Dritten Welt, aber es ist jener, der Europa am nächsten ist.

Alle Probleme der Araber auf das Problem Israel zurückzuführen, wäre falsch. Israel ist gewiß das Problem im Nahen Osten. Doch sicher ist auch: keines der vielen arabischen Probleme wäre aus der Welt, wenn es den Staat Israel nicht gäbe. In gewisser Weise hat der Judenstaat für die Araber sogar eine positive Funktion. Der Haß auf Israel ist der kleinste gemeinsame Nenner, auf den sich alle arabischen Staaten einigen können. Gefährlich für uns ist, daß dieser Haß über Israel hinausgreift und inzwischen auch auf die westliche Welt gerichtet ist, besonders die USA, ohne deren Unterstützung, Israel längst gefallen wäre, wie die Araber glauben.

Wie nie zuvor hat die europäische Öffentlichkeit sich während des Golfkrieges mit der arabischen Welt beschäftigt. Kein Tag, an dem nicht in Fernseh- oder Hörfunkrunden die Ereignisse am Golf diskutiert wurden. Fast immer waren Araber an diesen Diskussionsrunden beteiligt, als Journalisten oder als Wissenschaftler. Die Art, wie sie diskutierten, war auf eine überraschende Weise irritierend. Man kam an der Feststellung nicht vorbei: Diese Leute, so angenehm und herzlich sie im

Umgang sein mögen, so gastfreundlich sie auch sein können, sie ticken einfach anders als wir. Wenn ein Europäer „a“ sagte, dann meint er auch „a“, ein Araber meint zwar auch „a“ aber gleichzeitig noch „a hoch zwei“. Anders ausgedrückt: Araber und Europäer können nicht richtig miteinander kommunizieren, ähnlich zwei Computern, die nicht kompatibel sind. Wir reden ständig aneinander vorbei. Es geht nicht zusammen, jedenfals nicht in einer politischen Diskussion und schon gar nicht in politischen Gesprächen oder Verhandlungen. Weder ist ein Araber in der Lage, seine Argumente ruhig vorzutragen, noch ist er bereit, Gegenargumente anzuhören, geschweige denn sie abzuwägen, oder gar zu akzeptieren. Seine Rede ist die Rede des ewig Beleidigten, der sich immer im Recht fühlt, nur daß niemand ihn verstehen will. Es ist sicher nicht falsch, die Ursache dieser Rechthaberei im Islam zu suchen. Diese Religion sieht sich ja als letzte, als endgültige Offenbarung. Über ihre Botschaften kann deshalb nicht mehr diskutiert werden und diese Botschaften sind nicht nur aufs Jenseits gerichtet, sondern umfassen alle Bereiche des Lebens, auch die Politik.
Es wäre wirklich vieles gewonnen, wenn der Europäer sich einmal klar machen würde, daß wir die arabisch-islamische Welt letztendlich nicht verstehen können, und: warum sollten wir auch? Läßt man den ganzen Schmus von gutnachbarschaftlichen Beziehungen einmal beiseite, so reduziert sich das Interesse des Westens auf zweierlei: auf die Möglichkeit, zu möglichst günstigen Preisen und in ausreichenden Mengen Öl aus dem Nahen Osten zu beziehen, und auf die Sicherung der Existenz Israels. Der Handel mit den Staaten Nordafrikas und des Nahen Ostens spielt schon keine besondere Rolle mehr, da sein Volumen zu gering ist (siehe Kapitel XIII), ganz abgesehen davon, daß die Araber weit mehr am Export nach Europa interessiert sind als dies umgekehrt der Fall ist.

Also Öl und Israel. Über die Versorgung der Welt mit Öl wird noch an anderer Stelle (siehe Kapitel XII) das Notwendige ausgeführt. Hier und vorab nur dies: Das Interesse der Araber, ihr Öl in den kaufkräftigen Norden zu exportieren, ist mindestens so groß, wie das unsere, von ihnen beliefert zu werden.

Bleibt Israel. Es gibt wohl niemanden, der auch nur ansatzweise eine Lösung des Problems anbieten könnte. Es wird wohl so bleiben, wie es in den vergangenen Jahren war: der Westen, voran die USA, werden mit ihrer wirtschaftlichen Unterstützung und ihrer militärischen Überlegenheit Israel schützen müssen. Sollte es doch irgendwann zu einer Lösung des Problems kommen, um so besser, realistischerweise kann man in dieser Frage aber nicht optimistisch sein. Eher scheinen sich die Probleme zu verschärfen. Die Araber sehen mit großer Sorge die Masseneinwanderung sowjetischer Juden nach Israel (Arnold Hottinger).[2] Diese Besorgnis ist nicht von der Hand zu weisen. Die Araber müssen ähnliche Einwanderungswellen fürchten, wie die von 1920 und 1945, die zur Gründung des jüdischen Staates geführt hatten, und sie müssen damit rechnen, daß Israel weiter expandieren will, vor allem in den schon besetzten Gebieten: im Westjordanland, im Gazastreifen, in den südlichen Sicherheitszonen des Libanon und auf den Golanhöhen.

Die Verhältnisse sind deprimierend. Diese Region hat nicht nur Platz für alle Menschen, die dort leben wollen, sie ist auch von Natur aus so reich, daß sie alle ihre wirtschaftlichen Probleme lösen könnte. Aber die Konflikte sind so kompliziert, daß sie aller Erfahrung nach kaum lösbar sind. Bestes Beispiel der Libanon. Dieser kleine, einst prosperierende, als Schweiz des Nahen Ostens gepriesene Staat, ist längst in völligem Chaos versunken. Die Erklärung Christen gegen Moslems, Palästinenser gegen christlicher Milizien, Israeli als dauernde Störfaktoren, übermächtige Syrer als Besatzungsmacht, ist nicht falsch, trifft das Problem aber längst nicht. Es geht nicht mehr nur um Politik, sondern auch um viel Geld. Der Libanon ist längst zu einem der Hauptlieferanten von Drogen für den europäischen Markt geworden. Rauschgift ist in diesem im Chaos versunkenen Land zu einem der wichtigsten Wirtschaftsfaktoren geworden. Für viele Menschen ist es die wichtigste Einnahmequelle überhaupt, etwa in der Bekaa-Hochebene: Jedes Jahr im Juni/Juli beginnen die Bauern dort mit der Ernte der Cannabis-Pflanzen. Auch die Mohnfelder sind dann reif. Aus der Cannabis-Pflanze wird Haschisch gewonnen, aus dem Saft der Mohnkugeln Opium, das weiter zu Heroin verarbeitet werden kann. Ein Hektar Mohn bringt etwa 30 Kilogramm Opium, und daraus wiederum können drei Kilogramm reines Heroin extrahiert werden. Dem Bauern in der Bekaa-Ebene bringt das Kilo Opium etwa 200 US-Dollar, das ist sehr viel mehr als sie sonst mit ihren Äckern verdienen könnten. Aber diese Bauern sind nur die Kleinverdiener, das große Geld machen die Händler und Exporteure (siehe auch Kapitel V). Insgesamt soll der Drogenhandel im Libanon eine Milliarde US-Dollar im Jahr an Gewinn abwerfen. Wie es heißt, sind in diesem hochprofitablen Geschäft hohe syrische Militärs verwickelt.

Absatzmarkt für die Drogen aus dem Libanon ist in erster Linie Europa. Der Handel läuft hauptsächlich über hier ansässige Libanesen, meistens Asylanten, so daß der Chef der Berliner Drogenfahndung feststellen mußte: „Das Drogengeschäft ist voll in den Händen der Araber."[3]

Die syrische Besatzung im Libanon hat durchaus ihr Gutes. Unter den aufmerksamen Augen der Syrer scheint sich das Land langsam wieder hochzurappeln, freilich um den Preis, vollständig von Syrien abhängig zu sein. Ob der Normalisierungsprozeß anhält, ist schwer zu beurteilen: Unsicherheitsfaktor sind die Palästinenser. Der weitere Weg des Libanon wird davon abhängen, ob es gelingt, die Palästinenser in die Friedensregelung einzubeziehen.

Unter dem Banner des Propheten

Als Folge „einer lang anhaltenden kollektiven Kränkung, die das Selbstwertgefühl von Millionen bis auf den Grund zersetzt",[4] sieht der Schriftsteller Hans Magnus Enzensberger das Dilemma der Araber. Und für den marokkanischen Schriftsteller Tahar Ben Jelloun liegt „der Schlüssel von all dem in der Demütigung der Araber, deren Tiefe und Gewicht Westler schwer abschätzen können".[5]

Ob Kränkung oder Demütigung, sie werden den Arabern immer vom Westen zugefügt, so jedenfalls sehen sie es. Die Auseinandersetzung zwischen dem christlichen Westen und dem islamischen Osten dauert nun bald eineinhalb Jahrtausende, sie begann für den Islam mit grandiosen Erfolgen, und endete mit einer Reihe von demütigenden Niederlagen.

Die Erfolge: beim Tode des Propheten Mohammed, 632 n. Chr. ist erstmals die arabische Halbinsel vereint, in einem Gottesstaat, wie es dem islamischen Ideal entspricht: Politische und religiöse Macht sind zu einer Einheit verschmolzen. Alle Rechtgläubigen leben im Dar al-Islam, im Haus des Islam, das umgeben ist von den Gebieten des Dar al-Harb, dem Haus des Krieges, dem Reich der Ungläubigen, das zu unterwerfen dem Muslim durch den Propheten aufgegeben ist.

Von der arabischen Halbinsel brechen die Reiterscharen unter dem grünen Banner des Propheten zu einem beispiellosen Siegeszug auf. Bald fallen Damaskus und Jerusalem, die Metropolen des christlichen Ostens. 750 n. Chr. erreichen die islamischen Eroberer Spanien im Westen und Indien im Osten. Binnen einer Zeitspanne von nur 80 Jahren errichten die Araber ein Reich, das größer ist, als es das Römische Weltreich je war und zu dessen Eroberung die Römer 800 Jahre gebraucht hatten.

Vom 7. bis ins 10. Jahrhundert n. Chr. erlebt die islamisch-arabische Welt eine unvergleichliche Blüte. Dem christlichen-mittelalterlichen

Abendland ist sie in vielem überlegen, vor allem in Kultur und Wissenschaften. Literarische und philosophische Werke des antiken Griechenland werden nur dank arabischer Übersetzungen gerettet. Araber erfinden die Algebra und entwickeln die Astronomie weiter, sie leisten wichtige Beiträge zur Philosophie und den Naturwissenschaften. Arabische Gelehrte verfassen systematische grammatikalische Werke, Arabisch erreicht eine einmalige Höhe; die europäischen Sprachen erscheinen, verglichen mit der ihm eigenen Klarheit und Logik, geradezu wirr und barbarisch.

Die christlichen Kreuzfahrer, den Vorstoß Europas in den Orient, können die Moslems noch abwehren, aber schon „um 1300 war aller schöpferischer Geist, alles wissenschaftliche Forscherstreben im mohammedanischen Osten fast ausgelöscht", wie der britische Historiker George E. Kirk schreibt.[6]

Die Eroberungen aber gehen bald weiter. Jetzt kommen die Türken, die die Araber als herrschendes Volk in der islamischen Welt abgelöst haben; ursprünglich als Militärsklaven von den arabischen Kalifen geholt, haben diese Reiterstämme aus Zentralasien bald die kultivierten, aber auch degenerierten und kampfesmüden Araber unterworfen. 1353 dringen türkische Reiterscharen erstmals aus Kleinasien nach Europa vor und besetzen Teile des Balkan. Hundert Jahre später, 1453, gelingt die Eroberung von Konstantinopel, der immer noch glanzvollen, aber politisch längst ermatteten und erschöpften Kapitale des Oströmischen Reiches. Zweihundert Jahre später steht erstmals ein türkisches Heer vor Wien, aber da ist die Einheit des Islam schon dahin, und als die Türken 1683 ein zweitesmal Wien belagern, hatte auch das Osmanische Reich seinen Zenit überschritten. Dennoch blieben die Türken noch für lange Zeit eine ständige Bedrohung. Erst allmählich bekam das christliche Abendland die Oberhand: für das Erhabene Osmanische Reich, das allerdings im Innern längst morsch geworden war, reihte sich Niederlage an Niederlage, begann ein langsamer, aber stetiger Abstieg, bis es dann, mitten im Ersten Weltkrieg, ganz zusammenbrach.

Während Europa die Epochen der Renaissance, der Aufklärung, des Humanismus, der technischen Revolution durchlief, verharrte die islamische Welt wie in einer Festung, die nichts in sich eindringen ließ, lebten die Moslems wie eingesperrt in den starren Vorschriften ihres Glaubens, waren sie gefangen in mittelalterlichen Wertvorstellungen.

Die Verschwörung der Christen

Für den Moslem ist dieser scheinbar unaufhaltsame Niedergang ebenso deprimierend wie unverständlich. Muß es auch sein. Wie konnte der einzig wahre Glaube, wie die überlegene Kultur, wie die unvergleichliche Kampfkraft der islamischen Heerscharen dem ungläubigen, dem minderwertigen Westen so total unterliegen?

Für die Moslems kann dies alles nur eine Folge von Betrug sein: hier muß eine gigantische, seit Jahrhunderten währende Verschwörung am Werke sein, welche die Ursache für alle ihre Probleme ist, auch die heutigen.

Der erste große Betrug soll vor achthundert Jahren, am 2. Oktober 1187 stattgefunden haben. Damals mußten die Kreuzritter, die seit 88 Jahren in Jerusalem geherrscht hatten, vor Sultan Saladdin und seinem Heer kapitulieren. Saladdin hatte sich geschworen, unter den Christen das gleiche Blutbad anzurichten, das diese im Jahr 1099 bei der Eroberung Jerusalems unter den Moslems angerichtet hatten. Doch als die Belagerten in ihrer Verzweiflung damit drohten, die heiligen Stätten des Islam zu zerstören, ließ der Sieger Milde walten. Gegen die Zahlung eines Lösegelds sollte den Belagerten ein freier Abzug gewährt werden. Doch statt der erwarteten halben Million Golddinare kamen nur 100 000 herein, die abziehenden Christen hatten die Beamten des Sultans bestochen, so daß die ihnen überhöhte Quittungen ausstellten. Mit diesem perfiden Betrug durch die Christen begann – so die heute noch herrschende Meinung der Araber – die Verschwörung gegen sie. Geradezu absurd, nach europäischen Maßstäben, aber: im Orient vermischt sich eben stets Geschichte mit der Gestaltung der Gegenwart und der Zukunft (Peter Scholl-Latour).

Der zweite große Betrug sollte eine andere Dimension haben als der Abzug der Christen aus Jerusalem, vor allem aber: er sollte den Keim zu den Konflikten legen, die bis heute immer wieder den Orient erschüttern:

Es begann im 19. Jahrhundert, als die europäischen Mächte daran gingen, sich Kolonialreiche aufzubauen, und aus dem siechen Osmanischen Reich ein Stück nach dem anderen herauszureissen. Die Franzosen nahmen sich Algier und Tunesien, die Italiener Libyen und die Engländer holten sich Zypern und Ägypten, sicherten sich Aden an der Südspitze Arabiens und unterwarfen die ganze Südküste, setzten sich sogar am Persischen Golf fest, wo sie 1890 die Bahreininseln in Besitz nahmen. Für die Briten stand immer die Sicherung des Seewegs nach

Indien, ihrer größten und wertvollsten Kolonie, im Vordergrund, besonders, da seit der Fertigstellung des Suezkanals (1869) der Seeverkehr direkt an der arabisch-islamischen Welt vorbeiführte; die Briten trieben eine Orientpolitik, die sich notfalls über alles hinwegsetzte, auch über internationale Absprachen: so besetzten sie 1882 kurzerhand, als es ihnen opportun erschien, die Kanalzone – Macht- und Kolonialpolitik pur.

Gegen Ende des Jahrhunderts – in Europa sprach man nur noch vom „kranken Mann am Bosporus", wenn von der Türkei die Rede war – schlug der englische Premierminister Salesbury dem Deutschen Reich vor, das Osmanische Reich untereinander aufzuteilen. Kaiser Wilhelm reiste 1898 nach Jerusalem, in Damaskus erklärte er sich zum Schutzherrn aller Muslime. Es war seine Art, Politik zu treiben. In England erregte er damit nur Mißmut, zur Aufteilung kam es dann nicht. Die Deutschen bauten immerhin die Bagdadbahn, die bis Basra und sogar Kuweit weitergeführt werden sollte. Das Deutsche Reich meldete auch Interessen an den Erdölgebieten Mesopotamiens an, im heutigen Irak. Alles war immer noch türkisches Territorium, Teil des Osmanischen Reichs, über dessen Aufteilung die europäischen Mächte ganz ungeniert spekulierten. Als der Poker um den Nahen Osten dann richtig begann, saßen die Deutschen zwar mit am Tisch, gewannen aber nichts, denn das große Spiel spielten die Briten.

Der Aufstand der Araber

Anfang des Jahrhunderts kam es in der Türkei zur Revolution der „Jungtürken", jungen Offizieren, die das immer noch große Osmanische Reich, das an Intrigen, Korruption und Unfähigkeit zu ersticken drohte, reformieren und in einen modernen, an Europa orientierten Staat umwandeln wollten. Diese Bestrebungen weckten bei den Arabern Hoffnungen auf mehr Unabhängigkeit. Doch der in Konstantinopel regierende Sultan Abdul Hamid ließ das Haupt der arabischen Unabhängigkeitsbestrebungen, den Haschemitenfürsten Hussein Ibn Ali, festnehmen und am Bosporus ins Gefängnis stecken. Er wollte unter allen Umständen verhindern, daß sich Ibn Ali, ein Nachkomme des Propheten, selbst zum Oberhaupt aller Muslime ausrief. Die Jungtürken befreiten Ibn Ali, ließen ihn heimreisen und vertrauten ihm sogar den Schutz der Heiligen Stätten des Islams an. Ungewollt hatten sie damit den Keim zum Zusammenbruch des Osmanischen Reiches gelegt, das sie eigentlich retten und in eine neue Zeit führen wollten.

Ibn Ali suchte jetzt Verbündete, brauchte vor allem moderne Waffen für seine Beduinen, um den Kampf gegen die Türken aufnehmen zu können. 1914 kommt es zu Kontakten mit Lord Kitchener in Kairo. Kitchener, der den Mahdi-Aufstand im Sudan niedergeschlagen hatte, sagte Hilfe zu, er verspricht den Arabern die Freiheit und läßt durchblicken, selbst das Kalifat für Ibn Ali sei möglich. In Wahrheit war den Briten nicht wohl bei dem Gedanken an einen arabischen Aufstand, einen Dschihad, einen Heiligen Krieg, der leicht den ganzen Orient in Brand hätte setzen können und damit den Seeweg nach Indien in Gefahr bringen mußte. Die Briten treiben deshalb ein doppeltes Spiel: Ein Aufstand der Araber kommt ihnen gelegen, sie befinden sich im Krieg mit Deutschland und das Osmanische Reich ist mit den Deutschen verbündet, es durch Aufstände zu schwächen paßt den Briten gut ins Konzept. Andererseits fordert der Emir sehr viel, Syrien zum Beispiel, auf das Frankreich, der Verbündete der Briten im Ersten Weltkrieg, reflektiert, auch Palästina wollen die Araber, das aber für die Briten zur Sicherung des Seewegs nach Indien unverzichtbar ist. So wird taktiert, so werden den Arabern doppeldeutige Versprechungen gemacht, und vor allem: So werden sie auf das hinterhältigste getäuscht.
Im Sommer 1916 – der Krieg in Europa war noch nicht entschieden, die Allierten mußten fürchten, ihn doch noch zu verlieren – schlug Emir Hussein Ibn Ali endlich mit seinen Beduinen los. Seine Reiterscharen erobern Mekka und belagern die türkische Garnison in Medina.

Beflügelt von diesen Erfolgen läßt Hussein sich zum König der arabischen Länder ausrufen. Aber unversehens verliert der Aufstand an Schwung. Nun tritt der sagenumwobene britische Leutnant Thomas Edward Lawrence auf den Plan, der als „Lawrence von Arabien“ in die Geschichte eingehen soll. Zusammen mit Faisal, einem Sohn Ibn Alis, organisiert er den Unabhängigkeitskampf der Araber neu. Nach einem Gewaltritt über 1400 Meilen nehmen sie im Sturm Akaba, die wichtige Hafenstadt am Roten Meer, Lawrence aber will mehr. Sein Ziel ist Damaskus, die einstige Hauptstadt der Omajjaden, die über ein Reich herrschten, das sich von Spanien bis fast nach China erstreckt hatte. In Palästina vereinigen sich Araber und Briten, es kommt zu einem gemeinsamen Feldzug: Das britische Expeditionskorps kämpft sich entlang der Küste vor, die schnellen arabischen Reiter sichern die Wüstenflanke. Die geschlagenen türkischen Armeen zeigen bald Auflösungserscheinungen. Am 1. Oktober 1918, der europäische Krieg liegt in seinen letzten Zuckungen, stehen die Araber, angeführt von Faisal und Lawrence, vor Damaskus. Das deutsche Expeditionskorps, das den verbündeten Türken zur Hilfe gekommen war, räumt ohne Widerstand die Stadt.

Die Araber fühlen sich als Sieger, dabei gehören sie schon längst zu den Betrogenen: Noch bevor sich ihre Reiterheere im Hedschas in Marsch gesetzt hatten, war die Beute schon verteilt, unter den Briten und Franzosen: Nach der Oktoberrevolution soll aus den zaristischen Geheimarchiven ein Dokument auftauchen, aus dem hervorgeht, wie sich Briten und Franzosen die neue politische Landkarte des Nahen Ostens vorstellen: Das Sykes-Picot-Abkommen aus dem Jahre 1916. Hussein Ibn Ali versucht zu retten, was noch zu retten ist, doch die Briten lassen ihn jetzt hängen. Frankreich bekommt Syrien, England dafür das Gebiet um Mossul, im heutigen Nordirak, wo Erdölquellen entdeckt worden waren. Schließlich überträgt der Völkerbund Frankreich das Mandat über Syrien und den Libanon, England das Mandat über den Irak und Palästina. Die Völker, über deren Kopf hinweg bestimmt worden war, wehren sich. Syrien und Palästina erklären sich für unabhängig und erheben Faisal, den Sohn Ibn Alis und Kampfgefährten Lawrence's, zum König von Damaskus. Die Araber des Irak rufen Faisals Bruder Abdallah zu ihrem König aus. Frankreich will sich die Beute nicht wegnehmen lassen und schlägt zurück: es schickt schwarze Soldaten aus Afrika und kartätscht den Aufstand nieder. König Faisal muß aus Damaskus fliehen. Nun erheben sich auch die Völker an Euphrat und Tigris, in der Einflußszone der Briten. Nach einigen Monaten ist auch dieser Aufstand blutig niedergeschlagen. Abdallah, der König des Irak, wird von den Briten abgesetzt, er muß Platz für Feisal machen. Als Entschädigung erhält er Transjordanien, das deshalb von Palästina abgetrennt wird. Sein Bruder Faisal, der Syrien verloren geben muß, bekommt als Ausgleich jetzt den Irak. So werden die Herrscher Arabiens von den neuen Herren nach Belieben hin- und hergeschoben. Der Vater der beiden, Hussein Ibn Ali, soll später alles verlieren. Ein Wahhabitenfürst namens Ibn Saud verjagt ihn aus Arabien und begründet 1932 das Königreich Saudi-Arabien.

Die Haschemiten, die Nachfolger des Propheten, die den Engländern geholfen hatten, die Türken zu schlagen und das Osmanische Reich zu zerstören, hatten wenig gewonnen und viel verloren: ihre Stammlande auf der arabischen Halbinsel sind weg, entschädigt werden sie mit zwei Kunstgebilden, Transjordanien und dem Irak, die nur von Englands Gnaden existieren können. Die Araber fühlten sich verraten, und wer könnte es ihnen verdenken? Die Engländer mit ihrem perfiden Spiel kamen dennoch überraschend gut weg, ja, ihre Diplomatie agierte so geschickt, daß die düpierten Araber ihnen freundlich gesonnen blieben: waren die Söhne Husseins denn nicht mit zwei Königreichen belohnt worden? Aber was bedeutete das schon im Vergleich mit dem Großislamischen Reich, von dem Hussein Ibn Ali, der Haschemitenfürst aus dem Hedschas, der Nachkomme des Propheten, geträumt hatte?

Das war der zweite große Verrat, er war verhängnisvoll und wirkt bis in unsere Tage nach. Als noch verhängnisvoller sollte sich der Dritte erweisen:

Araber und Juden

Während die Araber noch tapfer und in der Hoffnung auf ein großislamisches Reich an der Seite der Briten fochten, wurden sie erneut und ein zweites Mal hinters Licht geführt. Am 2. November 1917 versprach der britische Außenminister Arthur Balfour den Zionisten, sie sollten in Palästina „eine nationale Heimstätte" erhalten (Balfour Declaration). Allerdings dürften die Rechte der „nichtjüdischen" Bevölkerung keinen Schaden nehmen. Balfour weiß, daß diese Einschränkung nicht das Papier wert ist, auf dem sie steht. Denn die Zionisten wollen nicht nur in Palästina leben, sondern dort einen eigenen Staat gründen, das ist ihre Absicht von Anfang an. In Palästina leben zu der Zeit 85 000 Juden, aber 700 000 Araber.

Die Araber bekommen Wind von dem, was sich da in London tut und sind aufs höchste beunruhigt. Deshalb sucht Chaim Waizmann (er soll 1948 der erste Präsident des Staates Israel werden) Faisal auf, um ihn zu beruhigen: Man beabsichtige nicht, einen israelischen Staat zu errichten. Eine glatte Lüge. Dennoch schließen 1919 die beiden Männer, der Araber und der Jude, einen Freundschaftsvertrag. Man vereinbart eine großzügige Einwanderung, will Palästina dicht besiedeln und intensiv kultivieren. Den arabischen Bauern und Pächtern werden ihre Rechte garantiert. Beide Seiten gehen davon aus, daß in Palästina Platz für vier bis fünf Millionen jüdischer Einwanderer sei. Wohin das bei 700 000 palästinensischen Arabern führen mußte, lag eigentlich auf der Hand. Warum hat Faisal sich dennoch auf ein so einseitiges, und von vorneherein auf Betrug angelegtes Abkommen eingelassen? Der Eroberer von Akaba und Damaskus hoffte, sich mit diesem Entgegenkommen die Amerikaner gewogen zu machen, denn immer noch war ein arabisches Großsyrien sein Ziel und um das zu erreichen, brauchte er Verbündete. Die Engländer bestärken ihn in dieser Politik. Aus London bekommt er zu hören, „die Juden sind der große Schlüssel zum Erfolg der Araber". Nichts davon. Auf den Pariser Friedensverhandlungen wird später europäische und nur europäische Politik gemacht werden.

Wie die Juden ihren Staat Israel gründeten und ausbauten, ist eine andere Geschichte, sie gehört nicht hierher. Am Ende ist jedenfalls das eingetreten, wovor der britische Stadtkommandant von Jaffa warnte, als Balfour 1917 seine Palästinapolitik betrieb: „Was die Araber fürchten, sind nicht die Juden in Palästina, sondern die Juden, die nach Palästina kommen werden."[7]

Der Konflikt zwischen Arabern und Juden reicht weit in die Menschheitsgeschichte zurück. Beide Stämme berufen sich auf Abraham als Urvater, den die Araber Ibrahim nennen. Abraham war aus Mesopotamien ins Land Kanaan gekommen. Mit seiner Frau Sarah hatte er einen Sohn namens Isaak, der zum Stammvater der Juden wurde, mit einer Nebenfrau, der Magd Hagar, aber auch noch einen zweiten, namens Ismael, und dieser Ismael soll zum Stammvater der Araber geworden sein. Auf Betreiben Sarahs, der ersten Frau, wurde Ismael mit seiner Mutter verstoßen. Die beiden flohen in die Einöde des Hedschas, wo sie sich in der Gegend um Mekka niedergelassen haben sollen. Mohammed sah später nicht in Isaak und seinen Nachkommen das erwählte Volk Gottes, sondern in den Abkömmlingen des verstoßenen Ismael, eben in den Arabern.

Das Verhältnis zwischen Moslems und Juden war von Anfang an schwierig; denn Allah offenbarte den Moslems, daß er den Juden zürnt: „Madub alahi"; während den Christen ein solcher göttlicher Zorn nicht gilt: Sie kommen vergleichsweise glimpflich weg, gelten sie doch nur als „Irrende".[8]

Jerusalem ist nicht nur die Heilige Stadt der Juden und der Christen, sondern auch der Moslems, ein Umstand, den wir bei aller Sympathie für Israel gerne übersehen. El Quds, die Heilige, heißt die Stadt auch bei den Moslems. Lange verneigten sich die gläubigen Moslems nicht gen Mekka, sondern gen Jerusalem: denn hier entschwand Mohammed in den Siebenten Himmel, getragen von dem Fabeltier Buraq. Genau an dieser Stelle bauten die Araber die El Aksa-Moschee, eines ihrer größten Heiligtümer. Jerusalem ist deshalb nicht nur für die Araber oder gar nur die Palästinenser von eminenter Bedeutung, sondern für alle Moslems auf der Welt. Das erklärt, wie sehr die Besetzung der Stadt alle Moslems ins Herz trifft.

In Jerusalem sind auf vielfache Weise Judentum, Islam und Christentum miteinander verwoben: An der Stelle, wo sich heute der Felsendom mit seiner Goldkuppel erhebt, sollen nach islamischer Überlieferung die Stammväter Ibrahim (Abraham) und Ismael das Sühneopfer dargebracht haben. An eben derselben Stelle wird nach ihrer Auffassung eines Tages der Prophet Isa erscheinen und den Tag des Jüngsten Gerichts, den „Yaum ed din“, verkünden. Isa, das ist der Jesus der Christen: die Araber verehren ihn als großen Propheten, aber lehnen es ab, ihn als Sohn Gottes anzuerkennen, denn dies würde völlig ihrem Glauben von dem einzigen und alleinigen Gott widersprechen.

Obwohl Jerusalem eine heilige Stätte aller drei Offenbarungsreligionen ist, des Judentums, des Christentums und des Islam, alle drei also Gemeinsames hier haben, alle drei ja auch aus der gleichen Wurzel gewachsen sind, erscheint „die Vorstellung von einem säkularen, toleranten und multikonfessionellen Palästinenserstaat, in dem Juden, Mohammedaner und Christen gleichberechtigt leben könnten, als schwärmerische Utopie“, wie Peter Scholl-Latour urteilt.[9] Als Beleg dafür verweist er auf das Beispiel Beirut, wo „die Todfeindschaft zwischen *arabischen* Christen und *arabischen* Moslems täglich in den Straßen ausgetragen wird.“

Der Traum von der umma, der Einheit

Zurück in die Historie: Abdallah, Faisals Bruder, verliert den ersten Krieg gegen die eingewanderten Juden. Er nennt sich jetzt König von Jordanien. Manche Historiker meinen, er hätte das Zeug gehabt, Araber und Juden miteinander zu versöhnen. Doch dazu soll es nicht kommen. Im Juni 1949 wird er von einem palästinensischen Terroristen vor der Al-Aksa Moschee in Jerusalem niedergeschossen. Augenzeuge des Anschlags wird ein kleiner Junge, der Enkel Abdallahs, Hussein, es ist der heutige König von Jordanien.

Einiges spricht dafür, mehr aber dagegen, daß die Geschichte des Nahen Ostens anders verlaufen wäre, wenn Hussein Ibn Ali seinen Traum von einem neuen Großislamischen Reich hätte verwirklichen können, wo alle Moslems in der „Umma“, der Gemeinschaft der Gläubigen, friedlich miteinander leben. Denn diese Gemeinschaft der Gläubigen hat nur unter dem Propheten bestanden. Schon bald nach Mohammeds Tod zerfiel sie wieder, bekämpften sich verschiedene Moslem-Sippen bis aufs Messer. Aus diesen ersten Auseinandersetzungen der Moslems stammt das inzwischen älteste und hartnäckigste Schisma der

Menschheit: die Teilung der Moslems in Schiiten und Sunniten (siehe Kapitel IX). Intrigen und Streitsucht zerstörten schon früh die Umma der Gläubigen. Diese beiden Erzübel der Araber haben eine lange Tradition. Später sollten noch zwei weitere hinzukommen: Schlendrian und Korruption.

Willkürliche Grenzen

Immerhin, der Verrat der Europäer, genauer: der Briten, war es, der den Keim zu den immerwährenden Konflikten im Nahen Osten gelegt hat. Fast keines der durch das Sykes-Picot-Abkommen entstandenen Länder ist geschichtlich gewachsen. Der Libanon war früher ein Teil Syriens, und es ist nicht ohne Logik, wenn Syrien einen Anspruch auf ihn erhebt. Der Irak besteht aus drei gänzlich verschiedenen Provinzen: dem kurdischen Mossul, dem sunnitischen Bagdad und dem schiitischen Basra und der Vollständigkeit halber muß man hinzufügen: auch aus Kuweit. Alle vier waren einstmals osmanische Provinzen und eng miteinander verbunden. Ihre Grenzen sind 1922 von einem britischen Kolonialoffizier völlig willkürlich gezogen worden, wie die meisten im Nahen Osten. Die Europäer schafften damals mit ihrer Grenzziehung etwas, was dem Moslem im Grunde völlig fremd ist: Nationalsstaaten. Der Islam kennt unter seinen Gläubigen keine Grenzen. Nicht der Staat (dawla) ist das Entscheidende, sondern die Gemeinschaft der Gläubigen, die Umma.

Alle diese Staaten des Nahen Ostens wirken wie Trümmer, die aus dem großen Osmanischen Reich herausgebrochen wurden. Der Zerfall dieser letzten großen islamischen Einheit hat eine Fülle von Problemen hinterlassen, die alle bis auf den heutigen Tag nachwirken, denn keines ist gelöst: Mit dem Zusammenbruch des Osmanischen Reiches verknüpfen sich die Tragödie der Armenier, die Probleme des Balkans ebenso wie die Kurden-Frage, der Libanon-Konflikt und die Teilung Zyperns, das Palästina-Problem und letztlich auch der Krieg am Golf von 1990/91.[10]

Aber so konfliktträchtig die willkürlichen Grenzen auch sind, „die Instabilität der Nahostregion erklärt sich weniger durch die sogenannten ‚künstlichen' Grenzen, sondern vor allem durch das Grundübel fast aller arabischen und islamischen Staaten: die mangelhafte demokratische Legitimation der jeweiligen Regimes", wie der Islam- und Nahostkenner Andreas Rieck schreibt.[11]

Das Ziel, das Hussein Ibn Ali, der Sherif von Mekka, vergeblich zu erreichen suchte, schafften spätere Herrscher des Nahen Ostens genauso-wenig. Alle scheiterten sie an der Schaffung eines großen, vereinten islamischen Reiches. Nach dem Ersten Weltkrieg gab es drei Machtzentren im Nahen Osten, die um die Vorherrschaft stritten, und alle drei waren es Monarchien: Das seit 1922 unbhängige Ägypten, der seit 1932 souveräne Irak und schließlich Saudi-Arabien, mit seiner ebenfalls 1932 begründeten wahhabitischen Monarchie. Zwischen den drei Staaten ging es immer um die Vorherrschaft in Arabien und als Ziel um das große, vereinte Islamische Reich. Der Weg dahin führte über Syrien. Wer dieses Kernland in die Gewalt bekam, hätte das notwendige Übergewicht über die beiden anderen gehabt. Erst Nasser, dem charismatischen Präsidenten Ägyptens, sollte es 1958 gelingen, eine Vereinte Arabische Republik, bestehend aus Ägypten und Syrien zu schaffen. Aber auch diese neue Umma erwies sich bald als Fata Morgana. Diese Islamische Einheit existierte mehr auf dem Papier als in der Wirklichkeit. Und typisch für die arabische Zwietracht: selbst das hielt nicht lange. Schon 1961 schied Syrien wieder aus. Der für Ägypten so schmähliche Ausgang des Sechs-Tage-Kriegs (1967 gegen Israel) hatte dann im Grunde alle panarabischen Träume begraben.

Die schon 1945 gegründete Arabische Liga, getragen von den damals unabhängigen arabischen Staaten, wollte ein arabisches Staatensystem schaffen, statt dessen wurden in den Staaten der Liga die bis heute andauernden Konflikte Arabiens angelegt. Diese Konflikte waren und sind immer Grenzkonflikte, merkwürdig, wo die islamische Welt doch gar keine nationalen Grenzen kennen will. Die Araber werden mit der ihnen eigenen blumigen Rhetorik weiter an der arabischen Einheit festhalten, faktisch wird es dazu nicht kommen, denn die größeren Staaten, wie Irak und Ägypten, oder auch der Iran und Syrien, belauern sich gegenseitig und werden jeden Machtzuwachs des anderen zu verhindern wissen. Und die kleineren Staaten fürchten diese Einheit am allermeisten, denn sollte sie eines Tages doch noch Wirklichkeit werden, so verschwänden sie alle von der Bildfläche, mitsamt ihren Machthabern und Herrscherclans.

Die arabischen Völker, die am meisten unter dem andauernden Zwist und ewigen Streitereien leiden, erhoffen sich einen neuen Mahdi, einen neuen Führer, der die Umma, die Gemeinschaft der Gläubigen wieder herstellt, oder es wenigstens versucht, so wie es der Ägypter Nasser versucht hatte. Die Begeisterung der arabischen Massen für Saddam Hussein erklärte sich auch aus der Sehnsucht nach einem solchen arabischen Führer, der den Westen demütigt, der die Muslime wieder eint und der ihnen ihre Selbstachtung zurückgeben kann.

Was die Araber am meisten und seit langem in ihrem Stolz verletzt, ist das Bewußtsein, dem Westen auf so demütigende Art unterlegen zu sein. Ob es der Sechs-Tage-Krieg gegen Israel war, der den Arabern vor Augen geführt hat, daß sie mit ihren 150 Millionen Menschen nicht in der Lage sind, 3,5 Millionen Israeli ins Meer zu treiben, oder die schmähliche Niederlage der Iraker im Golfkrieg, immer wieder müssen sie erleben, daß ihnen der Westen in jeder Beziehung überlegen ist, besonders aber auf dem Gebiet, wo sie sich für unvergleichlich halten: im Kampf.

Doch nicht nur da: Wenn sie ein Auto fahren, so ist es im Westen erfunden, wenn sie ein Flugzeug fliegen, so ist es im Westen erdacht und gebaut worden, wenn sie mit einem Computer rechnen, so ist auch er vom Westen entwickelt worden. Nichts, aber auch nichts, was die moderne Zivilisation ausmacht, kommt aus der arabisch-islamischen Welt.

Gerade der Versuch, sich anzupassen, es dem Westen gleich zu tun, ihn womöglich zu überflügeln, hat die Araber in ihre größte Krise getrieben. Als sich um die Jahrhundertwende das Osmanische Reich zu modernisieren suchte, da begann sich diese „Verwestlichung" wie ein Krebsgeschwür in die strenge, geordnete islamische Welt hineinzufressen. Für den Schweizer Arnold Hottinger, einen der besten Nahostkenner, ist letztlich diese Verwestlichung der Grund für alle Fehlentwicklungen im Orient, ist es „das Labyrinth, in dem die Araber sich befinden".[12]

Wie gründlich der Versuch scheitern kann, aus einem islamisch-orientalischen einen – nach westlichen Begriffen – modernen Staat zu machen, zeigt die Türkei. Kemal Atatürk, der Vater der heutigen Türkei, wollte sein Land aus der mittelalterlichen Welt des Islam heraus und hin nach Europa führen. Kein islamisches Land hat seitdem so radikal mit seiner Vergangenheit gebrochen und so konsequent den Weg der Moderne gesucht wie die Türkei. Doch was wurde erreicht? Die Türkei ist nach wie vor ein orientalisches Land, auch wenn sie es nicht wahrhaben will. Zunehmend erweist sich die Moderne als dünner Firnis und sichtbar gewinnt der Islam wieder an Einfluß. Von einer europäischen Türkei kann keine Rede sein, und dies, nachdem es seit fast siebzig Jahren versucht hat, ein europäisches Land zu werden. Ist der Islam etwa doch stärker als die Moderne?

Es ist offensichtlich: In den meisten arabischen Ländern wendet sich das Volk jetzt wieder dem Koran zu, nachdem es hat erfahren müssen, daß alles andere nicht funktioniert hat.[13] Ob Sozialismus, oder Kapitalismus, auch nicht sogenannte dritte Wege, zwischen Kapitalismus und Sozialismus: alles ist in der arabischen Welt gescheitert, nichts hat geholfen. Die Probleme sind geblieben, ja, vielerorts sogar noch größer geworden. Die Bevölkerung wächst in einem so atemberaubenden Tempo, daß jeder wirtschaftliche Fortschritt zunichte gemacht wird.

Die arabische Gemeinschaft ist nicht einmal in der Lage, die extrem krassen Unterschiede zwischen den einzelnen Regionen zu beseitigen: auf der einen Seite die bevölkerungsstarken, aber armen Länder, wie Ägypten oder Jordanien, auf der anderen Seite menschenleere Wüstenstaaten, die in einem geradezu skandalösen Luxus schwelgen, wie Saudi-Arabien oder Kuweit. Kapital wäre vorhanden. Genausowenig ist es den Eliten gelungen, moderne, wirtschaftlich leistungsfähige, sozial verpflichtete Gesellschaften aufzubauen. Statt dessen überall Despoten an der Spitze der Staaten, die nur durch die skrupellose Anwendung von Gewalt an die Macht gekommen sind und einen geradezu grotesken Aufwand betreiben, um sich dort zu halten. Eine Verschwörung des Westens?

Die meisten Araber verdrängen die wirklichen Ursachen ihrer Misere. Statt die Probleme ins Auge zu fassen und an ihre Lösung heranzugehen, wittern sie hinter allem Übel die bewußte westliche und von den Zionisten gesteuerte Verschwörung, schieben sie die Schuld für ihr Versagen auf allen Bereichen auf die Existenz Israels und den westlichen Imperialismus. Die arabische Welt leidet, wie der in Göttingen lehrende Professor für internationale Politik. Bassam Tibi, ein Orientale immerhin, feststellt, an der „Unfähigkeit, die Realität unvoreingenommen wahrzunehmen".[14]

Statt sich konkreten Aufgaben zu widmen, jetzt die inbrünstige Hinwendung zur Religion, zum Islam, genauer: zum islamischen Fundamentalismus. Und dies mit Folgen, die für Europa immer bedrohlicher werden:

– 1979 gelingt im Iran dem greisen Ayatollah Chomeini, einer Gestalt von biblischer Strenge und Größe, der Sturz des Schah, obwohl der eine gewaltige, hochmoderne Militärmaschinerie, Chomeini aber nur das Wort Allahs auf seiner Seite hatte.

– 1981 ermorden islamische Fundamentalisten den ägyptischen Präsidenten Anwar el-Sadat, weil der sich um eine Aussöhnung mit Israel bemüht.

– 1989 gehen in Algier eine Million Menschen auf die Straßen, um für ihr Land die Einführung der Scharia, des islamischen Rechts zu fordern.

– Ein Jahr darauf erringen in Algerien Fundamentalisten bei den Kommunalwahlen große Erfolge.

– Ebenfalls 1990 kommt es im friedlichen Tunesien zu Zusammenstößen zwischen Polizei und fundamentalistischen Studenten. Bei den Parlamentswahlen erringen die Fundamentalisten 30 Prozent der Stimmen.

– Ebenfalls 1990 gewinnen in Jordanien die Fundamentalisten 32 von 80 Parlamentssitzen.

– 1991 nehmen erstmals Anhänger der radikalen Moslembruderschaft in der jordanischen Regierung Sitze ein.

– Ebenfalls 1991 wagen islamische Fundamentalisten von der Gruppe „El Dschihad“ (der Heilige Krieg) auf offener Straße die Ermordung des ägyptischen Parlamentspräsidenten und seiner Begleitung.

Dieser islamische Fundamentalismus ist in unserer Zeit von allen Weltanschauungen die bedrohlichste, weil er über die Stammlande des Islam hinausgreift, wie die Wochenzeitung „Die Zeit“ die Situation beschrieb.[15] Der Dschihad, der Heilige Krieg, so die moslemischen Eiferer, soll in die Kernländer allen Übels, den Westen, getragen werden.

In Europa haben sie bereits ihre Stützpunkte: unter den zehn Millionen Moslems, die hier leben und unter denen eine gesteuerte (und von den reichen Ölstaaten des Nahen Ostens finanzierte) Radikalisierung stattfindet.

Diese in Europa lebenden Moslems „sehen in ihrer Religion den überlegenen Glauben, der seine Kraft wiedergewonnen hat. Daß die Bewohner der Gastländer sich an diesem Moralstandard orientieren müssen, wenn sie ihre moralischen und sozialen Probleme überwinden wollen, ist fester Bestandteil des islamischen Glaubensgutes. Ihre geistlichen Führer sind überzeugt, daß damit ein Eindringen islamischer Denkvorstellungen in die geistige Welt des Westens gewährleistet ist und daß der totale Anspruch ihrer Religion siegreich bleiben wird“,[16] so der Publizist und Nahost-Kenner Gerhard Konzelmann.

Es ist inzwischen wirklich so, wie es die französische Wochenzeitschrift „L'Express“ beschrieb: „... heute denken die islamischen Organisationen schon nicht mehr nur an Frankreich, sondern längst an Europa.“

Moslems in Europa

Offiziell leben in Europa inzwischen zehn Millionen Moslems; das ist etwa soviel wie die gesamte Bevölkerung Belgiens ausmacht. Inoffiziell werden mehr hier sein, das Islam-Institut in Soest schätzt, daß sich allein in der Bundesrepublik 200 000 Moslems illegal aufhalten, das wären zehn Prozent der legal hier lebenden.

Die zahlenmäßig größten moslemischen Gruppen gibt es in Frankreich (3 Millionen offiziell, knapp 5 Millionen inoffiziell), Deutschland (2 Millionen) und Großbritannien (1,3 Millionen).

In einem so traditionell fremdenfreundlichen Land wie Frankreich, ist nach Einschätzung von Peter Scholl-Latour „die Frage des islamischen Fundamentalismus heute zu einem der brennendsten Themen der Innenpolitik geworden", und weiter: „Nicht nur faschistisch oder rassistisch angehauchte Franzosen blicken mit bösen Ahnungen auf die Bildung einer massiven exotischen Bevölkerungsgruppe im eigenen Land, die weniger aufgrund ihrer maghrebinischen Merkmale als infolge ihres kompromißlosen religiösen Engagements im Sinne des Korans weder integrierbar noch assimilierbar ist."[17]

Die „Frankfurter Allgemeine Zeitung" glaubte während des Golfkriegs Anfang 1991 zu beobachten: „Viele unter den Arabern in Frankreich stehen innerlich auf der Seite des Irak."[18] Die französischen Sicherheitsbehörden befürchteten in jenen Wochen eine ähnliche Gewaltwelle wie 1986, als das Land von mörderischen Terrorakten heimgesucht wurde, hinter denen man damals als Drahtzieher den Iran und Syrien vermutete. In der Sylvesternacht 90/91 stürmten Banden junger Nordafrikaner aus den Randbezirken in die Innenstadt mit dem Ruf „Es lebe Saddam!" und griffen auf dem Champs Elysées Franzosen an.

Der französische Verteidigungsminister Chevenet, ein Linkssozialist, sah sich zu der Warnung vor einer Konfrontation zwischen Nord und Süd veranlaßt – auf der einen Seite des Mittelmeers Überbevölkerung, Armut und religiöser Fanatismus, auf der anderen Seite „rassistische und fremdenfeindliche Abwehrreaktionen". In der Tat: „Die islamische Problematik Algeriens hat heute auf Frankreich übergegriffen. Es handelt sich hier nicht nur um eine Einwanderungswelle, es handelt sich um eine Völkerwanderung, und das Bild der provenzalischen Städte am Mittelmeer hat sich in den letzten zwanzig Jahren zutiefst verändert. Nicht mehr Marseille spiegelt sich in Algier, sondern Algier ist in Marseille präsent, drückt dieser Hafenstadt einen zunehmend maghrebinischen Charakter auf." (Peter Scholl-Latour).[19]

In Frankreich gibt es inzwischen mehr als tausend Moscheen.[20] Die islamische Gemeinde von Marseille zählt 120000 Gläubige. Bei Ausbruch des Golfkrieges sagte der Vorsteher der Großen Moschee von Marseille: „Wenn man auf die Stimme der Straße hört, muß man sich sagen, daß der Krieg hier schon viel eher angefangen hat, als er dort unten ausgelöst wurde."

In England, wo immerhin schon seit 150 Jahren Moslems leben, wenn auch bei weitem nicht so viele wie heute, ist gleichfalls eine zunehmende Radikalisierung festzustellen. Im Zusammenhang mit der Rushdie-Affäre (siehe Kapitel IX) sagte der Direktor des Muslimischen Instituts in London, Kalim Siddigni: „Wenn wir unsere Brüder im Iran sehen, wie sie ihr Land vom westlichen Dreck und westlichen Druck säubern, so wollen wir, daß alle Muslime, die darunter leiden, ähnlich aufräumen."[21] Bei Demonstrationen gegen das Rushdie-Buch brachten islamische Eiferer 20000 Demonstranten auf die Beine. Der Druck, der von den islamischen Fundamentalisten ausgeht, zeigt inzwischen Wirkung. Die Labour Party behandelt die moslemischen Immigranten mit allergrößter Behutsamkeit. Sie braucht deren Stimmen, wenn sie die Parlamentswahlen gewinnen will. Der Erzbischof von Canterbury hat die BBC aufgefordert, einen Film über Salman Rushdies „Satanische Verse" nicht auszustrahlen, weil er Attacken gegen islamische Fundamentalisten enthalte, es sei zu befürchten, daß sich dadurch die Spannungen zwischen Moslems und Christen verschärften.

In der Bundesrepublik mit ihren zwei Millionen moslemischen Immigranten soll es inzwischen schon an die 900 Moscheen geben. Der Publizist Karl Binswanger, ein Kenner der Verhältnisse, geht davon aus, daß jede Woche eine weitere hinzukommt.[22] 1989, während der weltweiten Kampagne gegen Salman Rushdie, soll in diesen Moscheen zur Ermordung des Autors aufgerufen worden sein. Weitgehend unbemerkt von einer uninteressierten Öffentlichkeit verbreiten in Deutschland fundamentalistische Mullahs ihre aggressiven, hetzerischen Botschaften unter den moslemischen Gastarbeitern (siehe Kapitel IV). Einer der schlimmsten Blutsäufer der iranischen Revolution, der Ayatollah Beheschti, war vor seiner Rückkehr Iman der schiitischen Moschee in Hamburg gewesen.

Auch kleinere europäische Länder verspüren zunehmend den Druck der moslemischen Minderheiten. In Belgien, wo legal etwa 230000 Moslems leben, hauptsächlich Marokkaner und Türken, kam es Anfang 1991 zu schweren Zusammenstößen zwischen nordafrikanischen

Jugendlichen und der Polizei, als Polizisten versuchten, die Identität von Einwanderern festzustellen. Nach Angaben der Behörden halten sich in Belgien 5000 bis 6000 Marokkaner mit gefälschten Papieren auf. Der Justiz war es gelungen, einen Fälscherring auszuheben, der mit Aufenthaltspapieren handelte.

Auch den traditionell asylfreundlichen Niederlanden wachsen die Probleme inzwischen über den Kopf, so daß sich der christdemokratische Ministerpräsident, Ruud Lubbers, zu der Feststellung veranlaßt sah: „Das Problem brennt, es muß etwas geschehen." In der größten holländischen Stadt, in Amsterdam, stellen Ausländer bereits 22 Prozent der Bevölkerung, an den Grundschulen ist jedes zweite Kind von ausländischer Herkunft. Die Arbeitslosigkeit unter den Ausländern beträgt bis zu 40 Prozent. 90 Prozent davon sind nur schwer zu vermitteln, in den Großstädten sind fast alle Dauerarbeitslose Ausländer.

In den kriegerischen Konflikten des Nahen Ostens kann der Westen bestehen, das hat sich eindrucksvoll im Golfkrieg erwiesen. Die arabischen Terrorkommandos sind zwar lästig, können Europa aber nicht ernsthaft gefährden. Doch wie ist es mit den mehr als zehn Millionen Moslems, die sich inzwischen bei uns niedergelassen haben? Daß die Konflikte zunehmen, auch heftiger werden, ist nicht zu übersehen. Sind sie auf die Dauer beherrschbar, wenn die Zahl der Immigranten weiter zunimmt?

„(Es) stellt sich die Frage, ob die islamische Herausforderung mitten unter uns hineingetragen wird, ins Zentrum Europas, oder auf seine Ränder beschränkt bleibt. Wer die Herausforderung im Zentrum lokalisiert, läuft Gefahr, als Unruhestifter zwischen Gastarbeitergemeinden und den Bewohnern des Gastlandes verkannt zu werden",[23] (Gerhard Konzelmann).

Sollte es nicht zu denken geben, wenn zwei der besten Kenner der islamischen Welt, Peter Scholl-Latour und Gerhard Konzelmann, derart dezidiert die Entwicklung in Europa und den Zugriff des Islam auf Europa beschreiben?

VIII. Sie können tragen, was sie wollen

Anmerkungen zur Türkei

Die Rückkehr des Propheten

Die Zeichen mehren sich: in der Türkei, seit den Reformen Atatürks ein laizistischer Staat, gewinnt die Religion, zumal der islamische Fundamentalismus mehr und mehr an Boden. Gleichzeitig entfernt sich das Land wieder von Europa. Konservative Moslems werden nicht nur zusehends einflußreicher, sondern auch intoleranter und aggressiver. 1990 wurden vier prominente Anwälte für eine moderne Türkei ermordet. Sie hatten sich in der Tradition Kemal Atatürks dem Laizismus, also der Trennung von Staat und Religion, verpflichtet gefühlt. In keinem einzigen Fall konnte die Polizei die Täter fassen, wollte es vielleicht auch nicht, obwohl jeder in der Türkei weiß, wo sie zu finden gewesen wären: In den Reihen der fanatischen Muselmanen. Eines der Opfer, die Theologieprofessorin Bahriye Ücok, eine Koranforscherin, hatte vor ihrer Ermordung gewarnt: „Die Gefahr eines Dschihad (= Heiligen Krieges) ist groß ... Der Fundamentalismus gedeiht unter den schützenden Fittichen der Regierung, ja, die Regierung ist sogar die treibende Kraft des Fundamentalismus.“[1]

Für die moderne Türkei, das Werk Kemal Paschas, genannt Atatürk, auf Deutsch: Vater der Türken, war die strikte Trennung (=Laizismus) zwischen Staat und Religion ein unverzichtbares Merkmal eines modernen, nach westlichen Vorbildern geprägten Staates. Atatürk, der sein Volk nach Europa führen wollte, hatte schon 1928 diese Trennung von Staat und Religion durchgesetzt und – sehr wichtig – damit auch den Religionsunterricht aus den Schulen verbannt.

Traditionell gilt in der Türkei die starke, straff geführte Armee, aus der auch Atatürk gekommen war, als Hüterin seiner Reformen. Aber ausgerechnet die türkische Offizierselite sollte der Religion den Weg zurück in die Schulen ebnen. Nach dem Militärputsch von 1980 wurde 1982 ein Verfassungsartikel erlassen, der erstmals dem Staat wieder den Religionsunterricht an den Schulen übertrug. Der Anführer des Putsches und spätere Präsident, General Evren, machte sogar die Pilgerfahrt nach Mekka, ein unter Atatürk undenkbarer Vorgang. Evren, der gehofft hatte, daß der Islam zu einem Bollwerk gegen den Kommunismus werden könnte, mußte 1987 feststellen: „Der Fundamentalismus (ist) mindestens ebenso gefährlich wie Kommunismus und Faschismus für unsere laizistische Republik.“[2] Da freilich war dieser islamische Fundamentalismus schon voll im Vormarsch begriffen, besonders in den Schulen.

Wer in der armen Türkei das Geld für Schulkleidung, Bücher und Verpflegung nicht hat, der schickt seine Kinder auf islamische Schulen oder Internate.[3] Dies gilt besonders für viele der armen Landarbeiter und Bauern, die in die großen Städte abgewandert sind. Die religiösen Schulen werden zumeist mit saudi-arabischem Geld unterhalten. Neben den religiös geführten Internaten haben die Koran-Schulen, sowie die Schulen für Prediger und Vorbeter (Imame) einen enormen Zulauf, die sogenannten Imam-Hatip-Okullari. Allein die Zahl der Koranschulen hat sich im vergangenen Jahrzehnt fast verdoppelt. An die 155 000 junge Türken lernen heute hier den Koran in der arabischen Originalfassung auswendig, und werden in den rituellen Waschungen und im Gebet unterrichtet.[4]

Seit zehn Jahren berechtigt der Abschluß an diesen Imam-Hatip-Schulen zum Studium an den Universitäten der Türkei. Da die rund 300 000 Absolventen dieser Schulen nicht alle als Prediger und Vorbeter an den Moscheen des Landes unterkommen können, drängen viele – wahrscheinlich sogar gesteuert – in die öffentliche Verwaltung. Die besten dürfen an der politischen Fakultät Ankara studieren: praktisch der Weg in die Spitzenpositionen des Staates – ob Gouverneure, hohe Finanzbeamte oder Diplomaten, sie alle kommen von dieser Elite-Fakultät. 1988 waren von den 155 Studenten dieser Fachrichtung schon knapp die Hälfte Absolventen der Imam-Schulen. Die Folge: eine immer stärkere Unterwanderung der staatlichen Verwaltung durch strenggläubige Moslems, was zuweilen zu grotesken Folgen führt: So setzen sie etwa im Fastenmonat Ramadan die Schließung der Kantinen durch, oder fordern das gemeinsame Freitagsgebet in ihrer Verwaltungsbehörde. Wo ist sie geblieben, die Trennung von Staat und Religion, eines der Kernstücke der atatürkschen Reformen?

Duygu Bazoglu Sezer, Professorin für Internationale Beziehungen an der Universität Ankara, stellte fest: „Als wichtigste Einzugsschneise für die Rekrutierung und Ausbildung der ‚Gläubigen‘ und ihren Aufstieg zur Macht hat sich das staatliche Erziehungswesen erwiesen. Die 1982 noch unter dem Militärregime entworfene Verfassung machte den Religionsunterricht, der vorher freiwillig war, in den Grund- und Oberschulen zum Pflichtfach. Praktisch bedeutet dies islamischen Unterricht.“[5]

Wer mit Hilfe eines saudi-arabischen Stipendiums studieren will, muß sich verpflichten, strikt nach den Regeln des Islam zu leben. So erschienen plötzlich wieder strenggläubige Studentinnen mit dem obligatorischen Kopftuch in den Universitäten. 1987 noch hatte der oberste türkische Verwaltungsgerichtshof entschieden, daß die Verhüllung der Frauen verfassungswidrig wäre, weil sie sich gegen die weltliche Ordnung der Republik richte. Inzwischen hat sich das Tragen des Kopftuchs auf dem Gelände der Universitäten durchgesetzt. Turgut Özal, Nachfolger Evrens im Präsidentenamt, hatte grünes Licht gegeben: „Sollen sie tragen, was sie wollen." Ende 1990 hatte die Große Türkische Nationalversammlung dann mit den Stimmen der regierenden „Anavatan Partisi" (Mutterlandspartei, Anap) offiziell den türkischen Studentinnen das Tragen des Kopftuchs auf dem Gelände einer Universität gestattet.[6]

Noch als Ministerpräsident gehörte es zu einer der ersten Handlungen Turgut Özals, islamische Banken wieder zuzulassen. Diese von Saudi-Arabien finanzierten Bankhäuser arbeiten nach den Vorschriften des Koran, also nicht mit Zinsen, sondern mit Gewinnbeteiligung. Teilhaber einer dieser islamischen Banken, der Al Baraka Türk Bank, wurde Özals Bruder Korkut. Die islamischen Banken finanzieren islamische Zeitungen und Zeitschriften und vor allem: vergeben Stipendien für junge Türken, die sich eine Ausbildung an den staatlichen Schulen nicht leisten können.

Daß der Islam so rasch an Boden in der laizistischen Türkei gewinnt, hängt sicher auch damit zusammen, daß trotz der Atatürkschen Reformen der Islam ein ganz wesentlicher Teil des türkischen Selbstverständnisses geblieben ist. Der Sittenkodex, besonders auf dem Land war und ist islamisch. In Wahrheit hatte nur eine dünne Oberschicht, zumeist die gutbürgerliche Bevölkerung der größeren Städte, den modernen Staat, den Atatürk schaffen wollte, innerlich auch akzeptiert. Das Land insgesamt aber, besonders die ländlichen Provinzen, waren orientalisch-islamisch geblieben. Daß die Hinwendung der gläubigen Türken an die gemeinsame islamische Sache nicht noch stärker ist, hängt sicher damit zusammen, daß die Araber nach wie vor auf Distanz zu den Türken halten. Einmal weil die Türken über Jahrhunderte die Unterdrücker gewesen waren, zum anderen weil die Türkei nach Auffassung der Araber dem verhaßten Westen zu nahe steht, sich mit ihm zu sehr eingelassen hat.

Wie sehr der Islam im öffentlichen Leben an Bedeutung gewinnt, zeigt sich auch an der zunehmenden Zahl von Moscheen. Als Atatürk 1923 die moderne Türkei ins Leben rief, da gab es gerade 13 000, heute aber zählt das Land derer 65 000. Vielleicht wird sogar die berühmteste

Moschee des Landes, die Hagia Sophia, die Atatürk in ein Museum verwandeln ließ, bald wieder zum Gotteshaus. Beim türkischen Parlamenspräsidenten stapeln sich anderthalb Millionen Bittgesuche, mit denen gläubige Moslems fordern, die Säkularisierung der „Aya Sofia" wieder rückgängig zu machen.

Aus der Steppe

Wenn sich die offizielle Türkei heute als europäisches Land sieht und sich nach außen auch so darzustellen sucht, so ist dies das eine. Die Wirklichkeit ist ganz anders: die Türkei gehört geographisch, historisch, ethnisch und als islamisches Land zu Kleinasien, nicht zu Europa. Die Ursprünge der türkischen Bevölkerung sind in Zentralasien zu suchen, nicht in Europa. Es waren wilde, kriegerische Reiterstämme, die aus den Steppen Asiens in den Orient einfielen, Persien eroberten, Mesopotamien (den heutigen Irak) und Syrien einnahmen und schließlich Anatolien, die heutige Türkei, besetzten. Um das Jahr 1000 n. Chr. entstand so das mächtige, riesige Reich der Seldschuken, das zum Vorläufer des großen Osmanischen Reiches werden sollte.

Die Türken waren es aber auch, die 1260 die schon weit nach Arabien vorgedrungenen heidnischen Mongolen besiegten und so vielleicht den Islam vor dem Untergang bewahrten.

Andererseits kann es kein Zufall gewesen sein, daß die Blüte der arabischen Kultur geradezu abrupt in diesem 10. Jahrhundert zu Ende ging, als die Seldschuken die Macht an sich rissen. Im Vergleich zu den kultivierten, begabten Arabern waren diese Reiter Barbaren, die von den Arabern als „Affen hoch zu Roß" verspottet wurden. Freilich, die Araber brauchten sie, weil sie selbst des Kämpfens müde geworden waren. Bis dahin, etwa vom 7. bis zum 10. Jahrhundert, hatte die islamische Welt eine unvergleichliche Blüte erlebt. Die islamische Gemeinschaft war in jener Zeit dem christlichen Abendland in jeder Beziehung überlegen. Wenn die antike Kultur der Welt nicht verloren ging, so ist dies in erster Linie arabischen Gelehrten zu verdanken. Ihre Leistungen auf den Gebieten der Mathematik und der Astronomie fanden nichts Vergleichbares im christlichen Abendland. Aber „um 1300 war aller schöpferischer Geist, alles wissenschaftliche Forscherstreben im mohammedanischen Osten fast ausgelöscht", wie der britische Historiker George E. Kirk feststellte.

Nach dem Zerfall des Seldschuken-Reiches übernahmen nach und nach die osmanischen Türken die Macht in der Region, um dann – etwa seit dem 13. Jahrhundert – ihren Einfluß immer weiter auszudehnen, auch in Richtung Europa, auf dem Balkan, zeitweise sogar bis vor die Tore Wiens. Über Jahrhunderte mußte Europa mit der Bedrohung durch die Türken leben.

1353 erzwingen die Türken den Übergang von Kleinasien nach Europa. Das einst mächtige Oströmische Reich, mit Konstantinopel als Hauptstadt, existiert zuletzt nur noch als kleine christliche Enklave im Meer des sie umgebenden Islam. In der Schlacht auf dem Amselfeld, im Kossovo, schlagen die Türken 1389 die Serben und festigen damit ihre Stellung in Südosteuropa: in gewisser Weise war damals die Türkei, besser: das Osmanische Reich, tatsächlich eine europäische Macht geworden. Ganz entscheidend für das weitere Schicksal Südosteuropas wurde schließlich die Eroberung Konstantinopels, des zweiten Roms, 1453 durch die Muselmanen. Aus Konstantinopel wurde Istanbul, aus der mächtigsten Kirche des christlichen Ostens, der Hagia Sophia, die Sultansmoschee von Istanbul.

Der kranke Mann am Bosporus

In den nachfolgenden Jahrhunderten drängten die Türken immer wieder nach Europa, blieb das islamische Imperium eine ständige Bedrohung für das christliche Abendland. 1529 belagerten die Türken erstmals, wenn auch erfolglos Wien. Als sie es 1684 ein zweitesmal versuchen, endet dies für sie mit einer vernichtenden Niederlage, die auch gleichzeitig den Abstieg der osmanischen Macht ankündigt. Überspitzt ließe sich sagen, daß die Türken seit dem 17. Jahrhundert keinen Krieg mehr gewinnen konnten. Schritt für Schritt mußte sie sich aus dem Balkan zurückziehen. Anfang unseres Jahrhunderts war die Reichsgrenze bis dicht an Istanbul herangerückt. Ihre unerbittlichsten Gegner waren seit Zar Peter I. die Russen, die die Türken immer wieder in Kriege verwikkelten, bis das „Erhabene Osmanische Reich“ dann im Ersten Weltkrieg ganz zusammenbrach.

Hand in Hand mit dem Verlust an äußerer Macht, ging eine Zerrüttung des Staates im innern. Korruption und Mißwirtschaft höhlten das Imperium aus, das Land war hoch verschuldet und mußte 1874 den Staatsbankrott anmelden. Die Zustände im Osmanischen Reich, das dessenungeachtet immer noch von eindrucksvoller Größe war, waren schließlich so desolat geworden, daß um die Jahrhundertwende nur noch die Rede vom „kranken Mann am Bosporus“ war. Aus dem gewaltigen Osmanischen Reich, war ein schwerfälliger, unbeweglicher, innerlich zerfressener Koloß geworden, zum Leben zu schwach, zum Sterben zu stark. Am Hof des Sultans von Istambul herrschten unbeschreibliche Zustände, jedenfalls nach europäischen Maßstäben. Selbst die von den Türken beherrschten orientalischen Völker suchten sich jetzt aus dem Joch dieser despotisch-bürokratischen Herrschaft zu befreien.

Die Überlegenheit Europas war inzwischen jedem gebildeten Türken bewußt geworden. „Tief eingefressen war (auch) der geschichtlich gewachsene Haß gegen die Christen Europas“,[7] so der Journalist und Nahostkenner Gerhard Konzelmann, man kann hinzufügen: denen man die Schuld am eigenen Niedergang zuschob.

Um die Jahrhundertwende gab es erste Versuche, besonders unter den jüngeren Offizieren, zu denen auch Kemal Atatürk zählte, das Land zu reformieren. Besonderes Augenmerk dieser „Jungtürken“ galt der Armee. Deutsche Offiziere, zuerst der Feldmarschall von der Goltz Pascha, später der General Liman Sanders, versuchten das türkische Heer auf einen europäischen Standard zu bringen, es nach preußischem Vorbild zu reformieren. Deutsche Ingenieure bauten mit deutschem Geld die Bagdad-Bahn. Aus dieser Zeit stammen die früher in der Türkei weit verbreitete Bewunderung für alles Deutsche und die Vorstellung, man könnte die Deutschen als Freunde gewinnen.

Anders als in Südosteuropa konnte sich das Osmanische Reich im Nahen Osten und in Nordafrika relativ lange behaupten. In seiner Blüte beherrschte es ganz Nordafrika, von Ägypten über Tunesien und Algerien bis an die Grenzen Marokkos, bis in unser Jahrhundert hinein wehte der türkische Halbmond über der arabischen Halbinsel, über Syrien und Mesopotamien.

Kemal Atatürk

Im Ersten Weltkrieg, an dem das Osmanische Reich an Seite der Mittelmächte, also Österreich-Ungarns und des Deutschen Reiches, teilgenommen hatte, kam der Zusammenbruch, verlor es alle seine arabischen Besitzungen (siehe Kapitel VII). Nach Kriegsende war es praktisch auf sein Kernland, die heutige Türkei zusammengeschrumpft. Aber selbst dieser – verglichen mit der einstigen Größe – kümmerliche Rest war immer wieder Eroberungsfeldzügen ausgesetzt, besonders durch die Griechen, bis endlich ein fähiger General, der aus dem damals noch türkischen Saloniki stammende Mustafa Kemal Pascha, die Griechen, die schon bis auf 35 km an Ankara herangerückt waren, schlug.

1923 wurde die Republik Türkei ausgerufen, Ankara wurde anstelle von Istanbul zur Hauptstadt des Landes. Mit einer Fülle von Reformen versuchte Kemal Pascha sein Land zu modernisieren und an den Westen heranzuführen. So wurde 1924 das Kalifat abgeschafft, davor schon das Sultanat von Istanbul, 1925 wurde das Tragen des Fez verboten, 1926 ein Zivilgesetzbuch nach dem Vorbild des Schweizer Code civil eingeführt, und am wichtigsten: 1928 die Trennung von Kirche und Staat dekretiert und – 1930 bekamen die Frauen das Wahlrecht, durften jetzt allerdings auch nicht mehr den Schleier tragen.

Uns Europäer mag die Abschaffung des Fez nicht gerade als Jahrhundertreform erscheinen, in der Türkei aber war es ein tiefgreifender Einschnitt: denn das Tragen des Fez, dieser typisch türkischen Kopfbedeckung, war vorher nur dem gläubigen Muselmanen erlaubt gewesen und zeichnete ihn gegenüber den Ungläubigen aus. Schwer verständlich für einen Europäer, welche Wirkung dieses Verbot gehabt haben muß. Ebenso schwer verständlich, wenn heute die in Frankreich lebenden Moslems auf die Straße gehen, damit ihren Töchtern das Tragen des Kopftuchs in den Schulen erlaubt wird.

Genau besehen ist die Türkei erst seit einem halben Jahrhundert ein türkischer Staat, es ist der Rest dessen, was von dem „Erhabenen Osmanischen Staat“ übrig blieb, von einem Weltreich, das einmal von Marokko bis nach Afghanistan gereicht hatte. In diesem Reich war noch das verwirklicht gewesen, was die Moslems sich heute wieder so sehr ersehnen, die Einheit aller Muselmanen, allerdings unter der Oberherrschaft der wenig geliebten Türken – immerhin ein islamischer Staat und Beschützer der Kalifenwürde.

Ist die Türkei nun ein europäisches Land? Kemal Atatürk hat sie dazu machen wollen, aber gelungen ist es ihm und seinen ungleich schwächeren Nachfolgern nicht. Daß mit 3,2 Prozent der Landfläche nur ein Bruchteil in Europa liegt, die große Masse aber in Kleinasien, müßte an sich noch wenig sagen. Wichtiger aber ist: von Herkunft, Religion, Kultur und Weltanschauung ist die Türkei ein orientalisches Land geblieben. Es ist tragisch, aber die Reformen, die Kemal Atatürk seinem Land aufgezwungen hat, sind nicht in die Tiefe gedrungen, vielleicht konnten sie es gar nicht, vielleicht war der Entwurf zu anspruchsvoll. Inzwischen brechen wieder die alten Traditionen hervor: Es scheint, als sollte sich der Kemalismus, der Weg zu europäischer Kultur und Zivilisation, als Sackgasse erweisen.

Der Völkermord an den Armeniern

Was die Türken, selbst heute noch beharrlich abstreiten, jedenfalls offiziell: Der erste systematische Völkermord dieses Jahrhunderts, die Vernichtung der christlichen Armenier, geht auf ihr Konto. Die Beweise sind so erdrückend, als daß dies ernsthaft zu leugnen wäre. Erste Massaker fanden schon gegen Ende des 19. Jahrhunderts statt. Zwischen den Jahren 1894 und 1897 wurden an die 200 000 Armernier von einem aufgeputschten Pöbel erschlagen.[8] 1909 kam es zu weiteren Ausschreitungen, denen nochmals 30 000 zum Opfer fielen. Im Kriegsjahr 1915 erfolgte dann die systematische Vernichtung dieser christlichen Minderheit. Der letzte türkische Sultan, Abdul Hamid, hatte den Heiligen Krieg gegen die christlichen Armenier ausgerufen. Mit der Begründung, sie müßten sich aus Sicherheitsgründen aus den Kriegsgebieten entfernen, wurden die Armenier aus ihrer Heimat getrieben, angeblich um in Mesopotamien neu angesiedelt zu werden. Auf dem Marsch wurden die Armenier planvoll ausgerottet, meist durch kurdische Räuberbanden und von eigens zu diesem Zweck freigelassenen Sträflingen. Die wehrlosen Menschen wurden zu Tode geprügelt, zerhackt oder erschossen, bevor sie ausgeraubt wurden. Wieviele Armenier getötet wurden, läßt sich nicht mehr genau feststellen. Schätzungen gehen von mindestens einer Million aus. 1919 wollten die siegreichen Alliierten den Verantwortlichen den Prozeß machen, ein Vorhaben, das aber später im Sande verlief; Europa hatte andere Sorgen.

Einer der Hauptverantwortlichen an dem Armeniermassaker, Djemal Pascha, sollte sich später noch einmal durch besondere Grausamkeit hervortun. Als Generalgouverneur von Syrien führte er in Damaskus ein solches Schreckensregiment, daß bei Kriegsende 300 000 tote Araber zu beklagen waren.

Das Kurdenproblem

Von dem über vier Ländern verstreuten Volk der Kurden leben die meisten, etwa 8 bis 12 Millionen Menschen, in der Türkei, im Südosten des Landes, an den Grenzen zu Syrien, dem Irak und dem Iran, wo es ebenfalls größere Gruppen von Kurden gibt. Die Türkei kennt offiziell keine Kurden, sondern spricht nur von Bergtürken. Seit vielen Jahren herrscht in den kurdischen Gebieten der Türkei ein schleichender, leiser Bürgerkrieg, mit Unterdrückung und Folter auf der türkischen, mit Terror auf der kurdischen Seite. Die Kurden, dieses Volk ohne Staat soll über 4000 Jahre alt sein, mit einer Sprache, die weder dem Türkischen noch dem Arabischen verwandt ist.

Unter den Osmanen waren die Kurden wie die meisten Völker des Nahen Ostens Angehörige des Osmanischen Reiches. Seit 200 Jahren kämpfen sie um ihre Unabhängigkeit. 1920, nach dem Zusammenbruch des Osmanischen Reiches, schien ein souveräner kurdischer Staat möglich. Die Siegermächte des Ersten Weltkriegs einigten sich auf einen selbständigen, unabhängigen Kurdenstaat. Die Türken aber widersetzten sich dem so vehement, daß schließlich der größte Teil des von Kurden bewohnten Gebietes 1923, bei der Gründung der türkischen Republik türkisch blieb, während die anderen Teile Kurdistans von Syrien, dem Irak und Iran geschluckt wurden. 1925 schlug Atatürk einen Aufstand der „Bergtürken“ in einem fürchterlichen Massaker nieder. Auch noch 60 Jahre später, nach Beendigung des Golfkriegs erklärte der türkische Staatspräsident ganz entschieden: „Wenn ein unabhängiger Kurdenstaat entstehen sollte, so werden wir den nicht akzeptieren.“

Im Iran proklamierten Kurden nach dem Zweiten Weltkrieg ein freies Kurdistan, das aber von Truppen des Schah schnell wieder zerschlagen wurde. Auch im Irak blieben alle Hoffnungen auf einen unabhängigen Staat vergeblich. Gleichgültig, welcher Despot den Irak gerade regierte, die Kurden wurden niedergehalten, keiner dachte daran, ihnen die Unabhängigkeit zu gewähren, und das in erster Linie wegen des Erdöls, das es in den nördlichen, von den Kurden besiedelten Provinzen gibt. Im Krieg gegen den Iran hat Saddam Hussein gegen die irakischen Kurden Giftgas eingesetzt. Nach dem Golfkrieg, Anfang 1991, flohen Hunderttausende nach einem mißglückten Aufstand aus dem Irak. Diese Flucht, vor allem das Elend der Flüchtlinge in den kalten, schneebedeckten Grenzgebirgen, hat die Weltöffentlichkeit auf das höchste erregt. Besonders die Türken wurden kritisiert, weil sie die Flüchtlinge daran hinderten, in die warmen Täler hinabzusteigen. Die Türken hatten aber allen Grund, die irakischen Kurden von ihrem Land fernzuhalten, zu groß schien die Gefahr, daß sich die Flüchtlinge mit den türkischen Kurden verbrüdern könnten. Ein weiterer Zustrom, und dabei noch solcher

Massen, müßte in der Türkei zu innenpolitisch außerordentlich kritischen Zuständen führen. Verständlich, daß die türkische Regierung die halb verhungerten Flüchtlinge erst ins Land ließ, nachdem sie von ihren Bundesgenossen massiv bedrängt worden war. Inzwischen sind die meisten irakischen Kurden wieder in ihre alte Heimat zurückgekehrt, im Schutze von UNO-Truppen.

Ein Terroranschlag gegen eine Grenzstation im Länderdreieck Türkei-Iran-Irak löste im Sommer 1991 eine Offensive türkischer Einheiten gegen Kurden im Irak aus. Ankara erklärte einen 5 km breiten Grenzstreifen im Nord-Irak zur Pufferzone mit der Absicht „separatistische Terroristen auszurotten“, wie sich der türkische Ministerpräsident Yilmaz ausdrückte. Türkische Luftangriffe gegen Kurden im Irak lösten weltweiten Protest aus: Sollte der Türkei erlaubt sein, was man Saddam Hussein nicht hatte durchgehen lassen? Die türkische Zeitung „Hürriyet“, die für enge Beziehungen zur Regierung bekannt ist, beschuldigte daraufhin Deutschland „Schutzherr des Terrors zu sein“. Die deutsche Regierung übersehe absichtlich militante Aktionen der marxistischen Kurdischen Arbeiterpartei (PKK) gegen türkische Einrichtungen in Deutschland. Ein Vorwurf, an dem einiges wahr ist:

Da die türkischen Kurden sich in der Türkei nicht durchsetzen können, verlagern sie ihren Widerstand immer stärker ins Ausland. In der Bundesrepublik leben an die 400 000 Kurden, von denen ein nicht unerheblicher Teil in der extremistischen PKK, der Arbeiterpartei Kurdistans, organisiert ist. Das Bundesamt für Verfassungsschutz qualifiziert die PKK als „eine straff organisierte und konspirativ arbeitende Organisation“, auf deren Konto immer wieder auffällige, manchmal auch gewalttätige Aktionen kommen, bis hin zu Mordanschlägen“.

Ein anderes Problem, das direkt aus dem Kurdenkonflikt nach Europa hineinwirkt, ist der Drogenhandel, aus dem sich kurdische Freischärler in erheblichem Maße finanzieren (siehe Kapitel V).

Europa: Draußen vor der Tür

Seit Jahren setzt die Türkei ihre Hoffnung auf die Europäische Gemeinschaft, erwartet sie die Vollmitgliedschaft. Schon 1967 wurde ein Assoziierungsabkommen zwischen Türkei und EG geschlossen, mit der Perspektive des Beitritts. Aber zu der Zeit hatte die Türkei noch eine große strategische Bedeutung an der Südflanke der Nato. In dem gleichen Maße wie die sowjetische Bedrohung zurückging, verlor die

Türkei an Gewicht. Die Folgen sind für diese Nation zwischen Ost und West, zwischen Orient und Okzident, fatal. Die Probleme des Landes sind so gewaltig, daß es sie nur mit einem starken Beistand lösen kann, wenn überhaupt. Beharrlich betreibt die Türkei deshalb ihren Beitritt, den aber die europäischen Kernländer ebenso beharrlich, wenn auch nicht offen, abblocken. Bis auf Griechenland, das traditionell mit der Türkei verfeindet ist, sagt es niemand den Türken direkt, daß man sie effektiv nicht in der EG haben will. Daß sie sich hinter dem Veto der Griechen verschanzen können, kommt den anderen EG-Ländern sehr gelegen, weil so das eigene Verhältnis zur Türkei nicht allzusehr belastet wird. Die Haltung der Westeuropäer aber ist im Grunde eindeutig: Wir wollen Euch nicht, Ihr gehört nicht zu uns!

Objektiv gesehen, ist es auch schlecht vorstellbar, daß die Türkei Mitglied der Europäischen Gemeinschaft werden könnte. Das Land ist in keiner Weise reif dafür, weder gesellschaftlich noch ökonomisch. Von den permanenten Menschenrechtsverletzungen, wie Folter in den türkischen Gefängnissen, einmal ganz abgesehen. Was aber am schwersten wiegt, ist die grundsätzliche Frage, ob die Türkei, dieses islamische Land, das so fern vom westlichen Europa in Kleinasien liegt, überhaupt in die europäische Völkerfamilie paßt.

Davon einmal abgesehen: Die wirtschaftlichen Probleme des 60 Millionen-Volkes sind so gewaltig, daß sie auch die – schon angespannte – Finanzkraft der Europäischen Gemeinschaft überfordern würden. Konsequenterweise wurde deshalb der Antrag auf Mitgliedschaft in der Europäischen Gemeinschaft, den die Türkei 1986 gestellt hatte, abgelehnt. Weil es sich die Europäer aber doch nicht ganz mit der Türkei verderben wollten, verfolgte Brüssel eine hinhaltende Taktik. Es wäre ehrlicher, wenn auch wohl nicht klüger gewesen, hätte man wie der ehemalige Bundeskanzler Helmut Schmidt klipp und klar erklärt: Die Türkei gehört nicht in die Europäische Gemeinschaft.

Ob der geopolitische Faktor seine Bedeutung behält, nachdem der Ost-West-Konflikt praktisch beendet ist, wird sich erweisen. Vielleicht bekommt die Türkei eine ganz neue Bedeutung als Schutzwall gegen die islamischen Mächte des Nahen Ostens, immer vorausgesetzt, die Türkei wechselt nicht eines Tages doch noch in dieses Lager, was angesichts der zunehmenden Islamisierung nicht ausgeschlossen ist. Die Türkei sieht sich heute als den einzigen stabilen Faktor im nahen Osten und fordert dafür vom Westen Anerkennung, vor allem konkrete Unterstützung. Verglichen mit den anderen islamischen Ländern, kann man ihr diese Stabilität nicht absprechen. Gestützt auf eine disziplinierte, gut ausgerüstete, schlagkräftige Armee ist die Türkei zweifellos ein Land, mit dem in dieser Region zu rechnen ist. Typisch orientalisch versuchen die Türken mit diesem Pfund zu wuchern. Ganz unverhüllt die Drohung, als Präsident Özal in einem Zeitungsinterview sagte: Wenn die Türkei weitere sich auf den Nahen Osten erstreckende sicherheitspolitische Aufgaben der Nato wahrnehmen solle, müsse das mit der Frage einer türkischen Vollmitgliedschaft in der Europäischen Gemeinschaft verknüpft werden.

Mitte der achtziger Jahre, als der Beitritt der Türkei wieder einmal auf der Tagesordnung stand, hat ein deutscher Diplomat die Lage so kommentiert. „Wir lavieren uns so durch, und hoffen, daß die Türkei im nächsten Jahrhundert strategisch nicht mehr so wichtig ist."

Die Position speziell der Deutschen ist heikel. 1970 – damals glaubte man noch Gastarbeiter zu brauchen – hatte Bonn in einem Zusatzprotokoll zum Assoziierungsabkommen bestätigt, daß türkische Arbeitnehmer „schrittweise" bis zum 1. Dezember 1986 die gleichen Rechte bekommen sollten wie ihre Kollegen aus den Ländern der Gemeinschaft. Wie sich bald herausstellte, war diese Zusage nicht zu halten. Schon 1973 sah sich Bonn gezwungen, einen Anwerbestop zu verhängen, eine Maßnahme, die sich in erster Linie gegen Türken richtete. In einer Studie hat die Bundesanstalt für Arbeit festgestellt, daß 8 (!) Millionen türkischer Arbeiter, praktisch auf gepackten Koffern sitzen und auf den Tag warten, da es ihnen möglich werde, nach Europa einzureisen.[9] Geradezu eine Horrorvision für die Europäer, vor allem die Deutschen, die schon die meisten Türken im Land haben.

Bonn versuchte sich praktisch mit enormen Finanzzuschüssen von seiner Zusage aus dem Jahre 1970 freizukaufen. Insgesamt über fünf Milliarden Mark sind als Entwicklungshilfe im Lauf der Jahre nach Ankara geflossen, dazu nochmals 2 Milliarden DM Anfang der achtziger Jahre als Sonderhilfe. Nur Indien erhielt mehr, aber das ist seinen 700 Millionen Menschen fast elfmal so groß wie die Türkei.

Enorme Wirtschaftsprobleme

Es kann nicht bestritten werden, daß die Türkei enorme Fortschritte gemacht hat. Die Lebensbedingungen der Massen konnten dennoch nicht spürbar verbessert werden. Das Pro-Kopf-Einkommen beträgt zur Zeit rund 1300 US-Dollar im Jahr, das bedeutet: nicht einmal ein Zehntel des deutschen. Selbst im ärmsten EG-Land, in Portugal, sind die Einkommen doppelt so hoch. Wie sollte ein solches Land seinen Platz im hochentwickelten, hochindustrialisierten Europa finden, wie wäre ein solcher Abstand zu verringern und vor allem: wie sollte dieser Entwicklungsprozeß zu finanzieren sein? Wie gigantisch eine solche Aufgabe ist, lernt gerade die Bundesrepublik mit den neuen Bundesländern.

Die wirtschaftlichen Probleme sind ebenso mannigfaltig wie schwer lösbar. Das Land am Bosporus leidet vor allem an einer enormen Inflation: 1989 lag die Inflationsrate bei 70 Prozent, 1990 bei etwas über 60. Die Löhne und Gehälter bleiben hinter diesen Steigerungen zurück. Weite Kreise der Bevölkerung verarmen deshalb, zumal die Arbeitslosigkeit jetzt schon sehr hoch ist. Daß Jahr für Jahr 150000 neue Arbeitsplätze geschaffen werden, kann als großer Erfolg verbucht werden, aber was hilft dies, wenn ebenfalls Jahr für Jahr 450000 Arbeitssuchende auf den Arbeitsmarkt drängen? Die Arbeitslosigkeit wird also weiter steigen. Die Staatsverschuldung ist enorm, im Jahr muß die Türkei gut 7 Milliarden US-Dollar allein für den Schuldendienst an seine ausländischen Gläubiger überweisen, das sind nach deutschem Geld mehr als zehn Milliarden. Die Überweisungen der türkischen Gastarbeiter bringen an Devisen gerade die Hälfte.

Viele Bauern und Landarbeiter können sich von der eigenen Scholle nicht mehr ernähren und ziehen in die großen Städte, mit der Folge, daß sich die Probleme dort weiter verschärfen. In den fünfziger Jahren war die Türkei noch in der Lage, Getreide zu exportieren, inzwischen wird alles für die eigene Bevölkerung gebraucht. 54 Prozent der Bevölkerung sind in der Landwirtschaft beschäftigt, aber ein erheblicher Teil der landwirtschaftlichen Produktion dient allein der Eigenversorgung.

Wie in allen Entwicklungsländern, und in den islamischen besonders: eine der wesentlichen Ursachen der wirtschaftlichen Misere ist das ungebremste Wachstum der Bevölkerung. Die türkische Frau bringt (im Durchschnitt) fünf Kinder zur Welt, die Frauen, die in den ländlichen Gegenden leben, sogar sieben. Ebenfalls typisches Problem eines Entwicklungslandes: der schlechte Ausbildungsstand der Bevölkerung. Die Hälfte der Bevölkerung über 6 Jahre hat keine Schulbildung. Die Volksschulen werden von drei Vierteln der Jungen, aber nur von der Hälfte der Mädchen besucht. In 600 Dörfern der Türkei gibt es zwar eine Moschee, aber keine Schule.

In welchem außergewöhnlichen Tempo die Bevölkerung wächst, zeigt ein Vergleich zwischen Griechenland und der Türkei: Um 1920 zählten beide Länder etwa gleich viele Einwohner: rund 10 Millionen. Griechenland hat sich mit seinen heute 9,7 Millionen praktisch auf diesem Stand gehalten. In der Türkei aber leben inzwischen 56 Millionen Menschen, rund sechsmal soviel wie vor siebzig Jahren, und in den neunziger Jahren dieses Jahrhunderts wird ihre Zahl um weitere elf Millionen zunehmen. In einem einzigen Jahrzehnt also wächst die türkische Bevölkerung um die Größe Griechenlands. Das Land wird dann 67 Millionen zählen. Wie sollen diese Menschen ernährt werden? Wird die Türkei auf ein ähnliches Schicksal zusteuern wie Ägypten, das inzwischen 60 Prozent seiner Lebensmittel importieren muß?

Aus eigener Kraft wird die Türkei ihre gewaltigen Probleme nicht lösen können. Aus ihrer Sicht ist es deshalb nur logisch, wenn das Land mit aller Kraft in die Europäische Gemeinschaft drängt. Nicht nur, daß der Türkei damit die kaufkräftigen Märkte Europas geöffnet würden, sie könnte auch mit gewaltigen Zahlungen rechnen, und nicht zuletzt: die europäischen Staaten Mittel- und Westeuropas, die alle sinkende Bevölkerungszahlen aufweisen, müßten wohl oder übel den Bevölkerungsüberschuß der Türken aufnehmen. Alles logisch aus der Sicht der Türkei, aber völlig unakzeptabel für die Europäer. Es scheint geradezu eine Horrorvision: Millionen von Türken, die in die Bundesrepublik einwandern, sich ebenso wie zu Hause durch einen besonderen Kinderreichtum auszeichneten und langsam aber sicher den Charakter unseres Landes verändern würden. Daß sie sich dem Gastland nicht anpassen, daß sie sich nicht integrieren, geschweige denn assimilieren, sieht man an den bereits hier lebenden Gastarbeitern und ihren Familien.

Daß die Gefahr einer solchen Überfremdung kein Hirngespinst ist, zeigt der Westteil von Berlin, wo inzwischen gut 150 000 Türken leben. Statistiker haben errechnet, daß in dem Stadtteil Neukölln mit seinen heute knapp 300 000 Einwohnern und einem hohen Ausländeranteil im Jahre 2012 Ausländer, hauptsächlich Türken, und nicht mehr die Deutschen die Mehrheit stellen werden. Vorausgesetzt: es ändert sich nichts.

Zwischen den Kulturen

Einerseits seit 70 Jahren der Versuch, sich kulturell und zivilisatorisch Europa anzugleichen, andererseits eine Bevölkerung, die in ihrer Masse fest im traditionellen Islam verwurzelt ist: So zeigt die Türkei heute das Bild einer Nation, die zwischen den Kulturen hin- und hergerissen ist und: die inzwischen nirgendwo mehr richtig hingehört. Die Türken versuchen dem Dilemma eine positive Seite abzugewinnen: sie sehen ihr

Land als Brücke zwischen Orient und Okzident, als Mittler zwischen Islam und Christenheit. Nur: die anderen Moslems wollen das nicht, denn die Türkei ist ihnen zu verwestlicht. Und ebensowenig wollen es die Europäer, denn ihnen ist die Türkei nicht „europäisch" genug. Wozu auch sollte eine solche Brücke gut sein? Die Europäer brauchen keine türkische Vermittlung, wenn sie in Verbindung mit dem Orient treten wollen, da gibt es längst eingeschliffene, recht gut funktionierende Kontakte. Von den arabischen Staaten wiederum werden die Mitgliedschaft der Türkei in der Nato, ihre diplomatischen Beziehungen zu Israel, ja die ganze, laizistische Staatsform der Türkei als „Verrat am Islam" angesehen.

Wie sollte ein Land auch zu Europa gehören, in dem es immer noch politische Verfolgung, sogar Folter gibt? Jahr für Jahr fliehen zigtausend Türken, vor allem Kurden, nach Europa. Von 1980 bis 1989 haben allein in der Bundesrepublik Deutschland 136 000 türkische Staatsangehörige um politisches Asyl nachgesucht. 1990 flohen aus der Türkei nochmals 37 000 Menschen nach Europa, 18 000 davon in die Bundesrepublik.

Auf der einen Seite werden in Europa die Schlagbäume abgeschafft, auf der anderen Seite sehen sich alle europäischen Staaten gezwungen, die Grenzzäune zur Türkei höher zu machen. Kein westeuropäisches Land mehr, das für Türken nicht die Visumpflicht eingeführt hätte, nicht weil man sie diskriminieren will, sondern um den Strom der nach Europa Drängenden einigermaßen einzudämmen.

Daß die Türken in Europa ein Fremdkörper geblieben sind, kann man jeden Tag in den europäischen Ländern beobachten, wo eine größere Anzahl von Türken lebt, besonders in der Bundesrepublik. Es ist nicht etwa so, daß die hier lebenden Türken sich langsam an ihre neue Heimat anpassen, das Gegenteil ist der Fall: sie wenden sich sogar sehr viel stärker als zu Hause dem traditionellen Islam und seinen uns fremden Gewohnheiten zu. Unter den hier lebenden Türken greift eine Radikalisierung um sich, wie sie in der Türkei selbst (heute noch) undenkbar wäre (siehe auch Kapitel IV). Das geht so weit, daß der von der Türkei ausgebürgerte, ehemalige Mufti von Adana, Cemalethin Kaplan, der jetzt in Köln lebt, seine straff organisierte Anhängerschaft anfeuern kann: „Die Zeit ist reif, mit dem Kemalismus und den Kemalisten aufzuräumen."[10]

Zu dieser Radikalisierung der hier lebenden Türken gibt es eine historische Parallele, die nachdenklich stimmen kann: Als nach dem Zweiten Weltkrieg die Idee eines von Frankreich unabhängigen, souveränen Algerien immer mächtiger wurde, da ging dem eine verstärkte Hinwendung der in Frankreich lebenden algerischen Einwanderer zum Islam, zu seinen traditionellen Werten voraus. Die Feindschaft der Algerier gegenüber den Franzosen war in Algerien bei weitem nicht so ausgeprägt, wie unter den Algeriern, die in Frankreich lebten. Obwohl Algerier und Franzosen sich nun schon seit vielen Jahren kennen, funktioniert ein tolerantes, entspanntes Miteinander nicht. Es stimmt, wenn Peter Scholl-Latour die Nordafrikaner als „weder integrierbar noch assimilierbar“ bezeichnet, und zwar „weniger aufgrund ihrer maghrebinischen Merkmale als infolge ihres kompromißlosen Engagements im Sinne des Korans.“ Das gleiche gilt im Prinzip für die Masse der in Europa lebenden türkischen Arbeiter und deren Familien.

Wohin wird der Weg der Türkei führen? In die Europäische Gemeinschaft sicher nicht. Die Türkei glaubt an den Beitritt, klammert sich geradezu an diese Hoffnung. Die Europäer lassen sie in diesem Glauben, so, wenn die EG-Kommission offiziell daran erinnert, daß die Türkei *vorläufig* nicht in die Europäische Gemeinschaft aufgenommen wird, wie im Juli 1991 wiederum geschehen. Aber dieser Schwebezustand wird sich auf die Dauer nicht halten lassen. Irgendwann wird auch dem letzten Türken klar werden, daß im christlichen Europa für sein Volk kein Platz ist. Welche Folgen werden sich daraus ergeben? Naheliegend wäre, daß das Land sich wieder seinem angestammten Kulturkreis zuwendet, das heißt, dem islamischen Nahen Osten. Wollte es in diesem Kreis aufgenommen werden, sähe es sich mit schwerwiegenden Forderungen seitens der islamischen Länder konfrontiert: es müßte sich vom verhaßten Westen lösen, natürlich auch die Beziehungen zu Israel abbrechen und vor allem: wieder ein durch und durch islamisches Land werden.

Kann das alles im Interesse Europas sein? Natürlich nicht. Aber eine Mitgliedschaft der Türkei in der Europäischen Gemeinschaft wäre eine noch schlechtere Alternative. Wie wollte man beispielsweise Algerien die Tür weisen, wenn man die Türkei aufgenommen hat? Wie Tunesien? Wie dem Libanon, sollte er irgendwann und endgültig aus dem Chaos herausfinden? Wie Marokko, das ebenfalls schon einen Antrag auf Mitgliedschaft in der EG gestellt hat?

Im Golfkrieg 90/91 stand die Türkei erstmals seit 200 Jahren wieder auf der Seite der Sieger. Für kurze Zeit brachte dieser Krieg Ankara in eine Schlüsselposition, und in typisch orientalischem Überschwang verlor man jedes Maß. Turgut Özal, der türkische Präsident: „In dem neuen System des Nahen Ostens, das begründet werden wird, spielt die

Türkei eine führende Rolle. Wenn der Krieg endet, ist die Türkei eine Führungsmacht.“[11]

Keine Rede davon. Der Krieg ist – fürs erste – vorbei, die Türkei spielt die gleiche Rolle wie vorher, und dies ist keine Hauptrolle.

IX. Verspotte meinen Glauben nicht

Anmerkungen zum Islam

Die satanischen Verse

Oktober 1988: „Mahound ringt mit dem Erzengel, schleudert ihn hin und her, und ich sage dir, er dringt überall in mich ein, seine Zunge in mein Ohr, seine Faust um meine Eier ..." Ein Text, der nicht jedermanns Sache sein mag, aber bestimmt auch niemanden sonderlich aufregen wird, jedenfalls nicht im Westen, nicht in Europa. Für gläubige Moslems aber waren diese paar Sätze aus Salman Rushdies Buch „Die satanischen Verse" eine unerhörte Herausforderung, mehr noch: eine Gotteslästerung – der Erzengel im schwulen Akt mit dem Propheten und ihm dabei die Botschaft Gottes ins Ohr flüsternd.

Die Eruptionen, die dieses Buch in der islamischen Welt auslöste, erschienen den Europäern grotesk, ja bizarr: Indien, Pakistan, Malaysia und natürlich die arabischen Länder verboten das Buch auf der Stelle, als blasphemisch, als gotteslästerlich. In Indien kam es zu Krawallen zwischen Hindus und Moslems, die schließlich derart ausarteten, daß einige der Demonstranten zu Tode kamen.

Der Sekretär des Islamischen Scharia-Rates in London wütete: „Das Buch muß verboten werden, und alle Exemplare, die in den Regalen stehen, gehören verbrannt."[1] Derart aufgeputscht zogen wenig später 8000 islamische Immigranten durch die Straßen Londons, riefen im Chor „Allah akhbar!" (Allah ist der größte) und forderten, das Buch „zu verbrennen" und „vom Erdboden zu tilgen!" Und wirklich, kurz darauf warfen aufgebrachte Moslems in der Provinzstadt Bradford, die einen besonders hohen Anteil von farbigen Einwanderern aufweist (siehe Kapitel I), das Rushdie-Buch in die Flammen eines Scheiterhaufens.

Am konsequentesten und so unerbittlich, wie die Welt ihn kannte, handelte wieder einmal der Ayatollah Chomeini. Der inzwischen verstorbene Führer des Irans setzte eine „Fatwa", einen islamischen Rechtsspruch, der den Autor der „Satanischen Verse", den in Bombay geborenen, aber seit seiner Schulzeit in London lebenden Salman Rushdie zum Tode verurteilte. Chomeini: „Ich informiere hiermit die stolzen Moslems der Welt, daß der Autor des Buches ‚Die satanischen Verse', das gegen den Islam gerichtet ist, sowie alle, die an seiner Publikation beteiligt sind, zum Tode verurteilt werden. Und ich fordere alle Moslems auf, sie hinzurichten, wo immer sie sie auch finden." Außerdem versprach er: jeder, der bei der Befolgung dieses Aufrufes umkomme, werde als Märtyrer ins Paradies eingehen. Und dann, als ob der Ayatollah dem religiösen Fanatismus seiner Anhänger doch nicht ganz traute, setzte er auch noch ein Kopfgeld aus, das sich zusammen mit den Spenden frommer Moslems bald auf 10 Millionen DM summierte.

Salman Rushdie wußte als Moslem nur zu genau, was dieser Bannstrahl bedeutet und verschwand eilends von der Bildfläche. Abgeschirmt von einer Spezialeinheit der britischen Polizei hofft er seitdem, den islamischen Todeskommandos zu entgehen.

Im Westen glaubte man, nicht richtig zu hören: Einen Menschen wegen eines Buches zum Tode zu verurteilen? Das hatte es in Europa seit dem Mittelalter nicht mehr gegeben. Für die aufgeklärten Europäer unbegreiflich. Aber ebenso unbegreiflich war den Moslems, daß die Europäer sich darüber so empören konnten. Hatten sie denn nie von dem Grundsatz gehört: „Töte mich, aber verspotte nicht meinen Glauben"? Unversehens war aus dieser Affäre ein Lehrstück über die unüberbrückbaren Gegensätze zwischen Moslems und Europäern geworden, und was noch wichtiger war: auch das über das Unvermögen, den anderen und seine Welt zu verstehen.

Nach dem Mordaufruf Chomeinis pilgerte eine Abordnung britischer Schriftsteller, angeführt von dem Dramatiker Harold Pinter, in die Downingstreet 10, zum Sitz der britischen Premierministerin. Sie verlangten, den Kollegen und britischen Bürger Salman Rushdie zu schützen und die Meinungsfreiheit zu verteidigen. Einige Unterhausabgeordnete, die sich dem Protest angeschlossen hatten, gingen sogar soweit, die Ausweisung aller Moslems zu fordern, die Rushdie öffentlich bedroht hatten. Die britische Regierung erhob daraufhin in Teheran „schärfsten Protest" gegen die Morddrohung, die „total unakzeptabel" sei und Konsequenzen nach sich ziehen müsse (die natürlich ausblieben, immerhin ist der Iran ein wichtiger Öllieferant und außerdem ein guter Kunde der britischen Industrie).

Deutsche Autoren wollten da nicht nachstehen, und von Johannes Mario Simmel bis Günter Grass setzten sie sich in einem Telegramm an den Bundeskanzler für den britischen Kollegen ein. Die Bundesregierung drückte denn auch „ihre tiefe Besorgnis" aus, und rief den deutschen Geschäftsträger in Teheran zur Berichterstattung nach Bonn (wobei es denn auch blieb, denn der Iran ist ein wichtiger Öllieferant und ein besonders guter Kunde der deutschen Industrie).

Was in der geradezu groteske Züge tragenden Rushdie-Affäre aufeinanderprallte, war die Absolutheit, die Unerbittlichkeit des Islam mit einem längst säkular gewordenen westlichen Denken. Schlagartig hatte diese Affäre den Europäern bewußt gemacht, daß der Islam, diese Weltreligion, die bis heute weder Renaissance, noch Reformation, noch Aufklärung durchschritten hat, in Fragen der Toleranz immer noch dort steht, wo sich die Christenheit vor fünfhundert Jahren befand. Ein seit langem in Paris lebender Moslem, Mohamed Arkoun, Professor für Geisteswissenschaften an der Sorbonne, stellte fest: „Wir (d. h. die Araber) befinden uns heute unter dem Niveau der Freiheit des 10. Jahrhunderts."[2]

Islam, die Hingabe, die Ergebenheit

Obwohl in Westeuropa mehrere Millionen Moslems leben, mitten unter uns, und obwohl ihre Zahl von Jahr zu Jahr größer wird, wissen wir von ihrem Glauben so gut wie nichts, von einer Religion, zu der sich immerhin eine Milliarde Menschen bekennen. Doch wir wären gut beraten, uns ernsthaft und sehr gründlich damit zu beschäftigen:

Christentum und Islam haben beide den Auftrag, die Welt zu missionieren, aber während die Christen diesem Auftrag nur noch halbherzig nachkommen, wenn überhaupt, erlebt er unter den Moslems eine Renaissance: „Der Islam wird von einer militanten Strömung getragen, die intolerant und dogmatisch starr ist, rückwärts gewandt und utopisch."[3]

Der Islam ist wie das Judentum und das Christentum eine monotheistische Religion. Der Moslem glaubt an *einen* Gott, ebenso wie der Jude und der Christ auch. In einer der frühen Suren des Korans heißt es:

Im Namen Allahs, des Allbarmherzigen!
Sprich: „Allah ist der alleinige, der einzige
und ewige Gott, der unwandelbare.
Er zeugt nicht und ist nicht gezeugt,
und kein Wesen ist ihm gleich."

Der Islam unterscheidet zwischen zwei Arten von Religionen: den heidnischen Religionen und den Offenbarungsreligionen. Zu den Offenbarungsreligionen rechnet er das Judentum, das Christentum und vor allem sich selbst, den Islam. Alle drei Offenbarungen haben ihre Ursprünge im Morgenland, und zwar in auffälliger Nähe zueinander. Der Islam, der nach dem Judentum und dem Christentum kam, ist die letzte und deshalb, wie die Moslems glauben: endgültige Religion. Judentum und Christentum betrachtet der Moslem als Vorläufer, beide waren seiner Auffassung nach zwar richtig angelegt, haben aber erst im Islam ihre Vollendung gefunden.

Für den Moslem sind mit Mohammed die Offenbarungen abgeschlossen. Danach kommt nichts mehr. Der Koran (Sure 33,40) spricht von Mohammed als dem letzten Propheten, dem „Siegel“ der göttlichen Offenbarung.

Die Thora der Juden, ebenso wie das Evangelium der Christen, werden vom Islam durchaus als wichtige Bestandteile der Heilslehre akzeptiert, mit der Einschränkung allerdings, daß beide von den Juden und Christen falsch interpretiert werden. Judentum und Christentum sind deshalb nicht an sich und direkt falsch, aber sie interpretierten das Wort Gottes nicht richtig und vor allem: sie sind minderwertiger als der Islam.

Der strenggläubige Moslem sieht im Juden und noch weniger im Christen einen direkten Feind, er kann sie aber immer nur als Untertanen akzeptieren; aus dieser Haltung resultiert die immer wieder zu beobachtende Schlechterstellung jüdischer oder christlicher Minderheiten in islamischen Staaten.[4]

Noch immer gibt es in streng moslemischen Staaten für Ungläubige besondere Steuern, noch immer können Christen dort nicht direkt mit Gläubigen Geschäfte machen, müssen „Vermittler“ eingeschalter werden. Man stelle sich einmal das Umgekehrte vor, türkische Gastarbeiter müßten bei uns eine besondere Steuer bezahlen, und dies nur, weil sie keine Christen sind.

Kann es ein wirklich friedliches Miteinander, ja wenigstens ein Nebeneinander von Christen und Moslems geben? Der Publizist Gerhard Konzelmann, einer der besten Kenner der islamischen Welt, schreibt dazu: „Nur wer den Koran nicht kennt, wird davon reden, daß ein partnerschaftliches Nebeneinander der beiden Religionen Islam und Christentum möglich ist. Mohammed sah in den Christen die Verräter an der wahren Lehre vom einen und wahren Gott.“[5] Und dennoch stehen die Christen immer noch besser da als die Juden: Den Juden zürnt Allah, die Christen gelten nur als Irrende, die vom Zorn Gottes verschont bleiben.

Für den gläubigen Moslem gibt es nur einen gültigen Glauben, eben den Islam (Islam = Hingabe, Ergebenheit). Logischerweise muß dieser Glaube allen anderen überlegen sein, und daraus resultiert beim Moslem ein Gefühl der Überlegenheit, das im frühen Mittelalter in gewisser Weise gerechtfertigt war, heute aber nicht mehr. Zu offensichtlich stößt sich dieser Glaube, die beste von Gott „erschaffene Gemeinschaft unter den Menschen zu sein“ mit der Wirklichkeit des 20. Jahrhunderts. Zu deutlich erlebt der Moslem heute, wie ein minderwertiger Glaube, wie es das Christentum seiner Auffassung nach ist, dem Islam in Kultur, Politik, Wirtschaft, Wissenschaft und vor allem in der Technik überlegen ist. In diesem Gefühl der Unterlegenheit, die für sie unverständlich ist, liegt eine der Ursachen für den Haß, den viele Moslems gegen den Westen, besonders gegen die USA als Symbolmacht westlich-christlicher Überlegenheit empfinden.

Wie der Islam entstanden ist

Mohammed (570–632 n. Chr.), der Prophet, stammte aus einer vornehmen, doch vermutlich verarmten Familie Mekkas, einer Stadt, die im Hedschas liegt, einer kargen, sandig-steinigen Landschaft am Roten Meer. Heute ist der Hedschas ein Teil von Saudi-Arabien.

Auf der arabischen Halbinsel herrschten in jener Zeit mehrere primitive Religionen. Man kann es ruhig so sagen: die Gegend war von Heiden bewohnt, während sich nicht weit entfernt glanzvolle Stätten der Christenheit befanden, Damaskus, Alexandria und in gewisser Weise auch Jerusalem, vor allem aber Konstantinopel. Von den heidnischen Kulten im Hedschas hatte allein der Steinkult eine größere Bedeutung, dessen Zentrum in Mekka lag, wo der schwarze Stein in der Südwestecke der Kaaba schon damals das Ziel alljährlichr Wallfahrten war. Der Überlieferung zufolge soll dieser Stein Abraham, dem Stammvater der Juden aber auch der Araber, vom Erzengel Gabriel übergeben worden sein. Mekka, mit der Kaaba, ist seit Mohammed das größte Heiligtum des Islam: das Ziel der in den Grundpflichten geforderten Wallfahrt.

Mohammed hatte schon sein vierzigstes Jahre erreicht, als er zum erstenmal eine überirdische Stimme seinen Namen rufen hörte. Die Stimme sprach Worte, die von Gott selbst kamen, Botschaften, die der Erzengel Gabriel im Auftrage Gottes an Mohammed richtete. Mohammed hörte von nun an die Stimme des Erzengels immer häufiger, bis sie ihm drei Jahre später offenbarte, daß er ein *Rasul* werden sollte, ein Mann, der die Botschaften, die er empfangen hat, weitertragen werde. Diese Botschaften wurden später in den Suren des Koran niedergelegt, im Heiligen Buch des Islam:

Für den gläubigen Moslem ist es das unmittelbare Wort Gottes. Zunächst nur mündlich weitergegeben, wurden die 114 Suren des

Koran unter dem dritten Nachfolger Mohammeds, dem Kalifen Osman (644–656 n. Chr.), aufgeschrieben und festgehalten. In Arabisch. Der strenggläubige Moslem hält es für undenkbar, daß der Koran in irgendeine Sprache übersetzt werden könnte.[6] Das Wort Gottes darf nur in der Sprache verkündet werden, in der es dem Propheten übermittelt wurde.

Mohammed begann in seiner Heimatstadt Mekka zu predigen, die damals von heidnischen Arabern bewohnt war, stieß aber bald auf heftigen Widerstand, so daß er 622 n. Chr. mit einer Schar Getreuer in das nahe, ihm freundlicher gesonnene Medina fliehen mußte. Mit dieser Flucht, der *Hedschra,* beginnt die islamische Zeitrechnung.

Der Islam, die neue Religion, so wie Mohammed sie verkündete, ruht auf fünf Prinzipien, den **fünf Säulen des Islam:**

– dem *Glaubensbekenntnis:* „Es gibt keinen Gott außer Allah und Mohammed ist sein Prophet." Wer diese Worte vor „lauteren Zeugen" spricht, ist damit zum Moslem geworden. Der Eintritt in den Islam ist also sehr einfach.

– Der Pflicht zum fünfmaligen täglichen *Gebet.*

– der Vorschrift, einmal im Jahr einen Monat lang zu *fasten,* und zwar im Monat Ramadan des islamischen Mondjahres.

– dem Befehl, ein Vierzigstel seines jährlichen Einkommens als *Almosen* an die Armen zu geben. –

– der Empfehlung, wenigstens einmal im Leben, soweit der Gläubige dazu in der Lage ist, die große *Wallfahrt* nach Mekka zu machen.

Das sind einfache, klare Gebote. Sie fordern vom Menschen nicht mehr, als er geben kann. Der Islam ist ein einfacher, leicht zu verstehender Glaube, was nicht zum geringsten Teil seine Faszination ausmacht und vor allem zu seiner raschen Verbreitung beitrug, in neuerer Zeit besonders in Afrika.

Der Islam kennt keinen Unterschied zwischen der Hautfarbe, zwischen den Rassen, zwischen Herkunft oder Stand, und: er kennt auch keine Staatsgrenzen. Die Moslems sind alle gleichberechtigt, sie sind alle vereinigt in der *Umma,* der Gemeinschaft der Gläubigen, die heute vom Atlantik im Westen bis zu den Gestaden des Pazifik im Osten reicht. In Wahrheit ist die grenzenlose Umma ein Ideal, das ganz selten verwirklicht war, in vollkommener Weise nur in der Zeit des Propheten, und in gewisser Weise, wenn auch nicht so vorbildlich, im Osmanischen Reich. In unseren Tagen gibt es einen türkischen, einen indonesischen und einen arabischen Islam, um nur die Hauptrichtungen zu nennen. Und es gibt viele Grenzen zwischen den Gläubigen, viele islamische

Staaten, die nicht nur nebeneinander existieren, sondern meist auch noch in bitterer Feindschaft untereinander leben. Von einer wirklichen Umma, der Gemeinschaft der Gläubigen, kann heute ernsthaft nicht die Rede sein.

So einfach der Islam einerseits ist, so stellt er andererseits an seine Anhänger einen totalen Anspruch, anders als das Christentum. Er verlangt die vollkommene Unterwerfung des Menschen unter der Allmacht Allahs. Der Ethnologe Joseph Henninger sieht darin die „unüberbrückbare Kluft“ zwischen Christentum und Islam „von Anfang an“.

Die bei uns übliche Trennung von Staat und Kirche kennt der Islam nicht, nebenbei bemerkt auch keine Kirche, keine Priester und keine Sakramente. Nichts steht im Islam zwischen dem Gläubigen und seinem Gott. Der Islam geht von der Einheit von Glauben und Staat aus, wie sie in der Person des Propheten ideal verwirklicht war, später aber in dieser Vollkommenheit nie mehr erreicht wurde, auch im Osmanischen Reich nicht, wo diese Einheit immerhin noch im Sultan von Istanbul symbolisiert war, der als Kalif gleichzeitig geistliches Oberhaupt aller Moslems war. Mohammed selbst hatte prophezeit, daß seine Gemeinde nach seinem Tod in 73 Gruppen zerfallen werde, und in der Tat: die Geschichte des Islams ist eine Geschichte schier endloser Fehden und Kämpfe.

Sunniten und Schiiten

Ein 1300 Jahre alter Streit hat den Islam bis auf den heutigen Tag gespalten und zwei Glaubensrichtungen hervorgebracht, die sich nach europäischem Empfinden allerdings nur minimal unterscheiden: die *Sunniten* und die *Schiiten.* Dieses Schisma datiert aus den ersten Jahren nach Mohammeds Tod. Wahrscheinlich ist es das gewaltigste und dauerhafteste Schisma aller Weltreligionen. Mohammeds Vetter und Schwiegersohn Ali Ibn Abi Talib, der mit Mohammeds Tochter Fatima verheiratet war, sah sich als Nachfolger des Propheten. Mohammeds Witwe Aischa setzte aber einen anderen Kandidaten durch: Abu Bakr, der im Todesjahr Mohammeds dessen Nachfolger wurde, also erster Kalif und Statthalter Allahs auf Erden. Ali, der das Kalifat für sich beanspruchte, konnte es erst 24 Jahre später (656 n. Chr.) erringen, wurde aber schon im Jahr darauf, nach der Schlacht bei Siffin am Euphrat, von einem Schiedsgericht abgesetzt. Dies führte zur Spaltung der Moslems. Die Anhänger Alis nannten sich *Schiiten,* was in etwa

„Parteigänger" bedeutet, die „Schiat Ali" ist die Partei Alis. Für die Schiiten hat nur die *Sunna* (s. unten) seit Alis Kalifat Gültigkeit, da ja die Vorgänger Alis im Kalifenamt nicht die rechtmäßigen Nachfolger des Propheten gewesen waren, während die **Sunniten** nur die Sunna der ersten drei Kalifate nach Mohammed als Ergänzung zum Koran anerkennen. Ein weiterer Unterschied: für die Schiiten muß der Führer der Moslems ein Abkömmling des Propheten sein, die Sunniten verlangen, daß der „Führer" (Imam) gewählt werden muß. Für die Schiiten hat es seit der Ermordung Alis im Jahre 661 n. Chr. nur elf rechtmäßige Imame gegeben, alle waren sie direkte Abkommen Alis und seiner Frau Fatima. Fast alle starben sie wie der Ali-Sohn Hussein im Kampf um das rechtmäßige Kalifat. Der 12. Imam, Mohamed al-Magdi, ging der Überlieferung zufolge in Sammara in die Verborgenheit ein; er wird nach der festen Überzeugung der Schiiten am Jüngsten Tag aus dieser Verborgenheit zurückkehren.

In der Türkei, in Saudi-Arabien und in Ägypten machen die Sunniten die Masse der Moslems aus. Die Schiiten sind im Vergleich dazu eine kleine Gruppe, die nicht mehr als zehn Prozent aller Moslems stellt. Im Iran herrschen die Schiiten vor, im Irak stellen sie immerhin noch die Hälfte der Gläubigen. Was die Schiiten so einflußreich macht, ist der Umstand, daß sie im Gegensatz zu den Sunniten eine Art Klerus haben, der nicht nur in religiösen, sondern auch in weltlichen Angelegenheiten als oberste Autorität gilt. An der Spitze dieses Klerus stehen die Ayatollahs, ein in Europa bis zum Auftreten Chomeinis kaum bekannter Begriff. Der Irak hat für die Schiiten eine besondere Bedeutung, weil sich in diesem Land ihre drei wichtigsten Heiligtümer befinden, alle in geringer Entfernung von Bagdad: In Kerbala liegt Alis Sohn Hussein begraben, der ebenso wie sein Vater ermordet wurde und unter den Schiiten als „Fürst aller Märtyrer" gilt; Ali selbst soll in Nadschef ruhen, dem anderen schiitischen Heiligtum; das dritte ist Samarra, wo Mohamed al Magdi verschwunden ist, der geheimnisvolle 12. Imam, ein späterer Nachkomme Alis, der beim Jüngsten Gericht auf die Erde zurückkehren wird, um Frieden und Gerechtigkeit wiederherzustellen. Bis dahin haben nach schiitischer Lehre die Ayatollahs, seine Stellvertreter, die weltlichen und geistlichen Angelegenheiten zu besorgen.

Vereinfacht könnte man auch sagen: die Sunniten verstehen sich als orthodoxe Muslime, im Vergleich mit ihnen sind die Schiiten besonders militant. Die Bedrohung des Westens ging in den letzten Jahren von den Schiiten aus. Ayatollah Chomeini: „Je mehr Menschen, vor allem junge Menschen für unsere Sache sterben, desto stärker werden wir. *Die*

Moslems aller Länder müssen die Todesfurcht bezwingen, damit sie die ganze Welt bezwingen können.“[7]

Religion und Staat

Der so folgenschwere Unterschied zwischen Christentum und Islam in der Frage des Verhältnisses von Staat und Religion erklärt sich auch aus den Zeitumständen ihrer Entstehung: Das Christentum wurde in das machtvolle, zivilisatorisch hochstehende, bis ins kleinste organisierte und streng verwaltete Römerreich hineingeboren. Für die neue Religion, vor allem für das kleine Häufchen ihrer Anhänger war es eine Frage von Sein oder Nichtsein, diese Ordnung zu akzeptieren. Wollte man überleben, dann mußte man dem Kaiser geben, was des Kaisers ist. Anders beim Islam: er entstand in einem staatlichen und machtpolitischen Vakuum. In den Steinwüsten der arabischen Halbinsel gab es zur Zeit Mohammeds nur umherziehende Stämme, auch einige kleine Städte, aber keinen Staat, jedenfalls nichts, was auch nur im entferntesten mit dem Römischen Reich zu vergleichen gewesen wäre. Der neue Glaube konnte sich also nicht auf eine vorhandene Ordnung, auf eine vorgegebene Staatsverfassung stützen, er mußte deshalb nicht nur religiöse Gesetze schaffen, sondern auch weltliche, um das Zusammenleben der Menschen zu regeln.

Die für den Islam so typische Einheit von Staat und Religion gehört zu seinen Grundprinzipien und damit unterscheidet er sich fundamental vom Christentum. Diese religiös-politische Einheit war nur ideal unter Mohammed verwirklicht, als auf der arabischen Halbinsel ein Gottesstaat entstanden war. Sie ist im Laufe der Jahrhunderte verloren gegangen, blieb aber immer das angestrebte Ideal. Wie machtvoll diese Idee heute noch ist, zeigt das Beispiel des Iran, wo durch den Ayatollah Chomeini aus dem unter dem Schah verwestlichten Land ein Gottesstaat von geradezu mittelalterlicher Strenge entstanden ist. Das Gegenbeispiel liefert die ebenfalls islamische Türkei, wo zu Beginn unseres Jahrhunderts vom Reformer Atatürk ganz bewußt ein laizistischer Staat ins Leben gerufen wurde, also die staatlichen Angelegenheiten von den religiösen getrennt wurden, was im Grunde ganz un-islamisch ist; in der Türkei erweist sich aber neuerdings wieder die ungebrochene Kraft dieser Idee: Tendenzen zur Islamisierung des öffentlichen Lebens gewinnen dort deutlich an Boden und drohen, die moderne Türkei, das Werk Atatürks, zu zerstören.

Die Forderung, die Trennung von Weltlichem und Religiösem zu beenden, da sie unislamisch ist, wird in allen arabischen Staaten immer nachdrücklicher, so wenn etwa das Oberhaupt der fundamentalistischen Moslembruderschaft in Ägypten, Hamit Abu el-Nasr, fordert: „Wir verlangen die Unterschiede zwischen Staat und Religion aufzuheben."

Wie eng Religion und Staat im Islam miteinander verwoben sind, wird besonders im Koran deutlich, wo – nach *unserer* Auffassung – völlig Unvereinbares nebeneinandersteht, etwa die genaue Regelung der Erbteilung neben einer eben so genauen Beschreibung der Höllenqualen. Religion auf der einen, Erbrecht auf der anderen, das richtige Verhalten im Alltag neben den allerletzten Wahrheiten, alles ist im Koran geregelt, und zwar auf das genaueste.

Und damit kommt man zum Kern:

Da der Koran von Gott unmittelbar stammt, ist alles, was darin steht, ewig gültig, jeder Satz für sich und zusammen mit allen anderen: Vorschriften, die in alle Ewigkeiten unveränderlich und verbindlich sind, die vom Menschen nicht in Frage gestellt werden, geschweige denn verändert werden dürften. Die einzige, die ewige Wahrheit.

Der Kodex des Islam

Das, wonach sich nun der Moslem im täglichen Leben zu richten hat, ist die **Sharia,** das allumfassende islamische Recht. Es besteht aus

– dem *Koran,* der das Fundament von allem ist: die Offenbarungen Gottes, aber nicht nur die „Bibel" des Moslem, sondern auch Bürgerliches Gesetzbuch und Verwaltungshandbuch, aber ebenso das Buch der letzten Wahrheiten.

– der *Sunna* (wörtlich: Gewohnheit) des Propheten. Da im Koran manches nur angedeutet ist, richtet sich der Moslem daneben nach dem Vorbild Mohammed (und dessen rechtmäßigen Nachfolgern, siehe oben: Schiiten/Sunniten) entsprechend der Sure 54,7: „Wahrlich in dem Gesandten Gottes habt ihr ein schönes Vorbild für jeden, der Allah und den jüngsten Tag hofft und oft Gottes gedenkt."

– der *umma,* der Gemeinschaft der Gläubigen, die das Recht hat in allgemeiner Übereinstimmung auf den göttlichen Willen zu schließen.

– schließlich den Interpretationen der *Ulemas,* der Berufenen, der Rechtsgelehrten.

Letzte Quelle aber sind und bleiben die Offenbarungen Gottes, sie sind vom Menschen nicht zu verändern, sie sind das Ewige.

Andererseits vermag auch der gläubigste Moslem nicht zu übersehen, daß manches, was im Koran steht, ganz an die Vorstellungswelt Mohammeds gebunden ist. Doch was davon ist ewig? Was veränderlich? Aus dieser Frage resultiert ein seit den Anfängen des Islam bestehender Streit. Da gibt es die einen, die sich strikt an das Wort des Koran halten, und andere, die zwischen den Werten ewiger Gültigkeit und solchen, die sich mit den Zeiten ändern müssen, unterscheiden. Bis heute und heute wieder verstärkt besteht dieser Gegensatz zwischen Fundamentalisten und Reformern. Aus Gründen, die noch darzulegen sind, scheint sich in unseren Tagen die Waage auf die Seite der Fundamentalisten zu neigen.

Wenn nun der Koran mit seinen Vorschriften von Gott unmittelbar stammt, dann kann es da kein Wenn und Aber geben. Wenn der Koran vorschreibt, daß dem Dieb die rechte Hand abgehackt werden soll, so mögen wir Europäer eine solche Strafe als unangemessen, ja als barbarisch empfinden, der Moslem aber wird an ihrer Richtigkeit keine Sekunde zweifeln.

Wenn der Gläubige Gott lästert, so muß er mit den schwersten Strafen rechnen. Der *„murtadd“*, der Abtrünnige, hat den Zorn Gottes zu fürchten und schwere Strafen zu erwarten, so steht es im Koran. Um zum Anfang dieses Kapitels zurückzukehren: das Todesurteil, das der Ayatollah Chomeini über Salman Rushdie verhängt hat, ergibt sich für den Moslem zwingend aus dem Koran. Was sind gegenüber dem Wort Gottes solche westlichen Werte wie Freiheit der Kunst, oder Freiheit der Meinung? Alles nur zivilisatorischer Firnis in den Augen des gläubigen Moslem.

Salman Rushdie hat inzwischen, zwei Jahre nach dem Verdikt Chomeinis, versucht, seinen Frieden mit dem Islam zu machen: Seine Schilderung des Wirkens Mohammeds wäre nie als „Beleidigung“ der Moslems gedacht gewesen. Es wird ihm wohl nichts helfen: Ayatollah Chameni, das jetzige Oberhaupt der iranischen Schiiten, erklärte das Urteil seines Vorgängers auch dann für unwiderruflich, wenn „Rushdie der frömmste Muslim der Epoche“ werden würde. Anfang 1991 hatten islamische Würdenträger auf einer Konferenz in Teheran das Urteil bestätigt. Das Kopfgeld für die Ermordung Rushdies wurde verdoppelt.

Ost und West, Orient und Okzident, sie passen nicht zusammen.

Moslems, die in Europa leben, als Gastarbeiter oder als Flüchtlinge, geraten immer wieder in das gleiche Dilemma: ihre Umwelt ist geprägt von der europäischen Aufklärung, ihr Glauben aber stellt Forderungen an sie, die manchmal diametral dazu stehen, ja, nach unserer Auffassung geradezu mittelalterlich sind. In Großbritannien, wo Moslems schon seit 150 Jahren leben und wo inzwischen eine auf Millionen angewachsene Gemeinde entstanden ist, hören Richter von moslemischen Angeklagten immer häufiger: „Meine Religion verlangt von mir, Ihre Gesetze zu brechen."

Diese Aussage deutet das Problem an, das Europa immer mehr zu schaffen machen wird.

Das Gesetz

Die enormen Anpassungsschwierigkeiten, die der gläubige Moslem in der modernen Welt hat, rühren häufig aus der Unvereinbarkeit des islamischen Rechts, der Scharia mit den Gesetzen moderner, westlicher Staaten her. Besonderes Dilemma für einen gläubigen, in einem westlichen Land lebenden Moslem: die Scharia, das islamische Recht gilt prinzipiell für die ganze Welt; aber nicht die Welt richtet sich nach diesen Vorschriften, sondern der im Ausland lebende Moslem muß sich nach den Gesetzen der Ungläubigen richten.

Da der Islam alle Lebensverhältnisse religiös bewertet, umfaßt die Scharia religiöse Pflichten ebenso wie kultische und juristische Vorschriften ebenso wie politische.

Alle Handlungen des Gläubigen werden in der Scharia in fünf Kategorien eingeteilt: in obligatorische, in empfohlene, in gleichgültige, in unerwünschte und in verbotene. Um es an einem Beispiel deutlich zu machen: Sich vor dem Gebet zu waschen, ist obligatorisch, dabei mit der rechten Seite zu beginnen, wird empfohlen, ob man kaltes oder warmes Wasser dazu nimmt, ist gleichgültig, daß aber dieses Wasser jemand schon vorher berührt hat, ist verboten.[8]

Wie schwer verständlich, ja teilweise unakzeptabel für eine westliche, aufgeklärte Gesellschaft manche Vorschriften der Scharia sind, können folgende Beispiele deutlich machen:

Das *Eherecht* gestattet dem Moslem bis zu vier legitime Frauen, dazu beliebig viele Konkubinen. Auch wenn die Polygamie kaum mehr vorkommt, Recht ist Recht, jeder gläubige Moslem dürfte so leben. Die Scheidung kann vom Mann ausgesprochen werden, ohne daß er sich näher zu erklären bräuchte, doch kann er die Frau vor Ablauf der gesetzlichen Wartefrist (drei Regelperioden) wieder zu sich nehmen. Spricht er die Scheidungsformel dreimal aus, ist die Trennung endgültig. Die Frau sollte immer nur einen Moslem heiraten. Der Mann aber darf auch eine „Schriftbesitzerin“, also eine Angehörige einer der beiden anderen Offenbarungsreligionen, des Judentums oder des Christentums, zur Frau nehmen.

Auch im islamischen *Strafrecht* gibt es Vorschriften, die für einen Europäer schwer verständlich, vor allem nicht akzeptabel sind, jedenfalls nicht hier bei uns, in Europa. Die Todesstrafe, im Westen praktisch abgeschafft, wird im islamischen Orient nach wie vor verhängt, und selbst für nach unseren Begriffen unbedeutende Vergehen. Falls von der Todesstrafe abgesehen wird, muß der Schuldige das Blutgeld bezahlen und – wiederum für uns schwer verständlich – für eine Frau die Hälfte, für Juden und Christen gar nur ein Drittel dessen, was für einen männlichen Moslem zu „zahlen“ wäre.

Schwer ist es manchmal, ein Verbrechen zu beweisen, denn es wird empfohlen, Barmherzigkeit walten zu lassen und möglichst kein Zeugnis gegen einen anderen abzulegen. Eine Strafverfolgung wird daher oft unmöglich. Wenn in Europa ein Moslem einen anderen vor Gericht nicht belastet, so hat das nicht nur mit dem Zusammenhalten der Ausländergemeinschaft zu tun, wie man meinen könnte: nein, die Religion verlangt es so. Wegen Ehebruchs beispielsweise kann jemand nur verurteilt werden, wenn vier unbescholtene Zeugen den Vorgang genau beobachtet haben, was eine Verurteilung praktisch unmöglich macht. Wird eine Frau vergewaltigt, braucht der Mann kaum mit einer Bestrafung zu rechnen; denn nur in den seltensten Fällen werden „vier unbescholtene Zeugen“ dabei zugesehen haben. Umgekehrt muß die vergewaltigte Frau ebenfalls vier Zeugen aufbieten, gelingt ihr dies nicht – und wie sollte es? – gilt sie als nicht glaubwürdig und wird wegen Ehebruchs angeklagt. Im islamischen Pakistan, das inzwischen die Scharia eingeführt hat, wurde schon 1981 eine Frau wegen Ehebruchs zum Tode durch Steinigen verurteilt, die Strafe wurde zwar bis heute nicht vollstreckt, aber bis heute auch nicht aufgehoben.

Die Scharia regelt ebenfalls das Verhalten des Moslem gegenüber dem Nicht-Moslem. Einerseits kennt der Islam nicht die zwangsweise Bekehrung, heißt es doch im Koran „Kein Zwang im Glauben“ (Sure 2,257), andererseits steht im Koran auch „Bekämpfet diejenigen, welche nicht an Gott und an den jüngsten Tag glauben und welche nicht für verboten halten, was Gott und sein Gesandter verboten haben, und welche nicht die wahre Religion bekennen, nämlich die Schriftbesitzer, bis sie die *gizya* zahlen persönlich und in Erniedrigung“ (Sure 9,29). Mit Schriftbesitzer sind die Juden und Christen gemeint; sie sollen nicht zwangsweise bekehrt oder gar getötet werden, müssen aber eine besondere Steuer zahlen, die *gizya.* Heiden aber, die keine „Heilige Schrift" haben, sind bis zur Vernichtung zu bekämpfen, es sei denn, sie nehmen den rechten Glauben an. Den aber wieder abzulegen, ist ein schlimmes Verbrechen: Der Abtrünnige hat den Zorn Gottes und schwere Strafen zu fürchten, meist sogar die Todesstrafe.

Der Heilige Krieg

Mohammed war nicht nur Prophet und Religionsstifter, er war auch Feldherr. 50 Schlachten soll er mit seinen Anhängern geschlagen haben. Als er gerade eine Schar Anhänger hinter sich hatte, schickte er Botschaften an drei Großmächte seiner Zeit und forderte sie auf, sich den Offenbarungen Allahs, dem neuen Glauben zu unterwerfen. Adressaten dieser hochmütigen Botschaften waren der Kaiser von Byzanz, der Großkönig von Persien und der Koptische Patriarch von Alexandrien. Keiner nahm natürlich diese Worte aus der Wüste ernst, aber alle drei Reiche sollten später dem Ansturm des Islam unterliegen. Dennoch wäre die Annahme falsch, der Islam wäre nur mit Feuer und Schwert verbreitet worden. Der *Dschihad,* der Heilige Krieg, gehört nicht zu den fünf Grundpflichten des Islam; dennoch gilt der Kampf (nicht unbedingt Krieg) gegen die Ungläubigen als verdienstvolles Werk, das dem, der dabei umkommt, die Aufnahme ins Paradies verheißt.

Mohammed: „Für jeden Weg gibt es eine Abkürzung, und die nächste Abkürzung des Weges zum Paradies ist der Glaubenskrieg um Gottes willen."

Dieses Versprechen erklärt zum Teil den Fanatismus und die Todesverachtung, mit denen schon immer islamische Krieger in den Kampf gezogen sind. Wer im Kampf, im Heiligen Krieg, getötet wird, der ist ein Schahid, ein Märtyrer. Saddam Hussein rief im Golfkrieg zum Dschihad gegen die Amerikaner auf, und emotionalisierte damit die arabischen Massen. Als die Türken zu Beginn unseres Jahrhunderts die christlichen Armenier umbrachten, da galt ihnen auch dieser Völkermord als Dschihad, als Heiliger Krieg. Ebenso der Krieg Nassers gegen die Israelis. Immer, wenn es darauf ankommt, die Massen zu fanatisieren, haben islamische Herrscher zum Heiligen Krieg aufgerufen.

Der Dschihad dauert nach Auffassung der Moslems an, bis der Islam überall auf der Welt die beherrschende Religion ist. Deshalb wird die Welt auch in zwei „Häuser", in zwei Gebiete geteilt, in das *dar al-*

islam, das Gebiet, in dem die Moslems herrschen, und in das *dar al-harb,* das Kriegsgebiet, das von den Ungläubigen bewohnt wird.

Nach Auffassung der Fundamentalisten muß in unserer Zeit der Dschihad in die Kernländer allen Übels, den Westen getragen werden.[9] Ayatollah Chameini, der Nachfolger Chomeinis im Iran: „Eines Tages werden hoffentlich alle Regierungen der Welt die islamischen Prinzipien verfolgen."

Daß dieser hochmütige Anspruch und diese Intoleranz schon mitten in Europa Fuß gefaßt haben, belegt ein Ausspruch des Direktors des Muslimischen Instituts in London, Kalim Siddigin: „Wenn wir unsere Brüder im Iran sehen, wie sie ihr Land von westlichem Dreck und westlichem Druck säubern, so wollen wir, daß alle Muslime, die darunter leiden, ähnlich aufräumen."[10]

In die gleiche Richtung zielt eine Parole einer türkischen Gastarbeiterorganisation in der Bundesrepublik: „Jeder Gläubige muß wissen, daß die Religionen anderer Nationen nichtig und falsch sind und ihre Angehörigen Ungläubige sind. Der Islam ist die einzig rechtgläubige Religion."[11]

Der islamische Fundamentalismus

Aus dem Auseinanderklaffen zwischen Anspruch und Wirklichkeit ist in der islamischen Welt eine Bewegung entstanden, die sowohl den Westen als auch den Osten immer mehr beunruhigt: der Fundamentalismus. Einfach gesagt, versteht man darunter eine Radikalisierung des Islam. Es ist eine Rückwendung zu seinen Ursprüngen. Ziel ist das alte Ideal: die Einheit von Religion und Politik, so wie sie im Leben des Propheten, in der *Sunna* Mohammeds verwirklicht war. Zu verstehen ist diese Rückwendung nur aus der Geschichte der letzten Jahrzehnte. Nach einem Jahrzehnt des Begeisterungstaumels, der nach der Erlangung der Unabhängigkeit ausgebrochen war, folgte ein Jahrzehnt der Ernüchterung, und nun ist das Jahrzehnt des verzweifelten Wutausbruchs gekommen, einer Wut, die sich gegen die Großmächte, vor allem gegen den Westen richtet. Er soll schuld an allen Übeln sein, unter denen die islamischen Völker leiden.

In aller Deutlichkeit hat dies der Groß-Imam der Al-Azhar-Moschee und Universität von Kairo, Nimr, ausgesprochen:

„Was nützt es die Herrschaft des Kolonialismus abzuschütteln, wenn seine Ideen und Ideologien weiter geistige Knechtschaft ausüben?"[12]

Dabei übersehen die Fundamentalisten geflissentlich, daß „der islamische Untergang lange vor den kolonialen Eroberungen des islamischen Gebietes begonnen hat“, wie der türkische Sozialwissenschaftler Ozay Mehmed feststellt.[13] Wahrscheinlich wollen sie es auch in der für Araber typischen Verdrängung der Wirklichkeit gar nicht sehen.

Die Re-Islamisierung hat eine eindeutig gegen den Westen gerichtete Komponente, sie äußert sich in Polemik und offen zur Schau getragener Feindseligkeit, besonders gegen die USA, dem „großen Satan“, wie sie der Ayatollah Chomeini nannte. Westliche Werte und Kultur, gelten als direkte Angriffe gegen den Glauben, da sie den Islam ins Mark treffen. Der Marxismus ist demgegenüber eine Bedrohung minderer Art,[14] besonders jetzt, nach dem Zusammenbruch des Ostblocks. Viel zu wenig beachtet wurde in diesem Zusammenhang die Begegnung des früheren sowjetischen Außenministers, Schewardnadse, mit Chomeini. Der damals schon todkranke Führer des Iran gab ihm eine hintersinnige Botschaft an Gorbatschow mit auf den Weg: Nachdem der Kommunismus gescheitert sei, wäre es doch an der Zeit, daß die Sowjetunion ihr Heil im Islam suche. Immerhin wäre doch jeder sechste Sowjetbürger Moslem.

Der islamische Fundamentalismus erscheint dem Westen deshalb so bedrohlich, weil er über die Stammlande des Islam hinausgreift.[15] Er verneint nationale Grenzen und strebt die grenzenlose *Umma,* die Gemeinschaft aller Gläubigen an. Typisch für das widersprüchliche Denken des Arabers: auf der einen Seite werden nationale Grenzen verneint, andererseits aber ständig Konflikte um Grenzen ausgetragen.

Die fundamentalistische Bewegung entfaltet überall in der islamischen Welt, besonders aber in den arabischen Staaten des Mittelmeers eine bedrohliche Kraft. In einem Land wie Algerien, das auf immer von der französischen Kultur und Zivilisation geprägt schien, gingen in der Hauptstadt Algier unlängst fast eine Million Menschen auf die Straßen, um die Einführung der Scharia, des islamischen Rechts, zu fordern.

Aber nicht nur in den Kernländern des Islam, auch in seiner Diaspora entfaltet sich diese Radikalisierung, besonders in solchen europäischen Staaten, wo große islamische Minderheiten leben, als Gastarbeiter, oder als Immigranten. Radikale Mullahs tragen ihre fundamentalistische Botschaft nach Europa, wo immer häufiger radikalisierte Moslems auf die Straße gehen, wie die Wochenzeitung „Die Zeit“[16] schrieb. Die in Fragen der Weltanschauung überaus tolerante Bundesrepublik ist längst zum gelobten Land für orthodoxe Moslems geworden. Hier kann – weitgehend unbemerkt von einer gleichgültigen Öffentlichkeit – von türkischen Immigranten das praktiziert werden, was in der kemalistischen Heimat (noch) streng verboten wäre. An Koranschulen werden junge Türken systematisch radikalisiert. Sie werden von ihren Eltern dorthin geschickt, um sie vor verderblichen westlichen Einflüssen zu bewahren. Unterricht erteilen zumeist Hodschas (Religionslehrer), die keine staatliche Ausbildung haben, und deshalb in der Türkei nicht unterrichten dürften.

Es ist so, wie Konzelmann es beschreibt: „... daß die Moslems in Europa auf der Hut sind vor Anpassung. Sie sehen in ihrer Religion den überlegenen Glauben, der seine Kraft wiedergewonnen hat. Daß die Gastländer sich an diesem Moralstandard orientieren müssen, wenn sie ihre moralischen und sozialen Probleme überwinden wollen, ist fester Bestandteil des islamischen Glaubensgutes. Ihre geistlichen Führer sind überzeugt, daß damit ein Eindringen islamischer Denkvorstellungen in die geistige Welt des Westens gewährleistet ist und daß der totale Anspruch ihrer Religion siegreich bleiben wird.“[17]

Die Europäer erschrecken, wenn sie im Fernsehen fanatisierte arabische Massen sehen, die ihren Haß gegen den Westen, gegen das christliche Abendland hinausbrüllen; und dabei haben sie doch keine Ahnung, wie tief in diesen Massen der Haß auf den Westen, auch auf Europa, wirklich sitzt.

„Das eigentlich einzige und tiefste Thema der Welt- und Menschheitsgeschichte, dem alle übrigen untergeordnet sind, bleibt der Konflikt des Glaubens und des Unglaubens“ heißt es im West-Östlichen Diwan. Immer noch? Während des Golfkriegs beeilte sich der französische Staatspräsident François Mitterand zu versichern: „Das ist kein Krieg gegen den Islam.“ So sehen *wir* es, aber wie sehen es die Moslems? Keine Frage, der Islam gewinnt an Stärke. Wie ernst nehmen die Moslems die 33. Sure, die da lautet:

„Allah hat Euch zu Erben gesetzt über die Ungläubigen, über ihre Äcker und Häuser, über alle ihre Güter und alle Länder, in denen ihr Fuß fassen werdet.“

Und vor allem: Wie ernst nehmen wir Europäer solche Worte?

Immer mehr Moslems versuchen im Norden Fuß zu fassen, sie kommen als Gastarbeiter, als Asylsuchende, als illegale Immigranten, alle sind sie auf der Suche nach Arbeit und einem besseren Leben. Etwa zehn Millionen Moslems leben heute schon im westlichen Europa. Von Jahr zu Jahr werden es mehr. Es gibt Prognosen, wonach sich ihre Zahl binnen eines Jahrzehnts verdoppeln wird.

Wie wird sich das Zusammenleben dieser Moslems mit uns gestalten? Werden wir eine „multikulturelle Gesellschaft" bekommen, wie es gutmeinende Idealisten erwarten, oder wird es zu dauernden Konflikten kommen, wie es kritischere Beobachter vorhersagen?

Noch einmal sei Gerhard Konzelmann zitiert: „Nur wer den Koran nicht kennt, wird davon reden, daß ein partnerschaftliches Nebeneinander der beiden Religionen Islam und Christentum möglich ist."[18]

X. Waffenkammer Nahost

Anmerkungen zur Aufrüstung der Araber

Unternehmen Babel

Juni 1981: Nachdem die 15 israelischen Kampfbomber vom Militärflughafen Etzion auf der Sinai-Halbinsel gestartet sind, nehmen sie zuerst Kurs auf das Länderdreieck Israel-Jordanien-Saudi-Arabien, um sich dann exakt auf der Trennlinie zwischen dem jordanischen und dem saudischen Radarnetz zu halten. Es gelingt ihnen unentdeckt zu bleiben, auch später noch, als sie saudisches Territorium überfliegen und damit in den Überwachungsbereich der Awacs-Maschinen geraten, jenen fliegenden, hochleistungsfähigen Radarstationen amerikanischer Bauart, wie sie auch bei der Nato im Einsatz sind. Erst die Iraker fassen die anfliegenden Israelis auf dem Schirm, reagieren aber nicht, da sie sich von den zur Tarnung arabisch sprechenden Piloten täuschen lassen.

53 Minuten nach dem Start haben die Kampfbomber ihr Ziel erreicht: unter ihnen liegt das Atomzentrum Tuwaitha mit dem Atomreaktor Osirak, der, wie die Israelis wußten, bald in Betrieb gehen sollte. Der Komplex war von einem 30 m hohen Erdwall umgeben, geschützt wurde er mit Radar und Flugabwehrkanonen. Die Israelis lassen zwei F-15-Bomber vorausfliegen, um die Abwehr zu testen. Als nichts geschieht, fliegen die neun F-16 ihren Angriff. Die F-15 schirmen sie dabei ab. Nach nur wenigen Minuten haben die 900 kg-Bomben den Atommeiler „Osirak“, in einen brennenden, qualmenden Haufen verwandelt.

Das Unternehmen, mit dem der von den Franzosen gebaute Reaktor zerstört wurde, ausgerechnet von Kampfbombern britischer Herkunft, war zweifellos militärisch brillant, hatte aber höchst fatale außenpolitische Folgen. Aus damaliger Sicht jedenfalls. In ungewohnter Einhelligkeit verurteilt die Welt die kriegerische Aktion mitten im Frieden. Die Amerikaner, sonst immer fest an der Seite der Israelis, nannten den Angriff „beispiellos“, Franzosen und Briten bezeichneten ihn als „inakzeptablen Akt“, Bonn gab sich „betroffen und bestürzt“, Moskau brandmarkte die Aktion als „verbrecherisch“, und Präsident Sadat von Ägypten, wegen seiner Friedensgespräche mit Israel von den arabischen Brüdern sowieso schon angefeindet, tobte: „Das ist unerhört, die sind ja verrückt geworden.“

Die Israelis ließ die ganze Aufregung kalt. Später sollten sie ein

Weißbuch über das Unternehmen veröffentlichen, in dem folgende Sätze, die geradezu ein Schlüssel für das Problem sind, stehen: „Der Vorgang des Beitritts zum Atomwaffensperrvertrag kann deshalb nicht per se als Garantie gegen die Verbreitung von Kernwaffen im Nahen Osten angesehen werden, weil in der Region wiederholt einschlägiges internationales Recht verletzt worden ist. Beschränkungen technischer oder institutioneller Art allein können die Region kaum vor der Verbreitung von Kernwaffen schützen." Worauf die Israelis anspielten: Experten der Wiener Atomenergie-Agentur, die die Einhaltung des Atomwaffensperrvertrags überwachen soll, hatten regelmäßig die irakische Atomanlage inspiziert und immer den Eindruck vermittelt, sie hätten einen vollständigen Überblick über das, was sich in Tuwaitha tat: es handle sich um nichts weiter als einen reinen Forschungsreaktor.[1] Die Israelis wußten es besser – und die Welt sollte die ganze Wahrheit nach dem Golfkrieg erfahren.

Der Luftangriff auf das irakische Kernforschungszentrum war der letzte, geradezu verzweifelte Schlag, um den Irak am Bau von Atomwaffen zu hindern. Vorausgegangen waren mehrere, allerdings letztlich vergebliche Versuche. Schon im April 79 hatten Agenten des israelischen Geheimdienstes Mossadh ein wichtiges Teil des Reaktors in Seyne-sur-mèr sprengen können, gerade noch bevor es von Frankreich aus Richtung Irak verschifft werden konnte. Der Anschlag hatte die Fertigstellung des Reaktors verzögern, aber nicht verhindern können. Wie beinhart die Israelis vorgingen, zeigt auch die Ermordung des ägyptischen Atomwissenschaftlers Jahja el-Meschad, der seine Arbeit für den Irak in einem Pariser Hotel mit dem Leben bezahlen mußte.

Die Bauarbeiten in Tuwaitha, einem Ort etwa 25 km südöstlich von Bagdad, gingen dennoch weiter. Der irakische Atomkomplex bestand aus einem kleinen Versuchsreaktor „Isis", der eine Leistung von 500 kW haben sollte, und dem sehr viel stärkeren „Osirak", der auf 40 Megawatt angelegt war. Von den Irakern wurden die beiden Reaktoren Tammus I und Tammus II genannt, in Anspielung an die Revolution vom Juli 1958 (Tammus = Juli).

Der irakische Atomkomplex hat eine Vor- und mehrere Nachgeschichten. Alle sind sie auf ihre Weise exemplarisch.

Zuerst die Vorgeschichte, die im übrigen wieder einmal zeigt, daß es im Nahen Osten unmöglich ist, mit Sicherheit auf irgend etwas oder irgend jemanden zu setzen: Es begann im Jahre 1957, als der Bagdad-Pakt beschlossen hatte, im Irak einen Forschungsreaktor zu bauen. Der Bagdad-Pakt war gegen die Sowjetunion gerichtet: ein Bündnis zwischen dem Irak, der Türkei, dem Iran, Pakistan und Großbritannien. Die Amerikaner waren ebenfalls beteiligt, wenn auch nicht direkt. Den islamischen Staaten beim Aufbau einer Atomindustrie zu helfen, war eine Idee der Eisenhower-Administration gewesen. Das Programm „Atoms for Peace“ war 1953 entstanden; es sollte die Entwicklungsländer daran hindern, sich Know-how und Technik aus dem Osten zu beschaffen. Befürchtungen, mit den Reaktoren könnten auch A-Waffen hergestellt werden, wurden mit dem Argument beiseite gewischt, dafür gäbe es gar nicht genug spaltbares Uran auf der Welt – ein Irrtum, der Folgen haben sollte. Die durchaus gutgemeinte Atom-Politik des Westens im Nahen Osten wurde – typisch für diese Region – sehr schnell zum Fiasko. Als im Juli 1958 der pro-westliche König Feisal gestürzt wurde, wechselte der neue Machthaber, General Kassim, ins Lager der Sowjetunion, mit der Folge, daß Chruschtschow dem Irak Hilfe beim Aufbau einer Atomindustrie versprach. Die Sowjetunion baute in Tuwaitha tatsächlich einen Forschungsreaktor, der 1967 in Betrieb ging; wahrscheinlich bildeten die Sowjets auch irakische Studenten zu Atomwissenschaftlern aus. Ein Jahr später wurde Kassim gestürzt. Die Macht übernahm die sozialistische Baath-Partei, angeführt von dem Politiker el-Bakr, dem Vorgänger Saddam Husseins. Die Russen waren inzwischen vorsichtiger geworden. Reaktoren, die auch zur Atomwaffenproduktion genutzt werden konnten, wurden jetzt von ihnen grundsätzlich nicht mehr exportiert (wie etwa der Reaktor-Typ Tschernobyl). Die Sowjets hatten außerdem den Irak gedrängt, 1968 dem Atomwaffensperrvertrag beizutreten, was allerdings langfristig gesehen, mehr Schaden anrichten, denn Nutzen bringen sollte, siehe oben.

Da die Russen nicht das liefern wollten, was die Iraker gerne gehabt hätten, sahen die sich nach einem neuen Partner um. In Frage kam nur einer: Frankreich, das nicht den Atomwaffensperrvertrag unterzeichnet hatte und inzwischen zu den kerntechnisch führenden Ländern der Welt aufgerückt war. Pointe am Rande: Schon Ende der fünfziger Jahre hatte Frankreich Israel, den Erzfeind der Araber, beim Aufbau einer Atomindustrie geholfen. Jetzt also der Gegenseite, einem arabischen Land. Die Franzosen weigerten sich allerdings den Reaktortyp zu liefern, den die Iraker wollten, und der zur Herstellung von Plutonium, dem Rohstoff der Bombe, geeignet gewesen wäre; sie entwickelten einen Spezialtyp, der letztlich den gleichen Zweck erfüllte. Merkwürdig nur, warum damals niemand die Frage nach dem Sinn des Reaktors stellte, denn der erdölreiche Irak ist zweifellos nicht auf Energie aus dem Atom angewiesen.

Wie die Atomanlage Tuwaitha Schritt für Schritt entstand, muß hier nicht im Detail nachgezeichnet werden. Wesentlich am Aufbau beteiligt waren neben den Franzosen die Italiener (Comitato Nazionale per l'Énergia Nucleare) und als Zulieferer die deutsche Nukem. Brennstoff hatte sich der Irak aus Portugal, Niger und vor allem aus Brasilien besorgt, das im Jahre 1980 allein 300 Tonnen Natururan in den Irak lieferte. Anfang der achtziger Jahre jedenfalls hatte der Irak seine Plutonium-Maschinerie komplett beisammen: er verfügte über eine Brutelementefabrik, einen Leistungsreaktor, eine Wiederaufbereitungs- und eine Abfallkonditionierungsanlage – alles zuviel als daß es nur Forschungszwecken hätte dienen sollen.[2] Material hatte der Irak inzwischen auch; genug jedenfalls, um daraus Plutonium für drei Atombomben der Nagasaki-Größe herstellen zu können. In dieser Phase, nur ein paar Monate bevor der ganze Komplex in Betrieb gehen sollte, bombten ihn die Israelis zusammen. Hätten die Iraker ungestört weiterbauen können, so hätten sie bis zu Beginn des Golfkrieges gut 100 Kilogramm Plutonium herstellen können, ausreichend, um damit 20 Nagasaki-Bomben zu bauen. Denkbar, daß die Nationen, die 1981 den Bombenangriff so abscheulich fanden, den Israelis inzwischen im Stillen Abbitte leisten.

Ganz hatte aber auch der Angriff auf Tuwaitha die Atompläne des Irak nicht vereiteln können. Trotz aller Kontrollen durch die Internationale Atomagentur war es den Irakis gelungen, mehrere Pfund angereicherten Urans aus dem zerbombten Reaktor zu retten. Was sie damit vorhatten, zeigt die erste der Nachgeschichten:

Operation Argus

September 1988: Es schien sich um ein eher kleines, unbedeutendes Geschäft zu handeln, als sich bei der Londoner Niederlassung der amerikanischen CSI Technologies eine Firma Euromac meldete, um Kondensatoren zu kaufen. Wert des Auftrags 10 490 US-$, nicht mehr als ein Kleinwagen kostet. Doch hinter dem Geschäft steckte mehr. Als sich die Ingenieure der Zentrale im kalifornischen San Marcos die Spezifikation näher ansahen, wurden sie mißtrauisch. Solche „Capacitors", wie der technische Ausdruck lautet, sind zwar an sich nichts Besonderes: etwa so groß wie eine Cola-Dose, finden sie in den verschiedensten Geräten Anwendung, in Kopiermaschinen, in air-condition-Anlagen, aber auch in Flugzeugen. Es handelt sich um nichts weiter als hochentwickelte Kondensatoren, die Strom speichern und in einem einzigen hochkonzentrierten Stoß wieder abgeben können. Nur: exakt die gleichen Capacitors werden auch zum Zünden von Atombomben benötigt, und zwar mehrere für eine Bombe, die auf die Zehntausendstel Sekunde genau losgehen müssen; um das zu erreichen, bedarf es noch hochpräziser Schalter, sogenannter Krytronen, die die Kondensatoren gleichschalten. Also Capacitors und Krytronen.

Als Euromac sich scheinbar beiläufig auch noch nach Krytronen erkundigte, gingen bei CSI alle roten Lampen an, denn genau die gleichen Krytronen stecken in der „Midgetman", der modernsten amerikanischen Abwehrrakete.

Das Mißtrauen der CSI-Manager wäre wahrscheinlich noch größer gewesen, hätten sie geahnt, wer sich hinter Euromac Ltd., im Londoner Vorort Thames Dilton, verbirgt: eine Tarnfirma der Irakis, die im großen Stil Waffen aufkauft und dabei Milliarden umsetzt. Den Briten war der wahre Charakter von Euromac nicht verborgen geblieben, unternommen aber hatten sie nichts, warum auch? Gehörten sie doch selbst zu den größten Waffenlieferanten der Welt. Geleitet wurde Euromac von Ali Ashour Daghir, einem Iraker mit britischen Paß.

Die mißtrauisch gewordenen CSI-Manager schalteten nun die Zollfahndung und die CIA, den amerikanischen Geheimdienst ein; und damit begann eine ungemein komplizierte Aktion, die 18 Monate später mit der Verhaftung von vier Verdächtigen und der Beschlagnahme der Atomzünder enden sollte, und die einer aufgeschreckten Welt bewußt werden ließ, wie nahe schon ein weiteres Dritte-Welt-Land der Superbombe gekommen war.

Der US-Zoll plazierte einen in verdeckten Operationen erfahrenen Agenten namens Daniel Slupnik bei CSI, der in der Firma als Export- und Finanzmanager „Daniel Saunders" auftreten sollte. Im September 1989 kam es in London zu einem Treffen zwischen CSI und Euromac. Im Café des Cavendish-Hotels, in der Jeremy-Street, trafen sich Jerry Kowalsky, der Präsident von CSI und sein „Exportmanager" Daniel Saunders alias Daniel Slupnik mit einer Delegation von Euromac. Auf deren Seite Ali Daghi, zwei Männer, die als irakische Regierungsbeamte vorgestellt wurden und dazu eine in den Diensten von Euromac stehende Französin, namens Janine Speckman.

Slupnik versicherte den Irakern, CSI könne Capacitors so modifizieren, daß sie für alle nur denkbaren Zwecken geeignet wären: Wozu Euromac sie denn bräuchte? Allgemeine Laserforschung, sagten die Iraker.

„Ok“, sagte Slupnik: CSI würde also Capacitors liefern, die in Lasern funktionierten, aber nirgendwo sonst.

Betretenes Schweigen, dann: Die Capacitors würden auch für die Flugabwehrforschung benötigt.

„Gut“, sagte Slupnik, „in welcher Höhe sollen sie detonieren?“

Meereshöhe, sagten die Irakis.

„Ok“, sagte Slupnik, „die Geräte werden in Meereshöhe funktionieren, aber nicht darüber.“

Getuschel in Arabisch. Dann Jeanine Speckman: Ob die Capacitors auch in der air-condition eines Computer-Raums funktionierten?

„Sicher“, sagte Slupnik, „wenn sie die air-condition atomisieren wollen, dann können sie die Dinger haben.“

Dann kam die Rede auf Krytronen. Slupnik sagte, CSI stelle keine Krytronen her, könne sie aber besorgen, kein Problem.

Schließlich einigte man sich: im Endverbraucherzertifikat, das bei solchen Ausfuhrgeschäften den US-Behörden vorzulegen ist, sollten die Capacitors als Teile eines Laser-Projekts für die Technische Universität von Bagdad ausgewiesen werden.

Jerry Kowalski, der Präsident von CSI, nach den Verhandlungen: „Die Teile, die die Irakis bestellten, waren so, daß sie für das Zünden einer Atombombe zu gebrauchen waren.“

CSI lieferte also die Capacitors: 40, die für eine Atombombe geeignet waren, 40 für andere Zwecke. Im März 1990 wurde die Fracht nach London geflogen, wo sie zunächst in einem Speicher auf dem Flughafen Heathrow zwischengelagert wurde. In der Nacht tauchten dann britische Zöllner auf, um die Atom-Capacitors gegen ähnlich aussehende, aber harmlose Bauteile auszutauschen. Neun Tage später, als die Kisten in einem Jumbo-Jet der Iraqi Airlines verladen werden sollten, griffen die Briten zu: sie beschlagnahmten die Kisten und nahmen vier Verdächtige fest: Ali Daghi, den Chef von Euromac, die Französin Speckman, einen Ingenieur aus dem Libanon, und einen als Angestellten der Iraqi Airlines getarnten Agenten des irakischen Geheimdienstes.[3]

Es war März 1990. Vier Monate später sollte Saddam Hussein in Kuweit einmarschieren und damit den Golfkrieg auslösen.

Als der Coup auf dem Flughafen Heathrow bekannt wurde, äußerte sich Präsident Bush „tief besorgt“ über den Versuch, Atomzünder aus den USA zu schmuggeln. Die Iraker hingegen leugneten, wie vorauszusehen war, jede Beteiligung und versicherten: der Irak habe nichts mit Nuklearwaffen zu tun.

Wirklich nicht?

Ob gewollt, oder nur aus Versehen: Kurz darauf gab es Saddam Hussein zu: „Feinde Arabiens versuchen Bagdads Weg zu behindern", gemeint war: indem sie den Import von High Tech unterbinden. Ein Regierungssprecher in Bagdad legte noch nach: „Es ist unfair, über die irakischen chemischen Waffen oder Nuklearwaffen zu reden und die israelische Atomkapazität zu ignorieren." Ein Wink mit dem Zaunpfahl, denn die Israelis hatten sich schon fünf Jahre zuvor 800 (!) Krytronen besorgt, ebenfalls illegal, und ebenfalls aus den USA.

Wären die Iraker in der Lage gewesen, die Bombe zu bauen, falls sie es geschafft hätten, die Capacitors und Krytronen nach Bagdad zu schmuggeln? Wahrscheinlich. Westliche Experten schätzten damals, daß die Iraker in fünf Jahren die Bombe hätten bauen können, das Pentagon meinte sogar, sie wären sehr viel näher daran gewesen. Daß es nicht schwierig ist, die Bombe zu bauen, wenn man erst einmal alle Teile beisammen hat, ist bekannt. „Für die Hiroshima-Bombe benutzten wir hoch angereichertes Uran, dasselbe Zeug, das die Franzosen den Irak geliefert hatten", meinte der Harvard-Physiker Albert Carnesale, „und wir waren so sicher, daß dieser Bombentyp funktioniert, daß wir ihn kein einziges Mal ausprobierten. So eine simple Konstruktion war das."[4]

Westliche Geheimdienste hatten längst herausgefunden, daß die Iraker nach der Zerstörung des Osirak-Reaktors dabei waren, eine Gaszentrifugenfabrik aufzubauen, mit der ebenfalls angereichertes Uran hergestellt werden kann. Aus dem Osirak-Debakel hatten die Iraker gelernt: die Fabrik war unterirdisch angelegt worden, um sie gegen Angriffe aus der Luft unverwundbar zu machen. Nach dem Golfkrieg sollte sich herausstellen, daß es ein Fehler war, sich auf diese Gaszentrifugenfabrik zu konzentrieren, denn der Irak hatte noch etwas anderes in der Hinterhand.

Die zweite Nachgeschichte ist die kürzeste:

„Ich bin sehr sicher, daß die irakischen Atomreaktoren gründlich zerstört worden sind und für eine ganze Reihe von Jahren nicht in Betrieb gehen werden." Mit diesen Worten kommentierte der Oberbefehlshaber der Alliierten Golftruppen, US-General Norman Schwarzkopf, am 19. Januar 1991 den Bombenangriff auf das Nationale Atomzentrum des Irak in Tuwaitha. Das mag so sein, oder auch nicht: sicher ist jedenfalls, daß der Irak einen Teil seines hochangereicherten Urans rechtzeitig hatte beiseite schaffen können. Auf eine entsprechende Anfrage teilte die irakische Regierung der Internationalen Atomenergiebehörde (IAEA) mit, daß 12 von den ursprünglich 25 Kilogramm hochangereicherten Urans hätten „gerettet" werden können. Über den Verbleib verweigerten die Iraker jede Auskunft, jedenfalls solange nicht garantiert wäre, daß es keine Luftangriffe mehr auf irakische Atomanlagen gebe. Nach irakischen Angaben sind 18 der 24 Atomanlagen durch Luftangriffe der Alliierten zerstört worden.

Die Frage wird wohl für immer ungeklärt bleiben, ob Saddam Hussein nachdem er von den Alliierten Golftruppen in die Enge getrieben worden war, Atombomben eingesetzt hätte, wenn er sie nur gehabt hätte. Aus dem umfangreichen Arsenal an Chemiewaffen, über das der Irak zweifellos verfügte, hat er sich jedenfalls nicht bedient. Vielleicht finden Historiker später einmal den Grund heraus. Ob dieses Teufelszeug nicht funktionierte oder ob der Diktator von Bagdad im letzten Moment doch zurückschreckte. Wir wissen es nicht, werden es vielleicht auch nie erfahren.

Der Irak war jedenfalls als einer der ersten Staaten 1969 dem Atomwaffensperrvertrag beigetreten, auf Drängen der Sowjets, die dem Irak auch den ersten Atomreaktor bauten. Der Irak hatte aber auch, schon 1925, das Genfer Protokoll zur Ächtung des Giftkriegs unterzeichnet, ohne daß sich Saddam Hussein auch nur um einen Deut darum geschert hätte.

Giftgas gegen Kurden

März 1988. Es war nicht das erstemal, daß Maschinen der irakischen Luftwaffe die Stadt Halabdschah im Norden des Landes angriffen, seit sie im Golfkrieg von iranischen Truppen erobert worden war. Doch diesesmal glaubten die Bewohner glimpflich davonzukommen, statt der gefürchteten Bomben purzelten nur Blechkanister vom Himmel. Doch als die Kanister am Boden aufplatzten, entströmten ihnen giftige Schwaden, die durch die Straßen trieben, in Häuser und in Keller drangen: Senfgas, das die Menschen qualvoll ersticken ließ. Dieser Angriff der irakischen Luftwaffe war der schlimmste Giftgaseinsatz seit dem Ersten Weltkrieg. Die Iraner nutzten das Massaker propagandistisch aus: In Hubschraubern wurden eilends westliche Korrespondenten nach Halabdschah geflogen. Kurz darauf flimmerten entsetzliche Aufnahmen über die Bildschirme: tote Säuglinge, deren Leiber in der Hitze aufgequollen waren, erstickte Eltern, die sich schützend über ihre Kinder geworfen hatten. Ayatollah Chomeini wütete, Hussein sei „ein Tier, das sein eigenes Volk chemisch bombardiert".[5]

Die Iraker ließ die weltweite Aufregung kalt. Die Bewohner von Halabdschah seien bestraft worden, so ein Regierungssprecher in Bagdad, weil sie sich nicht genug gegen die angreifenden Iraner gewehrt, ja, den Feind sogar mit Jubel begrüßt hätten.

Das Massaker von Halabdschah gegen die irakischen Kurden löste eine weltweite Diskussion um die Verbreitung chemischer Kampfstoffe aus. UN-Experten schätzten, daß der Irak in der Lage wäre, 60 Tonnen Giftgas zu produzieren, was wahrscheinlich zu niedrig angesetzt war. Das „Washington Institute“, eine US-Denkfabrik, vertrat vor dem Golfkrieg die Auffassung, daß der Irak schon „das größte und wahrscheinlich am höchsten entwickelte Chemiewaffenprogramm der Dritten Welt hat“.

Chemiewaffen sind heutzutage so leicht herzustellen, daß man sie schon die „Atomwaffen des kleinen Mannes“ nennt. Senfgas beispielsweise kann im sogenannten Levinstein-Verfahren auf ganz einfache Art gewonnen werden: man braucht lediglich Äthylen mit Schwefelchlorid zusammenzubringen. Der Irak hatte eine Fabrik für Äthylen, sie wurde 1981 bei Basra gebaut, Khor al-Zubair, Petrochemical Complex Nr. 1.

Nach dem Giftgaseinsatz, nicht nur gegen die Kurden, sondern auch im Krieg gegen die Iraner, hatte der Irak sogar offen zugegeben, daß er über C-Waffen verfüge und auch bereit sei, sie einzusetzen. So erklärte Saddam Hussein im April 1990, ein Vierteljahr vor dem Überfall auf Kuweit, der Irak könne sich gegen jede Aggression verteidigen: Mobile Raketen, deren Sprengköpfe binäre chemische Kampfstoffe enthielten, seien im westlichen, nördlichen und mittlerem Abschnitt des Landes installiert und auf Israel gerichtet. Für Rüstungsexperten war die Nachricht, daß der Irak über binäre Kampfstoffe verfüge, ein Schock. Derart hochentwickelte C-Waffen hatten bisher allein die Großmächte in ihrem Arsenal. Binäre C-Waffen bestehen aus zwei getrennten, für sich allein unschädlichen Chemikalien, die sich erst beim Zusammentreffen zum tödlichen Gas vereinigen.

Das renommierte Stockholmer SIPRI-Institut* geht davon aus, daß neben dem Iran noch mehrere andere islamische Länder des Nahen Ostens und Nordafrikas Fabriken für chemischen Waffen haben:[6]

Libyen soll nach amerikanischen Quellen über Produktionsstätten in Matanas Sarra und Rabta verfügen, in Matanas Sarra sogar Nervengas herstellen können.

---

* SIPRI = Stockholm International Peace Research Institute (Stockholmer Internationales Friedensforschungs-Institut).

Der *Iran* hat in der Stadt Daughan eine Fabrik, in der Artilleriegranaten mit Kampfstoffen gefüllt werden können. Westliche Geheimdienste haben Hinweise, daß das Land bereits eine Gasrakete getestet hat.

Syrien löste Spekulationen aus, als der Chef der Sowjetischen Chemischen Streitkräfte im Mai 1989 nach Damaskus kam.

Alles müßige Spekulationen. Im Grunde ist die Frage, ob Länder der Dritten Welt über Produktionsstätten für Kampfstoffe verfügen, so unsinnig wie ein Streit um des Kaisers Bart. Sie haben sie. Die Produktionsmethoden der modernen Chemie sind so komplex, daß die Herstellung von Kampfgiften in jeder chemischen Anlage möglich ist. Ein Experte: „Zwischen dem Töten eines Insekts und dem Töten eines Menschen besteht technisch kaum ein Unterschied." Zumal manche Zwischen- oder Abfallprodukte eines chemischen Prozesses so giftig sind, daß sie ohne weiteres auch als Waffe eingesetzt werden könnten. Das Dioxin beispielsweise, das 1976 die italienische Stadt Seveso vergiftet hat, wurde keineswegs als Kampfstoff konzipiert, im Endergebnis war seine Wirkung aber genau so verheerend.

Es ist wahr: Zwischen dem Töten eines Insekts und dem Töten eines Menschen besteht technisch kaum ein Unterschied – und die Welt, auch die sogenannte unterentwickelte, ist voller Chemiefabriken.

Der amerikanische Verteidigungsminister Cheney schätzte Anfang 1991, daß bis zum Jahr 2000 30 Dritte-Welt-Staaten in der Lage sein werden, chemische Waffen einzusetzen und zehn dann auch über biologische Waffen verfügten.

Kampfgas herzustellen ist die eine (und nicht zu schwierige) Sache, eine andere aber: wie trifft man den Gegner damit? Wie schießt man Giftgas über weite Entfernungen?

Auch was das angeht, ist uns der Nahe Osten wirklich nahe gerückt, und auch hier stand bis zum Golfkrieg der Irak ganz in vorderster Linie:

So erwarb er 1989 sowjetische SU-24 Kampfbomber, die Jerusalem und Teheran, aber auch Istanbul und Athen hätten erreichen können. Daß sie im Golfkrieg nicht eingreifen konnten und statt dessen in den Iran flüchteten, ist eine andere Sache. Die Sowjetunion verkaufte den Irakis auch 235 jener Scud-Raketen, die zum Alptraum der Israelis wurden, und als einzige Fernwaffe gegen die Alliierten Golftruppen eingesetzt werden konnten. Wohl um von ausländischen Lieferungen unabhängig zu werden, hatte der Irak auch ein eigenes, ehrgeiziges Raketenprogramm entwickelt: 1989 wurden die Mittelstreckenrakete „Al-Abid" und eine 25 Meter lange, dreistufige Weltraumrakete getestet. Bagdad hatte sich nach den Tests gebrüstet, mit seinen Raketen

Wien und sogar Moskau erreichen zu können. Im Golfkrieg haben diese Superraketen aus nicht bekannten Gründen allerdings keine Rolle gespielt.

Der *Iran,* Gegner des Irak im ersten Golfkrieg, erhielt von den Sowjets ebenfalls Scud-B-Raketen, und dazu von den Chinesen Raketen des Typs „Silkworm".

Von den Chinesen bekamen auch die *Saudis* Mittelstreckenraketen, und zwar des Typs „Dong Feng 3", die eine Reichweite von 3000 km haben sollen. Diese Raketen sind im Süden der arabischen Halbinsel in bombensicheren Stellungen installiert und auf den Iran gerichtet, genausogut könnten sie aber auch auf Israel zielen. Die saudischen Raketen sind so gut verbunkert, daß sie mit einem Präventivschlag nicht auszuschalten sind. Jede kann eine Tonne Sprengstoff tragen.

Im Vergleich mit seinen Nachbarn wurde *Syrien* von den Sowjets relativ schlecht ausgestattet. Das konventionell hochgerüstete Land erhielt lediglich Kurzstrecken-Raketen vom Typ Scud und SS 21. Als die Syrer auch SS 33 haben wollten (Reichweite 300 km) winkten die Sowjets ab. Inzwischen lieferte Nordkorea den Syrern mobile Abschußrampen für die Scuds; der Golfkrieg hat gezeigt, wie schwer diese mobilen Rampen auszuschalten sind.

Ähnlich wie Syrien ist auch *Algerien* mit sowjetischen Kurzstreckenraketen ausgerüstet worden, den aus den siebziger Jahren stammenden, inzwischen veralteten „Frog 7", die eine Reichweite von 70 km haben.

Einen Sonderfall stellt *Ägypten* dar, und dies in jeder Beziehung: Das Land am Nil ist nicht nur die traditionell stärkste Militärmacht im Nahen Osten, es hat auch schon relativ früh versucht, eigene Raketen zu bauen. So hatte es anfangs der sechziger Jahre deutsche V 2-Veteranen engagiert, die im Auftrage Nassers Raketen entwickelten, die in drei Typen mit Reichweiten von 275 bis 600 km gebaut werden sollten. Dazu kam es aber nicht, nachdem die deutsche Regierung 1966 interveniert hatte. Ägypten ist prädestiniert für den Bau moderner Waffen, denn es ist die einzige arabische Nation mit einer großen Waffenindustrie, ein Rang, den ihm allerdings bis zum Golfkrieg-Debakel der Irak streitig zu machen suchte. 1987 bauten die Ägypter, angeblich mit argentinischer Hilfe die 800 km-Rakete Condor II, die in Ägypten den Namen Badr 2000 trägt. Im gleichen Jahr entwickelten sie zusammen mit Frankreich die Sakr-80, eine Rakete, die 80 km weit fliegen kann und in Massenproduktion gehen soll. Ebenfalls 1987 wurde bekannt, daß die französische Firma SNPE (Societé National de Poudres et Explosifs) 100 Millionen Dollar in ägyptische Produktionsanlagen investiert hat. Die Franzosen bestreiten allerdings, daß die Sakr-80 chemische Kampfstoffe transportieren kann. Das mag so sein, oder auch nicht. Tatsache, und zwar unbestritten, ist, daß die Ägypter ihre (amerikanischen) Phantoms, (britischen) F 16-Falcons und (französischen) Mirages so umgerüstet haben, daß diese Maschinen auch chemische Waffen tragen können. Tatsache ist auch, daß die Ägypter schon im Jemenkrieg (1963 bis 67) Kampfgas eingesetzt hatten.

Auf der anderen Seite die *Israelis:* Tel Aviv verfügt über Jericho-Raketen, die eine atomare Sprengladung 1000 km weit tragen können, und angeblich arbeitet man an einer Rakete, die eine Reichweite von 1500 km haben soll. Experten schätzen das Atomwaffenarsenal der Israelis auf 200 Sprengköpfe, mehr als genug, um den ganzen Nahen Osten zu pulverisieren.

Angesichts dieses Arsenals aus tödlichen Waffen und weitreichenden Trägern, könnte die Horrorvision eines Tages Wirklichkeit werden, die Militärexperten schon seit langem umtreibt: Während die Supermächte ihren Frieden miteinander machen und ihre Nuklear- und chemischen Waffen verschrotten, entsteht im Nahen Osten ein hochexplosives Gemisch aus religiösem Fanatismus, Haß auf den Westen und einer exorbitanten Hochrüstung, ein Gemisch, das eines Tages hochgehen könnte, und wahrscheinlich gar nicht geplant, sondern eher zufällig.

Im Spätsommer 1990 schien es soweit zu sein.

Nachbetrachtungen zum Golfkrieg

Der schwere, an Verlusten reiche Waffengang, den alle Experten den Alliierten Truppen am Golf vorhergesagt hatten, hat nicht stattgefunden. Die offensichtlich weit überschätzten irakischen Truppen wurden ohne große Verluste auf Seiten der Alliierten geschlagen und aus Kuweit vertrieben. Die große, hochgerüstete und kampferprobte Armee Saddam Husseins hatte sich im Ernstfall als zu schwach erwiesen. Die von Saddam Hussein beschworene „Mutter aller Schlachten“, die große Erdschlacht in den Wüsten Kuweits, wurde zu einer völlig einseitigen Angelegenheit. Während die Alliierten Truppen relativ wenige Verluste an Menschen zu beklagen hatten, starben auf Seiten der Irakis an die 100 000 Mann. Das moderne, für enorm viel Geld eingekaufte Kriegsgerät Saddam Husseins wurde nahezu vollkommen vernichtet. Der Dschihad, der Heilige Krieg, den der irakische Diktator gegen die Ungläubigen ausgerufen hatte, fand nicht statt.

Sollten jetzt alle Unrecht gehabt haben, die vor der Bedrohung durch den Nahen Osten gewarnt haben? War alles nur Hysterie gewesen? Hochgespielt von den Medien?

Man muß und sollte sich hüten, den Nahen Osten mit seiner Gefährlichkeit zu unterschätzen, so wie man ihn vor dem Golfkrieg vielleicht überschätzt hat.

Die Alliierten Truppen konnten unter einmalig günstigen Bedingungen operieren. Zum einen waren sie gedeckt von der UNO-Resolution, und hatten damit die Weltmeinung im großen und ganzen hinter sich. Zum anderen war der Kriegsgegner praktisch isoliert und ohne Verbündete, allenfalls die fanatisierten Massen in den arabischen Großstädten standen hinter ihm, doch die zählen auf dem Schlachtfeld nicht. In die Allianz gegen Hussein hatten sich starke arabische Staaten eingereiht: Ägypten, Syrien, Saudi-Arabien, andere unterstützten die Allianz wenigstens symbolisch mit kleinen Truppenkontingenten: Die Vereinigten Arabischen Emirate, Kuweit natürlich, aber auch Marokko. Andere Mächte, die den Kriegsverlauf hätten beeinflussen können, verhielten sich abwartend und blieben neutral, wie der Iran.

Das politische Umfeld war also gut bestellt, wahrscheinlich einmalig gut. Dies hatte überaus günstige Auswirkungen auf den Aufmarsch der Truppen und auf die Logistik des Unternehmens. Die Alliierten Truppen konnten sich in Sichtweite des Schlachtfeldes in aller Ruhe zur Schlachtordnung formieren und vor allem: ungestört ihren Nachschub heranführen.

Militärisch sehr bedeutsam, wenn auch nicht kriegsentscheidend, war die überragende Aufklärung der Alliierten, durch Flugzeuge und Satelliten, während der Gegner nach Ausschaltung seiner Radar-Zielerfassungs- und Führungsanlagen praktisch blind war. Und schließlich: die erdrückende Luftüberlegenheit der Alliierten: sie neutralisierte nicht nur die irakische Luftwaffe, die ihr Heil nur noch darin sah, in den Iran zu flüchten, es gelang ihr auch, über Wochen einen Krieg nur aus der Luft zu führen, der mit seinen ununterbrochenen Bombardements nicht nur die irakische Infrastruktur zerstörte, sondern auch die irakischen Truppen, die sich im Wüstensand eingegraben hatten, vollständig demoralisierte. Als ebenso faszinierend wie wirkungsvoll haben sich die zielsuchenden Präzisionswaffen der Kampfflugzeuge und die von Schiffen gestarteten Marschflugkörper erwiesen; sie waren wahrscheinlich die kriegsentscheidenden Faktoren.

Die Lage kann jedoch ganz anders aussehen, wenn sich einer oder mehrere Faktoren ändern. Was wäre beispielsweise passiert, wenn die Israelis sich durch den Beschuß mit Scud-Raketen so vom Irak hätten provozieren lassen, daß sie zurückgeschlagen hätten? Über die Mittel verfügten sie zweifellos. Was, wenn Saddam Hussein seine Drohung wahrgemacht und seine Scud-Raketen statt mit konventionellem Sprengstoff mit Giftgas gefüllt hätte? Wer hätte dann seine Hand dafür ins Feuer gelegt, daß israelische Atombomben nicht auf Bagdad gefallen wären? Die Israelis besitzen diese fürchterlichen Waffen, und sie haben auch die Träger, sie ins Ziel zu bringen. Was wäre dann aus der Allianz geworden? Wären die arabischen Staaten dabei geblieben? Aller Erfahrung nach nicht.

Das Szenario läßt sich weiter ausmalen: Was, wenn Saudi-Arabien beim nächsten Mal nicht mehr im Lager des Westens steht, wenn das Regime gestürzt wäre und das mit modernsten Waffen ausgerüstete Land eine andere, dem Westen gegenüber feindlich eingestellte Regierung besäße? Es wäre nicht das erstemal. Der Iran unter dem Schah war ebenfalls hochgerüstet, auch er stand fest im westlichen Lager, nichts schien ihn erschüttern zu können und doch brach über Nacht alles weg, als ein alter Mann mit dem Koran in der Hand in sein Land heimkehrte.

So zerstritten die arabische Welt auch ist, so sehr sich die einzelnen Staaten auch gegenseitig neutralisieren – es muß nicht so bleiben. Und auch ein einzelner arabischer Staat kann zu einem schwer zu besiegenden Gegner werden, wenn er ein, oder zwei Verbündete hat, oder die übrigen arabischen Staaten sich auch nur neutral verhalten. Durch Sperrung des Luftraums beispielsweise könnten logistische Probleme ins Gigantische wachsen, ja unlösbar werden.

Die islamische Bombe – eine Chronik

16. Juni 1991: Inspektoren der Internationalen Atom-Energie Organisation (IAEO) versuchen vergeblich Zutritt zu einer Kaserne zu bekommen, wo die Iraker – nach Vermutungen der USA – Anlagen zur Herstellung von angereichertem Uran verstecken.

Der irakische Außenminister bestreitet, daß der Irak Einzelheiten über militärische Einheiten verschweige.

9. Juli 1991: Die IAEO bestätigt die Existenz eines geheimen irakischen Atomforschungsprogramms, das zur Entwicklung von Atomwaffen genutzt werden könne.

Der Irak gibt jetzt zu, ein halbes Kilo leicht angereichertes Uran produziert zu haben.

Israels Wissenschaftsminister, Juval Neemman, erklärt: „Die Tatsache, daß Bagdad angereichertes Uran hergestellt hat, beweist, daß dieses Land in der Lage ist, in zwei oder drei Jahren Atombomben zu produzieren."

12. Juli 1991: Der amerikanische Präsident, George Bush, droht dem Irak mit einem militärischen Schlag, um das noch vorhandene Atompotential zu vernichten.

Nach unveröffentlichten Berichten der Vereinten Nationen könnte der Irak 20 bis 40 Atomwaffen produzieren.

17. Juli 1991: Saddam Hussein schlägt seinem ägyptischen Amtsbruder, Präsident Mubarak, vor, die irakischen Anlagen von ägyptischen Spezialisten oder Vertretern der Arabischen Liga inspizieren zu lassen.

Fachleute der Vereinten Nationen entdecken im Norden des Irak eine Atomanlage, die bisher von Bagdad verschwiegen worden war. Nach Angaben des Direktors der IAEO hätte der Irak innerhalb von sechs bis 18 Monaten mit der industriellen Produktion von angereichertem Uran zum Bau einer Atombombe beginnen können.

7. August 1991: Unter dem Druck amerikanischer Angriffsdrohungen und internationaler Inspektionen gibt der Irak zwei weitere Teile seines ABC-Waffenprogramms zu: Das jetzt enthüllte Plutoniumprojekt ist damit das vierte, das die Iraker entgegen ihren Verpflichtungen aus dem Atomwaffensperrvertrag verschwiegen haben. Die irakische Führung bestätigt auch die Existenz eines Laboratoriums, in dem biologische Forschungen zu militärischen Zwecken betrieben wurden, nachdem er vorher noch behauptet hatte, über keinerlei biologische Waffen zu verfügen und Forschung ausschließlich zu „friedlichen Zwecken" zu betreiben.

10. August 1991: Experten der Vereinten Nationen entdecken in der Nähe von Bagdad weiterentwickelte Anlagen zu Anreicherung von Uran.

Die irakischen Behörden übergeben der internationalen Expertenkommission acht Kilo angereicherten Urans, nachdem das Material vorher vier Monate lang auf Lastwagen kreuz und quer durch das Land gefahren worden war, um eine Entdeckung zu verhindern.

Der Geist aus der Flasche

Nach diesem Versteckspiel war den Experten im Sommer 1991 klar: Wäre der Golfkrieg nicht dazwischen gekommen, dann hätte der Irak spätestens Ende 1991 einen kompletten Testlauf für seine Atomwaffen durchführen können.[7] Was die Experten aber geradezu entsetzte: der Irak hatte bei seinem Entwicklungsprogramm nicht nur auf High-Tech gesetzt, sondern auch auf die Uralt-Methoden der A-Waffen-Pioniere zurückgegriffen. Die Irakis waren genauso vorgegangen wie vor 45 Jahren die amerikanischen Atomwissenschaftler beim Manhattan-Projekt, das den Abwurf der Atombomben auf Hiroshima und Nagasaki ermöglicht hatte. Diese Technik war schon in den fünfziger Jahren in wissenschaftlichen Publikationen auf das Genaueste dargestellt worden. Der enorme Energiebedarf, den diese Methode voraussetzt und der sie heute als veraltet erscheinen läßt, war für das Ölland Irak kein Problem. Während sich der Westen (und der Osten) darauf konzentriert hatten, den Export von High-Tech-Bauelementen zu unterbinden, baute das Dritte-Welt-Land Irak an einer Bombe, zu der man das alles gar nicht braucht, die aber im Endeffekt die gleiche verheerende Wirkung gehabt hätte wie die High-Tech-Waffen der Supermächte. „Die Nachricht aus dem Irak", empfand Leonard Spector, ein Mitarbeiter des Friedensforschungsinstituts Carnegie Endowment for International Peace in Washington, „als ein Desaster", nun sei „ein böser Geist entwichen, den man nie wieder zurück in die Flasche sperren kann."[8] Experten fürchten nämlich, daß nach dem Irak auch andere Länder der Dritten Welt nach der Atombombe greifen werden, denn: die Einfach-Technik des Manhattan-Projekts ist in vielen wissenschaftlichen Publikationen bis ins Detail, quasi als Gebrauchsanweisung beschrieben, und sie läßt sich leicht aufbauen, vor allem: sie braucht keine der besonderen Bauteile, die nur im Westen zu bekommen wären. Eine Kontrolle über den Export ist damit praktisch nicht mehr möglich, denn alles Zubehör ist überall auf dem Weltmarkt frei erhältlich.

Die Gefahren blieben

Der Golfkrieg hat gezeigt, daß eine Armee zwar zu schlagen, aber nur schwer ganz zu vernichten ist, wenn auch weniger aus militärischen, denn aus politischen Gründen. Die im Feld gegen die Alliierten unterlegenen Garden Saddam Husseins waren immer noch in der Lage zu kämpfen, wie die Massaker sowohl an den Schiiten als auch an den Kurden bewiesen.

Die Ruhe, die nach dem Golfkrieg im Nahen Osten herrscht, ist trügerisch. Nach wie vor existiert in dieser Region, aber auch in den islamischen Staaten Nordafrikas ein bedrohliches Militärpotential:

Truppen der Nahost- und Mitteloststaaten:

Irak	1 000 000	(vor dem Golfkrieg)
Iran	604 000	
Ägypten	448 000	
Syrien	404 000	
Jordanien	85 250	
Saudi-Arabien	65 700	
andere	182 000	

Quelle: SIPRI

Auch wenn die Truppen des Irak mit ihren modernen Waffen nicht allzuviel anfangen konnten, das Arsenal, das sich in der Dritten Welt angesammelt hat, ist furchterregend. Der Norden, die Sowjetunion nicht ausgenommen, haben den Entwicklungsländern Waffen in die Hand gegeben, die sich zunehmend gegen die Lieferländer selbst richten. Ein geradezu klassisches Beispiel lieferte der Falkland-Krieg: aus einer Entfernung von 30 km gelang es einem argentinischen Flugzeug mit einer französischen Exocet-Rakete einen hochmodernen, mit Elektronik nur so voll gestopften britischen Zerstörer zu versenken.

Die größten Waffenkäufer (1984–88) der Dritten Welt
in Milliarden US-$

Irak	16,0
Indien	14,3
Saudi-Arabien	9,3
Syrien	7,1
Nordkorea	5,8
Angola	4,4
Pakistan	3,4
Iran	3,3
Libyen	3,1

Quelle: SIPRI

Unter diesen neun größten Waffenkäufern sind sechs islamische Länder, angeführt vom Irak, mit seinen 19 Millionen Menschen ein kleines Land, dem es aber gelang, die Welt monatelang in Atem zu halten und mit Folgen, die noch gar nicht zu übersehen sind, etwa durch die von den Ölbränden verursachten Umweltschäden. Was wird passieren, wenn sich einmal eine wirklich große Macht in Bewegung setzt? Indien etwa, oder Pakistan? Indien besitzt die Atombombe, Pakistan vermutlich auch.

Im Waffengeschäft kennt der industrialisierte Norden keinerlei Hemmungen, auch wenn er damit Länder aufrüstet, die ihn heute unter Druck setzen und morgen vielleicht schon direkt angreifen könnten. Wer Geld hat und Waffen will, der bekommt sie auch. Die Folgen, die jeder kennt, werden verdrängt. Immer noch glauben Regierungen der Industriestaaten, sie könnten über Waffenlieferungen Einfluß gewinnen. Politik nach Kolonialherrenart: sie funktioniert längst nicht mehr, siehe Iran, siehe Irak, siehe Argentinien.

Die größten Waffenlieferanten (1984–88) an die Dritte Welt in Millionen US-$

UdSSR	45 866
USA	23 478
Frankreich	14 736
China	7 730
Großbritannien	6 562
Bundesrepublik	3 609

Quelle: SIPRI

Rechnet man alles zusammen, so wurden in den Jahren 1984 bis 88 Waffen im Werte von 115 118 Millionen US-$ in die Dritte Welt geliefert; knapp 90 Prozent davon von den oben aufgeführten sechs Hauptlieferanten. Die wegen ihrer Lieferungen an den Irak so heftig angefeindete Bundesrepublik nimmt sich in diesem Club der Waffenexporteure recht bescheiden aus. Die UdSSR etwa hat dreizehnmal soviel geliefert und Frankreich immer noch viermal soviel.

Wie wenig ökonomisch Waffenverkäufe letztendlich sind, zeigt der Umstand, daß der deutsche Kostenbeitrag von 11 Milliarden Mark für den Golfkrieg, mehr als doppelt so hoch ist wie die deutsche Waffenindustrie in fünf Jahren an Umsatz machte. Jeder Unternehmer würde von einem solchen „Geschäft“ die Finger lassen; aber in diesem Metier ist es eben so, daß der Unternehmer verdient, die Folgekosten aber die Allgemeinheit zu tragen hat.

So (relativ) klein der Anteil der Deutschen am internationalen Waffengeschäft auch ist, so stark war die deutsche Wirtschaft im Irak (und auch anderswo, etwa in Libyen) mit der Lieferung von Produktionstätten vertreten, seien es Chemieanlagen, oder auch Waffenfabriken. Hier wurde ein besonders düsteres Kapitel deutscher Wirtschaftsgeschichte geschrieben, das noch sehr viel stärker als bisher der Aufhellung bedarf.

Zurück zum Golfkrieg: Man hat ihn als den ersten High-Tech-Krieg bezeichnet, und zweifellos war er dies auch. Wären die Folgen nicht so unerhört grausam, man hätte von der Exaktheit, mit der lasergesteuerte Waffen ihr Ziel fanden und trafen, fasziniert sein können. Militärs aber wissen besser als eine gebannte Weltöffentlichkeit, daß diese moderne Kriegstechnologie nicht immer unter solch idealen Bedingungen eingesetzt werden kann. Im Irak hatten es die Alliierten mit flachen, weiten Ebenen zu tun, das Wetter war meist klar, der Gegner sah sich nicht in der Lage, die Elektronik der Waffen zu stören oder zu verwirren. Was die natürlichen Gegebenheiten angeht: im Dschungel von Vietnam waren die Amerikaner mit all ihrer waffentechnischen Überlegenheit genauso hilflos wie die Sowjets in den unwegsamen Bergregionen Afghanistans.

So faszinierend die moderne Technologie auch sein mag, sie ist anfällig. Der zum Beispiel bei einer atomaren Explosion erzeugte elektrische Impuls ist so gewaltig, daß damit die ganze Elektronik in Flugzeugen, Panzern und Schiffen außer Gefecht gesetzt werden kann.

Es sind längst nicht mehr nur die Staaten des Nordens, die über Atomwaffen verfügen. Indien hatte schon 1974 eine Atombombe gezündet. Pakistan rühmt sich ebenfalls des Besitzes nuklearer Waffen. Wie steht es mit anderen Schwellenländern, mit Südafrika, mit Brasilien, Argentinien, mit Nordkorea? Das US-Verteidigungsministerium ging vor dem Golfkrieg davon aus, daß bis zum Jahre 2000 nicht weniger als acht Entwicklungsländer in der Lage sein werden, Atom-Bomben zu bauen, und nicht nur das: über zwei Dutzend Entwicklungsländer werden dann auch über Raketen verfügen, mit denen atomare, chemische und biologische Sprengköpfe über weite Entfernungen geschossen werden können.

Wie gesagt, die Prognose wurde vor dem Golfkrieg erstellt. Seitdem man weiß, daß Atomwaffen auch mit einer – wie es schien – längst vergessenen Einfach-Technik herzustellen sind, werden diese Zahlen wohl nach oben korrigiert werden müssen, zumal das Hauptproblem, die Herstellung angereicherten Urans, ein so großes Problem gar nicht ist: Inzwischen hat der US-Geheimdienst herausgefunden, daß ein weiteres islamisches Land, nämlich Algerien, einen Atomreaktor bauen will, mit der Unterstützung Chinas. Angeblich soll dieser Reaktor auch geeignet sein, spaltbares Material für den Bau von Nuklearwaffen zu produzieren.

Die Chinesen haben einem anderen islamischen Land, Pakistan, das von sich behauptet über Atomwaffen zu verfügen, weitreichende Raketen vom Typ M-11 geliefert. Diese Raketen können starke Sprengladungen tragen und haben eine Reichweite von 300 km. Angenommen, die Chinesen liefern den Algeriern nicht nur einen Reaktor, sondern auch solche Raketen, dann wären von Algerien aus Palermo, Sardinien, die Balearen und die Südostküste Spaniens zu erreichen. Wie lange wird es dauern, bis China, oder ein anderes Land, Brasilien, oder Argentinien, oder Pakistan, oder Ägypten Raketen baut, die 800 km weit fliegen können? Ganz Italien bis Mailand geriete in ihren Bereich, auch ein großer Teil Südfrankreichs, ganz Spanien und sogar Portugal.

Auf Algerien muß Europa besonders achten, denn in diesem bevölkerungsstarken Staat gewinnt der aggressive, gegen den Westen gerichtete islamische Fundamentalismus immer mehr an Einfluß. Wie übrigens auch in dem starken hochgerüsteten Pakistan, das Anfang 1991 die Scharia, das alt-islamische Recht wieder eingeführt hat.

Das elektronische Material, das man zum Bau modernster Waffen braucht, ist nicht allzu schwer zu bekommen. Häufig handelt es sich um Bauteile, die auch in zivilen Apparaturen Verwendung finden. Und wenn nicht: welches enorme technische Know-how hat sich inzwischen in Asien angesammelt, in Taiwan, Hongkong, Singapur und Korea? Wir wissen, daß diese Länder hervorragende Unterhaltungselektronik herzustellen vermögen, warum sollten sie nicht auch Bauelemente für Waffen produzieren können?

Genauso leicht wie Bauteile sind auch technologisches Know-how und Wissenschaftler zu bekommen. Es ist alles nur eine Frage des Preises. Ist es ganz unvorstellbar, daß ein reicher Ölstaat etwa sowjetische Militärwissenschaftler einkauft, gegen harte Dollars, deponiert auf ein Schweizer Nummernkonto? Muß eine solche Versuchung für Technokraten, die den Zusammenbruch ihres Landes erleben, deren persönliche Perspektiven miserabel sind, nicht übermenschlich sein? In einer ähnlichen Lage befanden sich die deutschen V 2-Veteranen, die bei Nasser in Ägypten anheuerten. Warum sollte sich dergleichen nicht auch heute abspielen? Es gibt viele Bindungen zwischen Wissenschaftlern der Dritten Welt und des Nordens. Die Sowjetunion hat – wie oben beschrieben – irakische Studenten zu Atomwissenschaftlern ausgebildet; warum sollte es da nicht noch Kontakte geben, die sich jetzt wieder aktivieren lassen?

Es kann kein Zweifel darüber bestehen, daß die Industriestaaten des Nordens mehr und mehr von Staaten der Dritten Welt bedroht werden. Einen langen Abnutzungskrieg könnte der Norden wahrscheinlich schon heute nicht mehr für sich entscheiden, zu groß ist die Zahl der Menschen, die in der südlichen Hemisphäre leben.

Angesichts dieser Situation ist es geradezu selbstmörderisch, wie der Norden den Süden mit Waffen ausstattet. Die „Financial Times" konstatierte: „Eine der dringendsten Aufgaben der entwickelten Welt ist es, Wege zu finden, wie die Weitergabe von chemischen, nuklearen und anderen hochmodernen Waffen an instabile Entwicklungsländer verhindert werden kann." Konflikt- und Friedensforscher fordern eine Kontrollbehörde nach dem Modell der Cocom, mit welcher der Export von High-Tech in den Ostblock unterbunden wurde. „Gefragt wäre jetzt eine Art Embargo des Nordens gegen den Süden, an dem die Sowjets sich beteiligen müßten, wenn es wirksam sein sollte", so der „Spiegel" in einem Artikel über Schlußfolgerungen aus dem Golfkrieg. Doch wie sollte dies funktionieren, wenn der politische Wille dazu fehlt?

Anfang Juli 91 trafen in Paris die fünf Ständigen Mitglieder des UNO-Sicherheitsrates zusammen, um einen Verhaltenskodex für Rüstungsexporte zu beraten.Diese fünf Staaten – USA, UdSSR, Frankreich, Großbritannien, China – sind gleichzeitig die größten Waffenexporteure, ihr Anteil am Waffenmarkt beträgt 90 Prozent. Die Ergebnisse der Konferenz waren fürs erste nicht ermutigend: Die USA möchten die Lieferung von Massenvernichtungswaffen in die arabisch-persische Welt verbieten. Frankreich möchte statt einer Sonderregelung für den Nahen Osten eine weltweite Vereinbarung über Rüstungsexporte, lehnte aber ein Verbot der Lieferung von Atom-(!), Satelliten- und Raketentechnik an Entwicklungsländer ab.

Wenig später beschlossen die Regierungschefs der sieben mächtigsten Industrienationen auf dem Weltwirtschaftsgipfel in London: Verbindliche Richtlinien sollten künftig Rüstungsausfuhren in den Nahen Osten regulieren, ein Waffenexportregister bei der UNO solle Aufschluß über den weltweiten Handel mit Waffen geben.

Erklärungen sind das eine, Handeln das andere:

1990 schon verdrängten die Amerikaner die Sowjets vom Rang 1 der Waffenlieferanten. Die USA exportierten für 18,5 Milliarden Dollar Waffen in die Dritte Welt, mehr als doppelt soviel wie im Jahr davor.

Nach Beendigung des Golfkriegs planen die großen Fünf ungeniert neue Waffenlieferungen in den Nahen Osten: Die Amerikaner haben den arabischen Staaten Waffen im Werte von 13,2 Milliarden Dollar versprochen. Die Sowjets wollen modernstes Kriegsgerät an Syrien im Werte von rund 2 Milliarden US-Dollar liefern. Großbritannien hat ein Milliardengeschäft mit Saudi-Arabien im Auge, darunter die Lieferung der hochmodernen Tornado-Kampfflugzeuge. Die französischen Waffenfabriken verzeichnen als Folge des Golfkriegs ein Auftragsplus von 70 Prozent. China will moderne Mittelstreckenraketen (!) in den Nahen Osten exportieren.

Alle guten Vorsätze, die man nach dem Golfkrieg faßte, scheinen bereits wieder vergessen.

Der Direktor des Stockholmer SIPRI-Instituts, der Deutsche Walther Stützle, kommentiert die Situation so: „Wer heute Waffen liefert, wird morgen mit ihnen bekämpft.“[9] Wohl wahr, doch welcher Staat nimmt sich dies zu Herzen und handelt danach?

Wenn Rüstungsexportkontrollen schon mehr oder minder nur Lippenbekenntnisse bleiben, so hat der Golfkrieg doch eine Strategie aufgezeigt, mit der der Norden sich vielleicht schützen kann:

Die Iraker haben erst alle ihre Atomgeheimnisse offenbart, als die USA mit einem Präventivschlag drohten. Die Drohung mit Gewalt, war das einzige Mittel, das den Diktator von Bagdad zur Raison brachte. Um internationale Verträge und Konventionen hat er sich nie einen Deut gekümmert.

Dies lehrt: Der Norden muß sich darauf einstellen – und auch die grausame Konsequenz aufbringen – *vorbeugend* Gegner, die ihm gefährlich werden könnten, auszuschalten.

Man hat im Golfkrieg von chirurgischen Militäroperationen gesprochen, gemeint war damit: kriegswichtige Einrichtungen des Gegners auszuschalten, ohne sein Land vollkommen zu zerstören. Dieses wird auch in Zukunft notwendig sein. Der Angriff der Israelis auf den irakischen Atomreaktor hat mit Sicherheit verhindert, daß der Irak im Golfkrieg schon die Bombe hatte. Dieser kurze, harte Schlag vor zehn Jahren hat Schlimmeres verhindert, möglicherweise Tel Aviv vor einem Atomangriff bewahrt. Zu ähnlichen „chirurgischen Eingriffen“ muß und wird es in Zukunft mehr und mehr kommen. Bevor eine Bedrohung akut werden kann, muß sie aus der Welt geschafft werden, so wie es die

Amerikaner mit der Vernichtung der libyschen Chemiewaffenfabriken gemacht haben, oder eben die Israelis mit der Zerstörung der irakischen Atomanlagen.

Mit Bomben, Raketen, Giftgasen und Terrorakten wird die Dritte Welt den Norden zwar bedrohen, aber nicht ernsthaft treffen können. Dazu ist der Norden immer noch zu stark, und er wird es auch noch für längere Zeit bleiben, immer vorausgesetzt: er hat die innere Kraft, seine Überlegenheit auch einzusetzen.

Die größere Gefahr droht den reichen Industriestaaten zur Zeit von den Armen der Dritten Welt, die sich in Massen auf den Weg in den Norden machen, „wo die unerwünschten Zugereisten als neues Lumpenproletariat die Wohlstandsgesellschaften aufschrecken", so der „Spiegel", und „das Chaos der Dritten Welt in die reichen Regionen exportieren."

XI. Die Armut wächst

Anmerkungen zur Entwicklungshilfe

Vergebliche Hoffnungen

Vor drei Jahrzehnten etwa begann das gigantische und in der Menschheitsgeschichte einmalige Hilfsprogramm, das man Entwicklungshilfe nennt. In rascher Folge waren nach dem Zweiten Weltkrieg in Afrika und Asien neue Staaten entstanden, alle aus den früheren Kolonialreichen der Europäer. Manche errangen ihre Unabhängigkeit in blutigen Befreiungskämpfen, anderen fiel sie wie eine reife Frucht in den Schoß. Die alten Kolonialmächte hatten nach den Anstrengungen des Zweiten Weltkriegs nicht mehr die Kraft, ihre überseeischen Untertanen niederzuhalten. Gemeinsam war allen diesen jungen Staaten, wenn auch in unterschiedlichem Maße, daß sie unterentwickelt waren, jedenfalls im Vergleich mit den Industriestaaten des Nordens, wobei das Kriterium für Unterentwicklung immer ein europäisches war; wären die Völker der Dritten Welt nie mit den Europäern in Berührung gekommen, hätten sie gewiß nie das Gefühl bekommen, die Europäer wären ihnen überlegen, zumindest nicht in technisch-zivilisatorischer und wirtschaftlicher Hinsicht.

Da der Ausdruck „unterentwickelt" von den jungen Staaten als diskriminierend empfunden wurde, hat sich seit der 1. Welthandelskonferenz im Jahre 1964 der Begriff Entwicklungsländer eingebürgert. Grob unterschied man die Welt jetzt in: Dritte Welt, damit waren die Entwicklungsländer gemeint, in Zweite Welt, das hieß, die Staaten des Ostblocks und in Erste Welt, worunter man die westlichen Industriestaaten verstand. Die Begriffe Erste und Zweite Welt sind nie in den Sprachgebrauch eingegangen, wohl aber der Begriff Dritte Welt.

Beginnend in den fünfziger Jahren, verstärkt aber seit den Sechzigern, leistet die westliche Welt einen enormen Beitrag zum Aufbau der Dritten Welt, ganz im Gegensatz zum ehemaligen Ostblock, dessen Leistungen – anders als sein propagandistischer Aufwand – immer minimal geblieben sind. Allein die Bundesrepublik Deutschland hat von 1950 – 1989 gut 163 Milliarden DM für die Dritte Welt aufgebracht.

Die zehn größten Geberländer (1988): Mrd. US-$[1]

USA	10,1
Japan	9,1
Frankreich	6,9
Deutschland	4,7
Italien	3,2
Großbritannien	2,6
Kanada	2,3
Schweden	1,5
Australien	1,1
Norwegen	0,9

Insgesamt haben die westlichen Industrieländer im Jahre 1988 an die 50 Milliarden US-Dollar für Entwicklungshilfe ausgegeben; von den zehn in der Tabelle aufgeführten Ländern kamen allein 88 Prozent.

Diese Auflistung zeigt nebenbei auch, wie vorsichtig man mit Statistiken umgehen muß. Das an zweiter Stelle liegende Japan, mit seinen neun Milliarden, macht sich recht imposant aus, solange man nicht berücksichtigt, daß es im Gegensatz zur Bundesrepublik praktisch kein Geld für Flüchtlinge oder Asylanten ausgibt (siehe Kapitel II). Würde man die gewaltigen Summen, welche die Deutschen dafür aufbringen, zu ihrer direkten Entwicklungshilfe addieren, läge die Bundesrepublik mit deutlichem Abstand vor den Japanern, ja sogar noch vor den USA.

Angesichts der enormen Summen, die in den vergangenen drei Jahrzehnten in die Dritte Welt gesteckt wurden, ist das Ergebnis per Saldo ernüchternd. Zwar gibt es Länder, die dabei sind, den Schritt vom Entwicklungsland zum Industrieland zu packen, wie Südkorea, zwar sind die Fortschritte im einzelnen durchaus respektabel, nimmt man aber alles in allem, dann ist das Problem der Unterentwicklung in der Dritten Welt nicht kleiner geworden, im Gegenteil: angesichts der explosionsartigen Vermehrung der Weltbevölkerung steht die Menschheit vor einem Berg noch größer gewordener, schier unlösbarer Probleme. Afrika, der Entwicklungskontinent schlechthin, befindet sich heute, nach 30 Jahren der Unabhängigkeit und ebenfalls 30 Jahren massiver Hilfe, in einem schlechteren Zustand als je zuvor.

Die „Weltbank" stellte 1990 ihren alljährlichen Rechenschaftsbericht gewiß nicht ohne Grund unter den Titel ARMUT. Als Kriterium der Armut definieren ihre Experten ein jährliches Pro-Kopf-Einkommen von weniger als 600 DM.

Hält man sich an dieses Kriterium, dann verteilt sich die Armut so auf die Kontinente:

Naher Osten, Nordafrika, Europa	60 Millionen Menschen
Afrika südlich der Sahara	180 Millionen Menschen
Ostasien	280 Millionen Menschen
Südasien	525 Millionen Menschen

Zusammen sind das rund eine Milliarde armer, elender, hungernder Erdenbewohner; bei einer Weltbevölkerung von gut 5 Milliarden bedeutet das, daß jeder fünfte heute in Armut lebt.

Die obigen Zahlen beziehen sich auf das Jahr 1985. Die Weltbank hat versucht, sie auf das Jahr 2000 hochzurechnen, und kommt dabei zu einem überraschenden, vordergründig sogar hoffnungsvoll stimmenden Ergebnis: die Armut wird in der Dritten Welt zurückgehen, allerdings mit zwei großen Ausnahmen:

Erstens in *Afrika* südlich der Sahara: wenn heute in dieser Region 180 Millionen Menschen in Armut leben, dann werden es zur Jahrtausendwende 265 Millionen sein.

Zweitens: im *Nahen Osten* und in *Nordafrika,* dort werden auch noch in zehn Jahren, genau wie heute, 60 Millionen Menschen zu den Armen zählen, aber auch nur unter günstigen Umständen, sonst könnte ihre Zahl auch auf 85 Millionen steigen. Wie an anderer Stelle gezeigt wird, gehört diese Region von Natur aus zu den reichsten der Welt: die Einnahmen aus dem Erdöl, würden sie nur richtig genutzt, könnten aus dieser Weltgegend ein Paradies machen. Statt dessen ein eher tristes Bild: heute leben dort 60 Millionen Menschen in Armut, 40 Millionen sogar in extremer Armut (nach der Definition der Weltbank), das heißt, diese Menschen müssen im Monat von durchschnittlich 35 DM leben. Gewiß, solche Vergleiche hinken immer, die Lebensweise eines Marokkaners etwa läßt sich nicht mit der eines Deutschen vergleichen, die Bedürfnisse sind auch ganz anders. Aber 35 Mark sind immer noch sehr, sehr wenig, wenn in Marokko das Kilo Butter oder das Kilo Hammelfleisch 36 Dirham kostet, umgerechnet rund acht Mark (Ende 1990).

1985 zählten die Armen der Welt 1 Milliarde und 45 Millionen Menschen; im Jahre 2000 wird ihre Zahl „nur" noch 760 Millionen betragen – schätzen die Experten der Weltbank. Ohne zynisch zu werden: Immerhin ein Fortschritt.

Aber die Probleme werden im Grunde nicht gelöst. Statt auf breiter Front einen Fortschritt zu erzielen, geht es nur in einigen Regionen voran, in anderen aber sogar zurück, besonders in Schwarzafrika.

Man stößt hier wieder auf das alte Problem, das im Grund an all dem Elend in der Welt schuld ist: das enorme Bevölkerungswachstum in den Entwicklungsländern. Wie direkt der Zusammenhang zwischen Entwicklungsstand und Bevölkerungswachstum ist, zeigt diese Tabelle:

Bevölkerungswachstum von 1986–2000[2]

Länder mit niedrigen Einkommen	+ 30 % = 753 Millionen
Länder mit mittlerem Einkommen	+ 31 % = 412 Millionen
Länder mit oberem Einkommen	+ 27 % = 162 Millionen
Marktwirtschaftsländer	+ 6 % = 40 Millionen

Das Problem der Armut in der Welt könnte nur dann gelöst werden, wenn es gelänge, das exorbitante Bevölkerungswachstum zu bremsen. Doch das gelingt nicht. Wie an anderer Stelle gezeigt wird (siehe Kapitel XII), haben alle bisherigen Programme zur Geburtenkontrolle – bis auf China – nicht gegriffen. Man kann das nicht schön reden; denn die Zahlen sprechen eine zu deutliche Sprache.

Zeit, Bilanz zu ziehen

Wie könnte das Menschheitsproblem der ungleichen Entwicklung gelöst werden? Naheliegend scheint die Forderung, die Industriestaaten müßten ihre Anstrengungen verstärken, und zwar ganz wesentlich, etwa verdoppeln, wenn es einen Sinn haben soll. Nur: noch mehr Entwicklungshilfe können die Industriestaaten nicht aufbringen, sie leben heute schon über ihre Verhältnisse: die Schuldenberge, die alle großen, sogenannten reichen Länder aufgehäuft haben, sind schon hoch genug, um nicht zu sagen, schwindelerregend.

Wahrscheinlich ist inzwischen der Punkt erreicht, da der industrialisierte Norden Bilanz ziehen und sich ernsthaft die Frage stellen, ob es so weitergehen kann und wie er sein Verhältnis zur Dritten Welt künftig gestalten will. Er befindet sich inzwischen in einer sehr viel besseren Position, sein Handlungsspielraum ist größer geworden. Das bislang übliche Ausspielen von Ost gegen West, das einige Länder der Dritten Welt perfekt beherrschten, wird nicht mehr funktionieren. Der industrialisierte Norden, und dies heißt Ost und West, kann jetzt geschlossen auftreten, er braucht sich nicht mehr unter Druck setzen zu lassen. Doch welche Politik sollte er nun gegenüber der Dritten Welt betreiben?

Um es noch einmal zu sagen: Das Grundübel ist und bleibt das enorme Wachstum der Bevölkerung in der Dritten Welt. Wäre das anders, ließe sich dort der Lebensstandard heben, ließen sich auch – wichtig für die ganze Menschheit – ökologische Schäden leichter vermeiden. Die Entwicklungshilfe hätte eine Perspektive, es würde einen Sinn machen, in die Zukunft der Entwicklungsländer zu investieren. Wir wissen aber, daß bisher jede Geburtenkontrolle gescheitert ist, in Indien, möglicherweise selbst in China, von den anderen Entwicklungsländern wie Bangladesch oder Kenia oder Afghanistan gar nicht zu reden.

Die Entwicklungsländer, die auch sonst sehr auf ihre Unabhängigkeit bedacht sind, müssen sich endlich ihrer Verantwortung stellen. Sie, nicht die Industriestaaten des Nordens, sind in allererster Linie für ihr weiteres Schicksal verantwortlich. Wenn die Entwicklungsländer drei Viertel des Weltwaffenexports aufnehmen, wenn sie dafür die Wahnsinnssumme von 35 Milliarden US-Dollar ausgeben können, dann geht es ihnen offensichtlich noch nicht schecht genug. Warum soll der Norden weiterhin wie bisher 50 Milliarden an Entwicklungshilfe geben, wenn auf der anderen Seite drei Viertel dieser gigantischen Summe für Waffenkäufe verfügbar sind? Der Einwand, ihr, die westlichen Industrieländer, liefert ja diese Waffen, zieht nicht. Erstens zwingt sie niemand dazu, genausowenig wie man sie zu vielem andern nicht zwingen kann. Zweitens kommt ein beträchtlicher Teil aus dem Osten, der Vorwurf kann also nicht allein an den Westen adressiert werden. Drittens bekämen die Entwicklungsländer ihre Waffen auch von anderswo, etwa aus Ägypten, Indien, Pakistan, Argentinien und Brasilien, alles Entwicklungsländer mit großen, leistungsfähigen Waffenindustrien.

Die UNDP (Entwicklungsprogramm der Vereinten Nationen) hat in ihrem jüngsten Bericht[3] den Vorschlag gemacht, solchen Ländern, deren Militärausgaben einen gewissen Punkt überschreiten, die Entwicklungshilfe zu streichen. Die Presse in den Entwicklungsländern ist daraufhin vollzählig über die UNDP-Leute hergefallen, Tenor: „Die UNDP mischt sich in unsere Angelegenheiten ein.“ Ein afrikanisches Land, Uganda, brachte im Aufsichtsrat der UNDP sogar den Antrag ein, künftig einen solchen unangenehmen Bericht nicht mehr zu publizieren. (Der Antrag wurde abgelehnt.)[4] Das gleiche Uganda, übrigens, das für seine Armee dreimal soviel ausgibt, wie für Schulen und Ausbildung.

Wenn die Entwicklungsländer ihre Probleme nicht lösen können oder nicht lösen wollen, so ist dies letztendlich ihre Angelegenheit. Der Norden sollte sich dann langsam aus der Dritten Welt zurückziehen und sie ihrem Schicksal überlassen. Das mag zynisch und herzlos klingen, aber wenn wir die Probleme der Dritten Welt schon nicht lösen können, sollten wir uns darauf konzentrieren, daß diese Probleme nicht auch über uns kommen. Denn diese Gefahr droht: das Chaos der Dritten Welt greift mehr und mehr auch auf den Norden über.

Hilfe für Osteuropa, die bessere Investition

Die Industriestaaten sollten die Mittel, die durch den Verzicht auf „Entwicklungshilfe" frei werden, in die „Entwicklungsländer des Nordens" stecken, sprich in die ehemals sozialistischen Länder Osteuropas, in die Zweite Welt. Ein vergleichbares „Recht auf Hilfe" haben sie allemal: denn die Verhältnisse sind dort nicht viel besser als in den „echten" Entwicklungsländern: das Pro-Kopf-Einkommen in Ungarn, Polen und Jugoslawien beispielsweise liegt niedriger als das von Algerien. Von der Sowjetunion gar nicht zu reden: auch wenn keine Zahlen vorliegen, darf man davon ausgehen, daß der Lebenstandard der breiten Masse in der SU nicht besser ist als in manchem Entwicklungsland.

Dabei ist gerade die Sowjetunion ein von Natur aus reiches Land, voller Bodenschätze, ein Land mit schier unerschöpflichen Ressourcen. Die Bodenschätze, die in diesem riesigen Land ruhen, könnten uns von den Entwicklungsländern weitestgehend unabhängig machen. Unsere Handelsinteressen in der Dritten Welt (siehe Kapitel XIII) sind sowieso nicht so groß, als daß wir darauf nicht verzichten könnten.

Die Frage, die manchen schockieren wird, muß ernsthaft und ohne falsche Scheu diskutiert werden: Wäre der Norden nicht besser beraten, die immensen Mittel, die er heute noch in die Entwicklungsländer steckt, in Osteuropa, besonders in der Sowjetunion zu investieren?

Beide Weltteile, Dritte und Zweite Welt, zu entwickeln, übersteigt ganz sicher unsere Kräfte. Wäre es nicht fatal, wenn wir am Ende nicht nur ein Chaos im Süden, sondern auch noch ein Chaos im Osten hätten? Würden wir dann dem Druck, der sowohl von Süden, als auch aus dem Osten käme, standhalten können? Gebietet es nicht die Vernunft, sich mit dem zusammenzutun, der einem letztlich mehr nutzen kann? Vor allem: der uns näher steht, in jeder Beziehung, in Kultur, gemeinsamer Geschichte, Religion und Philosophie, also mit Osteuropa?

Zumal die Möglichkeiten im Osten Europas geradezu faszinierend groß sind: Ganz sicher ließe sich hier ein Wirtschaftsraum schaffen, der – bis auf den Import von Erdöl – autark sein könnte. Als „Binnenmarkt“ wäre er so gewaltig, daß er allen seinen Bewohnern einen hohen Lebenstandard ermöglichen würde, nicht sofort, aber in einem absehbaren Zeitraum. Das Beispiel EG-Binnenmarkt hat gezeigt, daß eine solche Entwicklung möglich ist. Welche Perspektiven dieser Wirtschaftsraum haben könnte, lassen schon die Bevölkerungszahlen erkennen; in Europa leben:

EG-Staaten	323 Millionen
westl. Nicht-EG-Staaten	31 Millionen
Osteuropa (einschl. SU)	404 Millionen
zusammen	758 Millionen

Das Weltproblem Nr. 1, das Bevölkerungswachstum, spielt in diesem Raum nur eine geringe Rolle: in den EG-Staaten wird die Bevölkerung bis zum Jahr 2000 lediglich um 6 Millionen zunehmen, in den westlichen Nicht-EG-Staaten sogar um eine Million sinken: in Osteuropa allerdings um 26 Millionen steigen. Bezogen auf die europäische Bevölkerung des Jahres 1990 (= 758 Millionen) bedeutet dies eine Zunahme um 31 Millionen, oder um 4 Prozent, verschwindend wenig im Vergleich mit dem furchterregenden Wachstum in den Entwicklungsländern.

Ein absoluter und sofortiger Stop jeder Unterstützung für die Dritte Welt wäre natürlich nicht möglich. Dies verhindern schon die Interessen einzelner Industriestaaten des Nordens, wie etwa Frankreichs, das zu seinen ehemaligen afrikanischen Kolonien ein besonders enges Verhältnis pflegt, und dies auch nicht ändern wird. Möglich aber wäre es, die Leistungen an die Dritte Welt von Jahr zu Jahr herunterzufahren, und das so ersparte Geld in die Entwicklung Osteuropas zu stecken.

Die „Schuld“ der Europäer

Daß Staaten von sich aus, und direkten ohne Zwang, anderen etwas abgeben, ist neu in der Geschichte der Menschheit. Hier scheint eine ganz neue moralische Qualität ins Spiel gekommen zu sein, aber in Wahrheit sind die Motive so edel nicht. Neben handfesten (Wirtschafts-)Interessen, die aber bei nüchterner Betrachtung so groß gar nicht sind, spielt zweifellos ein gewisser Schuldkomplex eine Rolle. Die

Entwicklungsländer verstehen es sehr geschickt, den Industriestaaten zu suggerieren, ihr ganzes Elend rühre nur daher, daß sie früher von den europäischen Kolonialherren unterdrückt und wirtschaftlich ausgebeutet wurden. Man muß hier nicht weiter darauf eingehen, an dem Vorwurf ist etwas dran, aber so pauschal ist er falsch, und wenn man ihn schon akzeptieren will: was inzwischen an Hilfen in diese Länder geflossen ist, dürfte sehr viel mehr sein, als die Kolonialherren früher herausgeholt haben, wenn überhaupt: in der kurzen Zeit beispielsweise während der das Deutsche Reich überseeische Besitzungen hatte, kosteten uns diese Kolonien sehr viel mehr als sie einbrachten.

Wenn überhaupt, dann liegt die Verantwortung der Europäer woanders: in dem Umstand, daß sie überhaupt mit diesen Ländern in Kontakt getreten sind und dabei – sicherlich ungewollt und unwissend – in vielen Jahrhunderten entstandene und bewährte Lebensformen zerstört haben. Aber wie sollte man dies im nachhinein ändern? Und kann man dabei überhaupt von Schuld reden?

Dennoch: diese unsere „Schuld" einmal akzeptiert: es ist auch eine Tatsache, daß andererseits die Entwicklungsländer selbst einen großen Teil Schuld an ihrer Misere tragen. Es herrscht nun einmal in der Dritten Welt eine unglaubliche Korrruption, die Eliten sind in den meisten Fällen nicht fähig, ihre Länder ordentlich zu regieren und voranzubringen, von den ebenso exorbitanten wie überflüssigen Ausgaben für Waffen ganz zu schweigen. Ein ebenso düsteres Kapital ist die Verschiebung von Devisen ins Ausland: Die Gelder, die Privatleute aus Südamerika auf ausländischen Banken liegen haben, hauptsächlich in der Schweiz, sind zusammen höher als die gesamte Auslandsverschuldung dieses Subkontinents, und die ist bekanntlich gewaltig.

Die Ausplünderung eines von der Natur so gesegneten Landes, wie Argentinien, durch wechselnde Herrschaftsclans, zuletzt einem aus Syrien, gehört in das gleiche Kapitel.

Wir sollten wirklich nicht mehr hinhören, wenn die Entwicklungsländer uns mit der Klage kommen, das Erbe des Kolonialismus sei die Wurzel allen Übels. Die von den Europäern willkürlich gezogenen Grenzen im Nahen Osten beispielsweise sind zweifellos ein ständiger Anlaß zu Konflikten in dieser Region, aber wer hindert diese Staaten daran, dies zu ändern und friedlich untereinander zu regeln? Europa hat es nach dem Zweiten Weltkrieg schließlich auch geschafft, sich über strittige Grenzen zu verständigen.

Es ist einfach nicht wahr, daß „westlicher Imperialismus" und „westliches Hegemoniestreben" die Ursache allen Übels sind. Wer hindert etwa die arabischen Völker daran, ihre Petrodollars in die Entwicklung ihrer Länder zu stecken? Eine westliche Verschwörung, die dies angeblich vereitelt, existiert nur in den Köpfen der arabischen Nationalisten. Das Gegenteil ist doch richtig: an nichts hätte Europa mehr Interesse als an einem friedlichen, wirtschaftlich starken und sozial gesicherten Nahen Osten. Mit einer solchen arabischen Gemeinschaft ließe sich in guter Nachbarschaft leben, ließen sich vorteilhafte Wirtschaftsbeziehungen entwickeln. Doch wie ist die Wirklichkeit? Ständig Konflikte, die auch Europa verunsichern, wirtschaftliche Miseren fast überall und soziale Unsicherheiten, die dazu führen, daß immer mehr Menschen aus dieser Region nach Europa drängen.

Es ist schon so, wie der Türke Otay Mehmed, ein in Ottawa lehrender Sozialwissenschaftler schreibt: „Die Hauptursachen (der Unterentwicklung) sind endogen. Denn die islamischen Gesellschaften sind nicht entwicklungsorientiert. Weder wurde der Islam für ökonomische noch für soziale Entwicklung mobilisiert ... Selbst die Idee des Staates als ein Instrument der Entwicklung wurde in islamischen Gesellschaften nicht entfaltet ...", und er hält jenen, die die heutigen Mißstände auf das koloniale Erbe zurückführen entgegen, daß „der islamische Untergang lange vor den kolonialen Eroberungen des islamischen Gebietes begonnen hat."[5]

Wie es wirklich aussieht

Kenia, ein afrikanisches Land, das lange als Musterbeispiel für eine gute Entwicklung galt (inzwischen aber eine der höchsten Geburtenraten der Welt aufweist), hatte trotz einer besonders schlechten Ernte 80000 Tonnen Weizen an Sambia verkauft. Wenig später wandte sich das Land hilfesuchend an den Westen: es drohe eine Hungersnot. Die internationalen Spendenaktionen liefen denn auch wie gewünscht an. Kenia hat aber keineswegs den Erlös, oder wenigstens den Gewinn aus seinen Weizenverkäufen wieder für Lebensmittel ausgegeben, sondern die Hilfslieferungen umsonst genommen.[6] Die Entwicklungsländer haben längst verinnerlicht, daß im Notfall der Norden schon einspringen wird; es würde ihnen längerfristig wahrscheinlich mehr helfen, wenn sie einmal eine andere Erfahrung machen müßten.

Ein anderes Beispiel: Noch immer lebt die Masse der vier bis fünf Millionen *Afghanen,* die bei Ausbruch des Krieges geflohen sind, im

Ausland, vor allem in den Nachbarstaaten, in Pakistan, Iran, Indien, aber auch im fernen Europa und in den Vereinigten Staaten. In der Bundesrepublik halten sich mehr als 100 afghanische Ärzte auf, als Asylanten. Anfang 1991 haben diese Ärzte in einem Brief an die Bundesregierung gefordert, ihnen die Ausübung ihres Berufes zu gestatten: wohlgemerkt hier, bei uns, wo es an Ärzten wahrlich keinen Mangel gibt. Was diese afghanischen Ärzte wollen, ist klar: sie wollen sich hier niederlassen, in der berechtigten Hoffnung, gutes Geld zu verdienen und gut zu leben. So denkt und handelt eine Elite aus einem der ärmsten Entwicklungsländer der Welt. Was mögen wohl die Hunderttausende in den afghanischen Flüchtlingslagern davon halten, sollten sie je davon hören?[7] Die Ärzte, die dort arbeiten, und zwar unter schwierigsten Bedingungen, sind zumeist Europäer und Amerikaner, manche von ihnen opfern sogar ihren Urlaub dafür. Es gibt unendlich viel Elend, in den Flüchtlingslagern, aber auch in Afghanistan selbst. Mediziner werden dort dringend gebraucht. Ist es zuviel verlangt, wenn man die hundert afghanischen Ärzte auffordert, zurückzukehren, um ihren Landsleuten beizustehen? Man wird solches Ansinnen als Polemik zurückweisen: denn sie sind natürlich alle politisch verfolgt, an Leib und Leben bedroht. Aber wer, wenn die Frage erlaubt ist, sollte sie in den Flüchtlingslagern Pakistans, des Iran oder Indiens bedrohen oder gar verfolgen?

Geradezu exemplarisch für die Entwicklung der Dritten Welt ist das Scheitern *Indiens.* Dieses uralte Kulturland entwickelte sich nach der Unabhängigkeit (1948) rasch zur größten Demokratie der Erde. Innerhalb der Dritten Welt spielte es immer eine führende Rolle. Es hat objektiv große technische Leistungen erbracht, allerdings auch in der Waffenproduktion (Atombombe, Trägerraketen, sogar Weltraumraketen). Jetzt, nach vier Jahrzehnten Unabhängigkeit, droht das Land im Chaos zu versinken. Indien ist inzwischen praktisch zahlungsunfähig. Es hat ein Handelsbilanzdefizit von 7 Milliarden Mark (d. h. es führt im Jahr für 7 Milliarden Mark mehr Waren ein als es selbst exportiert), es schiebt einen Schuldenberg von 130 Milliarden Mark vor sich her und es muß dafür im Jahr über 20 Milliarden Mark an Zinsen zahlen, was bedeutet, daß diese Zinszahlungen inzwischen mehr als 30 Prozent seiner Exporterlöse verschlingen. Gleichzeitig leistet es sich, in vier Jahren (1984 bis 88, Quelle SIPRI) für Waffenkäufe gut 20 Milliarden auszugeben. Nicht zuletzt wegen der drei Bürgerkriege, die innerhalb seiner Grenzen seit Jahren ausgefochten werden: im Punjab, in Kashmir und in Assam, alle sind es religiös motivierte Konflikte. Enorme Mittel verbraucht auch die unsinnig aufgeblähte Bürokratie. Indien leistet sich einen Beamtenapparat von 20 Millionen „Beschäftigten“, dazu kommen exorbitante Kosten für die unrentablen, verstaatlichten Industrien. Grundübel aber, wie fast überall in der Dritten Welt: das ungebremste Wachstum der Bevölkerung. Indien verzeichnet eine Geburtenrate von 2,1 Prozent; die Bevölkerung von heute 835 Millionen wird binnen 35 Jahren auf 1,4 *Milliarden* anwachsen: Indien wird dann – noch vor China – das bevölkerungsreichste Land der Erde sein. Das Ergebnis: das große Land verzeichnet jetzt schon eine „Entwicklung“, die weit hinter seinen Möglichkeiten zurückbleibt. Daß es auch anders gehen könnte: zeigt ein Vergleich zwischen Indien und einem anderen Entwicklungsland, nämlich Südkorea: Als Indien unabhängig wurde, lag sowohl hier als auch in Südkorea das Pro-Kopf-Einkommen bei 73 Dollar (jährlich!); heute beträgt das Pro-Kopf-Einkommen in Indien 270 US-Dollar, in Südkorea aber 3000, also mehr als zehnmal soviel.

Ein verglichen mit Indien winziges Land, *Sri Lanka,* hat eine ähnlich deprimierende Entwicklung durchlaufen. Das Land, das damals noch Ceylon hieß, wurde von den Briten in einer sehr guten Verfassung in die Unabhängigkeit entlassen. Es wies einen beträchtlichen Wohlstand auf, verzeichnete eine hohe Alphabetenrate, die Wirtschaft befand sich in einem relativ guten Zustand. Inzwischen ist das Land von einem jahrelangen Bürgerkrieg praktisch ruiniert. Der Krieg kostet jeden Tag eine Viertel Million Dollar. Ein Ende der Auseinandersetzungen zwischen Tamilen und Singhalesen ist nicht abzusehen. Es könnte uns gleichgültig sein, was in diesem fernen Land passiert, nur: es exportiert sein Chaos. 1990 flohen 15 000 Tamilen nach Europa, rund ein Drittel davon in die Bundesrepublik, so daß die Zahl der hier lebenden tamilischen Asylbewerber inzwischen auf 55 000 angewachsen ist. Die Tamile Tigers, die Befreiungskämpfer auf Sri Lanka, werden von diesen Flüchtlingen finanziell unterstützt, mit Geldern, die hauptsächlich im Drogenhandel oder durch Erpressung „verdient“ werden, in Europa oder in den USA.

In einen geradezu hoffnungslosen Zustand ist das ärmste Land der Erde, das südostafrikanische *Mozambique* geraten. Nach einem vierzehn Jahre währenden Bürgerkrieg erinnern der „Verfall des Staates und seiner Autorität an Zustände im Dreißigjährigen Krieg“, wie die „Frankfurter Allgemeine Zeitung“ schrieb. Von der 15 Millionen Menschen zählenden Bevölkerung leben fünf Millionen als Flüchtlinge in den Nachbarstaaten, obwohl auch die zu den ärmsten der Erde gehören. Während des Bürgerkriegs kamen zwischen 100 000 und einer Million

Menschen um, je nachdem ob man die Verhungerten mitzählt. Im Gegensatz zu den Kurdenflüchtlingen hat sich die Welt dafür kaum interessiert. Experten schätzen, daß das Land 15 Jahre brauchen wird, um den Lebensstandard zu erreichen, den es *vor der Unabhängigkeit,* noch unter portugiesischer Kolonialherrschaft, hatte. Dazu wären natürlich auch enorme Mittel der Entwicklungshilfe vonnöten. Woher sollen sie kommen? Nicht Mozambique allein ist in Afrika von Bürgerkriegen zerstört worden, das gleiche Schicksal erlitten: Mauretanien, der Tschad, der Sudan, Äthiopien, Uganda, Somalia, Malawi, Angola, Niger, Liberia und Burkina Faso. In diesen zwölf afrikanischen Ländern, Mozambique eingeschlossen, sind als Folge der Bürgerkriege heute 30 Millionen Menschen von Hungertod bedroht.

Gut gemeint und dennoch falsch

Es mehren sich die Anzeichen, daß die Hilfe an die Dritte Welt ein schwerer Fehler war, auch wenn sie gut gemeint und – vielfach von großem Idealismus getragen wurde. Wenn ein bitterarmer Kontinent wie Afrika, die Weltproblemregion Nr. 1, heute die Hälfte seiner Exporterlöse – 50 Milliarden US-Dollar – jährlich an Zinsen für Entwicklungskredite aufbringen muß, dann ist hier offensichtlich etwas schiefgelaufen. Ob es an den Methoden gelegen hat, obwohl doch alles ausprobiert wurde? Oder haben die Industrieländer zu wenig gegeben? Vielleicht. Aber sicher ist auch, daß sie es heute nicht mehr könnten, zu sehr werden sie von eigenen Lasten gedrückt. Oder ist das Problem überhaupt unlösbar, ist die Aufgabe zu gigantisch? Ist es nicht doch unmöglich die „Ungleichheit der Kulturentwicklung", wie es der Frankfurter Soziologieprofesser K. O. Hondrich nennt, zu überwinden? Die Deutschen erleben jetzt, wie schwer es ist, die Gebiete der ehemaligen DDR auf Weststandard zu bringen, auch mit enorm viel Geld, und verglichen mit den Entwicklungsländern unter geradezu exzellenten Voraussetzungen. Wie sollte das, was hier schon so schwer ist, in Afrika oder Asien gelingen?

Mitte der achtziger Jahre kam die ehemalige SPD-Bundestagsabgeordnete Brigitte Erler, die die Probleme der Entwicklungsländer in Theorie und Praxis auf das beste kannte, zu folgendem Schluß: „Entwicklungshilfe schadet allen, denen sie angeblich nützen soll, ganzen Ländern wie einzelnen Betroffenen. Sie muß beendet werden. Ohne Entwicklungshilfe ginge es den Menschen in der Dritten Welt besser."[8]

Eine ähnliche Auffassung vertritt der indische Sozial- und Wirtschaftswissenschaftler Rajah Malaviya, der auf einem entwicklungspolitischen Kongreß der Akademie Graz sagte: „Die Entwicklungshilfe der letzten Jahrzehnte hat weder geholfen noch entwickelt", und dann auf die Frage „ist die Dritte Welt abgeschrieben?" mit der zynischen Antwort reagierte: „Leider nicht."

Noch drastischer drückte sich auf der gleichen Tagung der norwegische Friedensforscher Johan Galtung aus. „Die ganze Richtung ist falsch." Wer für eine Erhöhung der Entwicklungshilfe sei, wolle, daß ein Fahrer nicht mit 30, sondern mit 100 Stundenkilometern auf den Abgrund zurase.[9]

Die Welt sieht heute, nach vierzig Jahren Entwicklungshilfe so aus:

Der Anteil der Industrieländer am Welt-Sozialprodukt betrug 1989 83,1 Prozent, das sind sechs Prozent mehr als 1980. Die drei größten Industriestaaten, USA, Japan und die Bundesrepublik erwirtschaften inzwischen fast die Hälfte(!) des Welt-Sozialprodukts und dies, obwohl diese drei Länder nur 8,4 Prozent der Weltbevölkerung stellen.

Anstatt daß der Abstand zwischen den Industriestaaten und den Entwicklungsländern verringert worden wäre, hat er sich noch vergrößert.

Vielleicht haben die Länder der Dritten Welt wirklich eine bessere Chance, wenn sie ihren Weg allein und unabhängig, aber dann auch in voller Eigenverantwortung gehen – und wenn der Norden sich zurückzieht.

Eine Bürde sollten wir ihnen aber auf ihrem Weg abnehmen: die enorme Schuldenlast, die ihnen die Entwicklungs„hilfe" aufgeladen hat. Der Verzicht der Industrieländer auf die Rückzahlung dieser Kredite wäre die beste Hilfe. Diese Hilfe sollten wir den Armen der Welt nicht verweigern.

Und ein zweites: es dürfen keine Waffen aus dem Norden mehr in den Süden geliefert werden. Die Volkswirtschaften des Nordens können auch ohne die Erlöse, die ihnen der Waffenexport bringt, existieren. Wir können darauf nicht nur verzichten, wir müssen es im eigenen Interesse sogar.

XII. Gehet hin und mehret euch

Anmerkungen zur Überbevölkerung

Am anderen Ufer des Mittelmeers

Die Szenerie wirkt unheimlich: geradezu bedrohlich. Zehntausende junger Männer stehen in Gruppen, oder einzeln, und alle untätig auf den Trottoirs der nordafrikanischen Stadt Algier, in Hauseingängen und auf Plätzen. Sie wissen nichts mit ihrer Zeit anzufangen. Acht Millionen der jungen Algerier sind arbeitslos. Über zwei Drittel der algerischen Bevölkerung sind jünger als 25, die Hälfte davon hat keine Arbeit. Ihre Lebensperspektive ist düster bis hoffnungslos. Im eigenen Land werden sich die Verhältnisse nicht bessern, eher wird alles noch schlimmer werden. Eine Auswanderung nach Frankreich; früher *das* Ventil für den Bevölkerungsüberschuß des nordafrikanischen Landes, ist nicht mehr möglich. Die Franzosen haben schon genug Algerier im Land, sogar mehr als genug, wie sie meinen. In Frankreich leben heute etwa 850 000 solcher Zuwanderer aus dem Maghreb, dazu 500 000 der zweiten Generation. Das sind die Kinder der Einwanderer, die in Frankreich geboren wurden und deshalb automatisch den französischen Paß haben.

„Die islamische Problematik hat auf Frankreich übergegriffen", schreibt Peter Scholl-Latour, „es handelt sich hier nicht nur um eine Einwanderungswelle, es handelt sich um eine Völkerwanderung."[1]

Im Herbst 1988 explodierte in Algier die Unzufriedenheit der jungen Männer. In der Kasbah erscholl der Ruf „Allahu akbar – Allah ist groß". Die Revolte von Algier konnte nur mit Hilfe der Sicherheitskräfte niedergeschlagen werden. Mehr als 500 Jugendliche fielen in den Staßen Algiers Kugeln der Polizei zum Opfer. Seitdem herrscht Ruhe in den Städten, aber es ist eine trügerische, geradezu unheimliche Ruhe.

Algerien zeigt wie in einem Vergrößerungsglas alle Probleme der arabischen Länder, besonders jenes, das sie alle am stärksten drückt: das explosionsartige Anwachsen der Bevölkerung: Als Algerien 1830 von den Franzosen erobert und unterworfen wurde, lebten in diesem Gebiet schätzungsweise zwei Millionen Menschen. 1954, beim Beginn des Befreiungskampfs, zählte Algerien neun Millionen, darunter eine Million Franzosen. 1966 war die Bevölkerungszahl schon auf 11,6 Millionen gestiegen, und dies, obwohl im Bürgerkrieg über eine Million Algerier umkamen. Zwanzig Jahre später hatte sich die Bevölkerung mehr als verdoppelt: 1986 hatte Algerien rund 25 Millionen Menschen.

Doch das ist keineswegs das Ende, es geht weiter und weiter: im Jahre 2000, das uns so fern erscheint, und doch nur noch ein paar Jahre weg ist, werden nochmals 8 Millionen hinzukommen, und sollte sich nichts ändern, wird die Bevölkerung Algeriens im Jahre 2025, also in 35 Jahren, 81 Millionen zählen. So jedenfalls die Prognosen der Weltbank. Und was sollte sich ändern?

1954 acht Millionen Menschen, knapp 50 Jahre später viermal soviel: Algerien. Kein Extrem- nicht einmal ein Einzelfall, sondern ein ganz normales islamisches Land. In den anderen ist die Situation nicht anders:

Bevölkerungswachstum in den islamischen Staaten Nordafrikas und des Nahen Ostens (in Millionen)

	1990	2000
Marokko	25	30
Ägypten	55	67
Türkei	56	67
Tunesien	8	10
Algerien	25	33
Syrien	13	17
Jordanien	4	6
Libyen	5	6
Iran	52	69
Irak	19	27
Libanon	?	?
Zusammen	252	332

Die kleinen Länder, wie Kuweit und Die Vereinigten Arabischen Emirate einmal außer acht gelassen: In elf islamischen Ländern wird also die Bevölkerung in nur zehn Jahren um 80 Millionen Menschen wachsen; das bedeutet um ein Drittel, bezogen auf die heutige Bevölkerungszahl. Von den Menschen, die heute in diesen Ländern leben, gehören 60 Millionen zu den Armen, nach der Definition der Weltbank, das heißt: ihr jährliches Einkommen (pro Kopf) liegt unter 370 Dollar (etwa 600 DM). 60 Millionen von 252, jeder Vierte also. Obwohl sich die Volkswirtschaften dieser Länder vergleichsweise gut entwickeln, wird die Armut aus dieser Region, die uns so nahe ist, nicht verschwinden. Die Weltbank erwartet, daß unter „normalen" Bedingungen die Zahl der Armen auch im Jahre 2000 bei 60 Millionen liegen wird, aber eben

„unter normalen Bedingungen". Sollten ungünstige Bedingungen eintreten, rechnen die Experten mit 80 Millionen Armen in dieser Region. Realistischerweise wird man sich auf solche ungünstigen Bedingungen einstellen müssen. Der Golfkrieg hat schon – früher als erwartet – solche ungünstigen Bedingungen geschaffen.

Dabei zählen diese Länder keineswegs zu den ärmsten der Welt. Die Weltbank veröffentlicht jedes Jahr eine Rangliste aller Länder: ärmstes Land auf Platz 211 war 1990 Mozambique, reichstes auf Platz 1 die Schweiz; die (alte) Bundesrepublik lag auf Platz 7, immerhin: Ägypten, Marokko, Tunesien, die Türkei, Jordanien, Syrien und der Libanon halten sich in dieser Weltbank-Rangliste im Bereich der Staaten mit mittleren Einkommen auf, Algerien, Libyen, der Iran und Irak zählen sogar zu den Ländern der oberen Einkommenskategorie, allerdings nur dank der Einnahmen aus dem Erdöl. Nicht die Ärmsten also und dennoch: 60 Millionen Menschen in diesen Ländern leben in Armut, oder anders ausgedrückt: jeder vierte.

Die Wurzel allen Übels

Für die Armut in der Welt gibt es vielerlei Gründe: die meisten ließen sich beseitigen, der Hauptgrund aber nicht: Grundübel ist die explosionsartige Vermehrung der Bevölkerung. Sie frißt buchstäblich jeden Fortschritt auf, und sollten die Dinge schlecht laufen, wird es in einigen Jahren noch schlechter sein als heute.

Was sich in den islamischen Ländern, die uns mit ihren Problemen so bedrohlich nahe gerückt sind, abspielt, ist ein Teil des Horrorszenarios namens Überbevölkerung.

Die UNO hat Mitte 1990 einen Bericht[2] über die Weltbevölkerung veröffentlicht, der das Problem in dramatischer Weise deutlich macht. Demnach nimmt die Weltbevölkerung jedes Jahr um 100 Millionen Menschen zu. Die neunziger Jahre werden zu dem Jahrzehnt werden, in dem die Menschheit schneller wachsen wird als je zuvor in ihrer Geschichte. 95 Prozent dieses Wachstums vollzieht sich in jenen Weltregionen, wo die Menschen jetzt schon zu den Benachteiligten zählen, in den Entwicklungsländern. Während in den hochentwickelten Industriestaaten die Bevölkerungszahlen stagnieren, teilweise sogar zurückgehen, wie in Deutschland, explodieren sie in der Dritten Welt geradezu.

Zur Zeit, das heißt zu Beginn des letzten Jahrzehnts dieses Jahrtausends zählt die Erdbevölkerung 5,3 Milliarden. Das ist eine Zahl, unter der man sich nichts mehr vorstellen, aber wie wäre es so?:

5 300 000 000 Menschen

Von diesen 5,3 Milliarden leben heute schon eine Milliarde Menschen in Armut. Bei den 5 Milliarden wird es nicht bleiben. Im Jahr 2000 wird die Erdbevölkerung die Sechs-Milliarden-Grenze überschreiten, und nochmals 15 Jahre weiter wird ihre Zahl 8,4 Milliarden betragen. Wieviele von ihnen werden dann zu den Armen, den Hungernden gehören? Theoretisch ließen sich diese Menschenmassen ernähren. Die Erde gäbe das an sich her, aber sie würde darüber völlig aus dem ökologischen Gleichgewicht geraten, vorausgesetzt: man macht so weiter wie bisher. Jahr für Jahr fallen weltweit sechs Millionen Hektar Ackerland der Erosion zum Opfer. Die Wüsten dehnen sich immer mehr aus. Wenn es so weitergeht, befürchten Experten der FAO (Welternährungsorganisation), daß 550 Millionen Hektar Ackerland verloren gehen werden. Das wären 20 Prozent des Bodens, der zur Zeit auf der Erde bestellt wird. Und gleichzeitig sollen fast doppelt soviele Menschen ernährt werden. Wie sollte das funktionieren? Alles kommt zusammen: Zerstörung der Böden, Verseuchung des Wassers, Waldrodungen und eine fortschreitende Konzentration der Treibgase in der Atmosphäre. Die Menschheit vermehrt sich rapide und dabei vernichtet sie den Boden, von dem sie lebt. Wie direkt gerade der Zusammenhang zwischen Bevölkerungwachstum und Umweltzerstörung ist, zeigt das Beispiel Thailand: Anfang der fünfziger Jahre waren noch 66 Prozent dieses Landes mit Wäldern bedeckt. Die Bevölkerung zählte 18 Millionen. In den Jahren seither ist die Bevölkerung auf 52 Millionen gewachsen, und dafür der Tropenwald um zwei Drittel zusammengeschlagen worden.

Taumeln wir einem Kollaps entgegen? Oder gibt es vielleicht doch Lösungen?

Die ratlosen Experten

Wenig, zu wenig, um das Problem auch nur einigermaßen in den Griff zu bekommen. In der Darstellung des Problems sind die Experten der Vereinten Nationen meisterlich, ihre Rezepte hingegen nehmen sich angesichts der Größe des Problems geradezu lächerlich aus:

210 Millionen US-Dollar stellten die Vereinten Nationen 1990 zur Verfügung, damit Verhütungsmittel für die Dritte Welt gekauft werden

können. Flankierend dazu will man auf breiter Front gegen Abtreibungsgegner und kirchliche Fundamentalisten vorgehen. Andere Vorstellungen, wie die der Exekutivdirektorin des UN-Bevölkerungsfonds, Nafis Sadik, gehen dahin, mehr für die Frauen in den Entwicklungsländern zu tun, sie besser auszubilden, ihnen bessere Lebenschancen zu bieten. Zweifellos vernünftig, denn wenn die Geburtenkontrolle funktionieren soll, dann nur mit den Frauen. Aber wie lange soll das dauern? Zehn, zwanzig, fünfzig Jahre? Und inzwischen läuft der Menschheit die Zeit davon.

63 Länder der Dritten Welt, in denen immerhin 90 Prozent der Erdbevölkerung leben, praktizieren Geburtenkontrolle, manche schon seit vielen Jahren. Aber wo bleiben die Ergebnisse?

Zwei große asiatische Länder, die eine aktive Geburtenkontrolle betreiben, zeigen exemplarisch Scheitern und Erfolg einer solchen Politik:

Indien hat sehr früh eine staatlich gelenkte Geburtenkontrolle praktiziert. 1952 hatte das Land erstmals ein Programm zur Familienplanung aufgelegt und seitdem 20 Millionen US-Dollar für solche Zwecke ausgegeben. Vielleicht wäre alles noch sehr viel schlimmer, wenn man gar nichts getan hätte. Gebracht aber hat es so gut wie nichts, auch nicht als unglaublich rigorose Mittel angewandt wurden: als nämlich unter Indira Gandhi Eltern nach der Geburt des dritten Kindes zwangssterilisiert wurden, ganz im Gegenteil: gerade diese brutale Praxis hat die inzwischen „sanfter" gewordenen Methoden unter der Bevölkerung so diskreditiert, daß „family planning" noch sehr viel schwieriger geworden ist.

Indien hat heute eine Geburtenrate von 2,1 Prozent zu verzeichnen. Dies hat zur Folge, daß das Land, das heute 835 Millionen Menschen zählt, in 35 Jahren 1,4 Milliarden Menschen haben wird, mehr als China, das zur Zeit volkreichste Land der Erde. Um eine Vorstellung von den indischen Verhältnissen zu bekommen: Die Bevölkerung Indiens wächst in *einem Jahr* um 18 Millionen Menschen, das ist soviel, wie die frühere DDR an Einwohnern hatte. Indien zeigt auch exemplarisch, wie ein Problem das andere nach sich zieht: Es geht ja nicht nur darum, den Menschen zu essen zu geben. Sie brauchen auch eine Ausbildung, eine medizinische Versorgung und so weiter. Wenn Indien den Lebensstandard seiner Leute auf dem heute schon ärmlichen Niveau halten wollte, dann müßte es *jedes* Jahr zusätzlich 127 000 Schulen bauen, 373 000 Lehrer einstellen, vier Millionen Arbeitsplätze schaffen und last but not least: zusätzlich 10 Millionen Tonnen Lebensmittel produzieren.[3] Alles unmöglich und überhaupt nicht zu finanzieren.

Weitaus besser sieht die Bilanz der staatlichen Geburtenkontrolle in *China* aus: in diesem streng regierten, gut durchorganisierten Land mit seiner disziplinierten Bevölkerung, war es fast gelungen, die Ein-Kind-Familie durchzusetzen. Die Wachstumsrate konnte damit auf 1,3 Prozent gehalten werden. Ein Riesenerfolg. Dennoch ist die Bevölkerung inzwischen 20 Millionen größer als geplant. Nicht viel allerdings bei einer Zahl von 1,13 Milliarden Menschen. Nur: das chinesische Beispiel läßt sich nicht auf andere Länder übertragen. Die Chinesen praktizieren ein intelligentes System von Locken und Abschrecken. Männer und Frauen, die sich sterilisieren lassen, bekommen eine Gehaltszulage. Umgekehrt müssen Paare, die mehr als ein Kind in die Welt setzen, mit Gehaltskürzungen rechnen. Wichtigster Bestandteil der chinesischen Familienpoltitik ist aber die Vorsorge für die Alten. In vielen Ländern der Dritten Welt sind Kinder die einzig funktionierende Altersvorsorge. Sie sorgen später einmal für ihre Eltern, wenn diese das nicht mehr selbst können. Die chinesische Regierung gibt den älteren Menschen vier Garantien: Nahrung, Kleidung, Gesundheitsfürsorge und Übernahme der Begräbniskosten. In China mag ein solches System funktionieren, kann dort wohl auch finanziert werden, wie aber sollte es das in einem armen afrikanischen Land zu machen sein? Die Chinesen haben im übrigen die Erfahrung gemacht, daß ihre Bevölkerungspolitik in den Städten recht gut funktioniert, nicht aber auf dem Land. Der Bauer braucht Arbeitskräfte, vor allem aber wünscht er sich einen Sohn, mindestens einen. Die Folge: Unter der Hand geben die Behörden zu, daß die Wachstumsrate auf dem Land bei 2,7 liegt. Die Regierung hat inzwischen die Konsequenzen gezogen und rückt von ihrem Ein-Kind-Programm ab. Jedes Ehepaar soll jetzt zwei Kinder bekommen dürfen. Inzwischen scheinen diese Planungen schon überholt: „2,3" Kinder, so die Statistiker, bringt die chinesische Frau jetzt zur Welt. Die Folgen lassen sich absehen: Chinas Bevölkerung wird wieder stärker wachsen. In der Mitte des nächsten Jahrtausends werden die Chinesen möglicherweise 1,5 bis 1,6 Milliarden zählen.[4] Also, auch dieser Erfolg ist nur relativ.

Ein nahezu hoffnungsloser Fall ist inzwischen Afrika geworden. Die Bevölkerung des schwarzen Kontinents wird sich innerhalb von 22 Jahren verdoppeln. Schon heute leben 180 Millionen Schwarzafrikaner in Armut; nach Berechnungen der Weltbank werden es in zehn Jahren 265 Millionen sein. Eine ausweglose, deprimierende Perspektive. Mitte unseres Jahrhunderts standen zwei Europäer einem Afrikaner gegenüber. Im Jahre 2025 wird es dreimal soviel Afrikaner wie Europäer geben. Trotz enormer Entwicklungshilfe und unbestreitbar großer Erfolge sinkt in Schwarzafrika seit 1967 die Nahrungsmittelproduktion pro Kopf ständig. Wobei zweifellos der Umstand eine Rolle spielt, daß Afrika der Kontinent mit den schlechtesten Böden und der geringsten wirtschaftlichen Effizienz ist. So werden in zehn Jahren etwa drei Fünftel der afrikanischen Staaten Lebensmittel importieren müssen, um ihre Völker satt zu bekommen. Doch womit sollen sie diese Importe bezahlen? Und: werden künftig Lebensmittel überhaupt noch zu bekommen sein? Daß die Klimawende nicht mehr aufzuhalten ist, bezweifelt heute keiner der Experten mehr. Die Frage ist nur: Wie stark wird sie sein und welche Folgen wird sie haben? Werden vielleicht auch die Getreideanbaugebiete des Nordens, heute noch Lieferanten für die Hungerzonen der Erde, in Mitleidenschaft gezogen werden? Im Mittleren Westen der USA, einer der wichtigsten Kornkammern der Menschheit, breiten sich Trockenheit und Versteppung aus. 1989, erstmals seit Menschengedenken, produzierten die USA keine Getreideüberschüsse mehr. Setzt sich diese Entwicklung fort, woher sollen dann die Lebensmittel für die Hungerzonen der Erde kommen?

Die Vereinten Nationen rechnen inzwischen damit, daß in zehn Jahren 34 Länder der Dritten Welt ihre Bevölkerung nicht mehr werden ernähren können.

Das Tragische an der Situation ist, daß man die tieferen Ursachen der Bevölkerungsexplosion zwar kennt, aber nicht ändern kann. Afrikaner beispielsweise haben deshalb soviele Kinder, weil das ihre Form der Altersversorgung ist. Mädchen bedeuten Kapital und Arbeitskräfte, Jungen Sicherheit im Alter. Ein Generationsvertrag im wahrsten Sinn des Wortes. Eine Sozialversicherung nach unseren Vorstellungen könnte diesen Zwang, individuell, d. h. durch Kinder fürs Alter vorzusorgen (vielleicht) aufheben. Aber dies setzte erstmals eine funktionierende Sozialversicherung voraus, und dies eine leistungsfähige Wirtschaft sowie eine geordnete öffentliche Verwaltung. Alles so unvorstellbar in Afrika, daß man den Gedanken einer Sozialversicherung nach europäischem Vorbild gar nicht weiter zu verfolgen braucht.

Je ärmer, desto mehr Kinder

Alle Warnzeichen, so oft sie auch erscheinen und so dramatisch sie auch sein mögen, rütteln die Menschheit nicht auf. Das Bevölkerungswachstum der Erde geht ungebremst weiter. Den Weltrekord an menschlicher Fruchtbarkeit hält eines der ärmsten Länder, Afghanistan, mit einer Wachstumsrate von 6,7 Prozent. Ein islamisches Land. In zehn arabisch-islamischen Staaten liegt die Wachstumsrate bei 3 Prozent: konkret bedeutet dies, daß die Bevölkerungen dieser Länder sich binnen 24 Jahren verdoppeln werden. Jordanien gehört heute zu den Ländern mit einem mittleren Einkommen (Platz 67 auf der Weltbank-Skala), doch dies auch nur, weil es von den reichen arabischen Ölstaaten massiv unterstützt wird. Das gleiche Jordanien hat nach Afghanistan und Kenia die dritthöchste Wachstumsrate: mit 4 Prozent.

In Ägypten leben heute 55 Millionen Menschen. Das fruchtbare Land am Nil kann diese Massen schon nicht mehr ernähren: 60 Prozent der erforderlichen Lebensmittel müssen importiert werden. Von dem an sich großen Land kann nur eine Fläche genutzt werden, die etwa so groß wie die Schweiz ist. Die Gewinnung zusätzlichen Ackerlandes, etwa durch Bewässerung, ist unmöglich. Ägypten leidet heute schon an Wasserknappheit. Ein Schicksal, das es mit anderen nordafrikanischen Staaten teilt, etwa mit Marokko, das deshalb ebenfalls mehr als die Hälfte seines Getreides importieren muß. Ägypten, das fruchtbare Land der Pharaonen erleidet das gleiche Schicksal wie Algerien, und es sind die gleichen Ursachen: Um 1900 zählte das Land am Nil nicht mehr als 2,5 (!) Millionen Menschen, heute hat es 55 Millionen zu ernähren. Die Menschen drängen immer mehr vom Land in die Städte, vor allem nach Kairo, eine jener Megastädte, die in wenigen Jahren die Hölle sein werden. Doch dies wäre ein ganz anderes Kapitel.

Wieder einmal: das koloniale Erbe

Die Geschichte der Familienplanung spiegelt das ganze Unvermögen der Menschheit wieder, mit einem länderübergreifenden, weltweiten Problem verantwortungsbewußt umzugehen. Als 1974 in Bukarest eine erste Weltkonferenz über Bevölkerungswachstum stattfand, standen sich – wieder einmal – Nord und Süd in ideologischer Frontstellung gegenüber, anstatt gemeinsam nach einem Ausweg zu suchen.[5] Typisches Argument der Entwicklungsländer, vorgetragen vom Delegierten Argentiniens: Die Ursache der Armut sei nicht die mangelnde Entwicklung, auch nicht das Bevölkerungwachstum, sondern das koloniale Erbe der europäischen Staaten. In das gleiche Horn stieß der Vertreter des Vatikan: „Der Egoismus der Reichen spielt eine größere Rolle als die Fruchtbarkeit der Armen."

Geradezu verhängnisvoll hat sich die Haltung der Katholischen Kirche erwiesen. Seit der von Papst Paul VI. 1968 verkündeten Enzyklika „Conditio Humanae" verbietet die Katholische Kirche ihren Gläubigen den Gebrauch von Verhütungsmitteln und läßt nur die „natürliche Verhütung" zu, sprich durch sexuelle Enthaltsamkeit. Angesichts des explosionsartigen Bevölkerungswachstums gerade in Afrika ist der Ausspruch Papst Johannes Paul II. an Weltfremdheit nicht zu überbieten, als er anläßlich eines Besuchs in Kamerun sagte: „... daß das menschliche Leben, auch das schwache und leidende, immer ein herrliches Geschenk der Güte Gottes ist."

Nicht ganz so eindeutig ist die Haltung des Islam zur Geburtenkontrolle. Die Rechtsgelehrten der islamischen Welt postulierten schon 1972, daß eine Familienplanung durch den Koran nicht verboten wäre. Aber zu der Zeit spielte der islamischen Fundamentalismus noch keine so starke Rolle wie heute. Jetzt wird manches ganz anders gesehen: viele Kinder, so die Meinung der Fundamentalisten, tragen zur Verbreitung des wahren Glaubens bei. Typisch dafür der ägyptische Scheich Aschur, der die Probleme so sieht: „Das (gemeint ist die Geburtenkontrolle) ist ein Komplott der Zionisten und christlichen Dogmatiker, die uns Moslems Familienzuwachs nicht gönnen und danach trachten, uns demographisch auszubluten."[6]

Das explosionsartige Bevölkerungswachstum in den Südländern wird zwangsläufig wirtschaftliche und ökologische Krisen auslösen, und diese Krisen werden sich aller Wahrscheinlichkeit in kriegerischen Konflikten entladen, oder wie es die Zeitschrift GEO formulierte: „Kriege, sei es um Land, Nahrung oder Bodenschätze brechen letzten Endes aus, wenn zu viele Menschen um begrenzte Ressourcen konkurrieren."[7]

„Als Moslem wissen Sie, daß wir uns einem Konflikt zwischen dem Norden und dem Süden nähern?" wurde in einem Zeitungsinterview Roger Garaudy gefragt, ein prominentes Mitglied der Kommunistischen

Partei Frankreichs. „Wir nähern uns?" antwortete der, „wir sind mittendrin. Alle Grenzen Afrikas und der moslemischen Welt, die vom alten Kolonialismus gezogen wurden, werden von einer Woge von Menschen ausgelöscht werden", um dann fortzufahren: im Jahre 2000 lebe die Masse der Menschen in der Dritten Welt. Niemand täusche sich, daß sie freiwillig den Hungertod sterben und den Völkermord akzeptieren werden.[8]

Zum Mord gehören immer zwei, der Mörder und das Opfer. Was aber, wenn Täter und Opfer identisch sind?

Krise immensen Ausmaßes

Das Bevölkerungswachstum könne „zu einer Krise immensen Ausmaßes" für die Industrieländer werden, befürchteten die Experten der IPPF, der Internationalen Vereinigung Familienplanung, bei ihrer Tagung 1989 in Genf. Dabei waren die gleichen Experten vor wenigen Jahren, als die Indizes in China und Indien noch nach unten wiesen, ziemlich optimistisch gewesen. Leon Tabah, der frühere Chef der UN-Bevölkerungsbehörde, glaubte damals noch an eine „weiche demographische Landung."[9] Inzwischen kommt die UNO an der Erkenntnis nicht mehr vorbei: Die Weltbevölkerung ist an „einem kritischen Punkt" angelangt.

Wie sollten wir diese Krise, deren Brisanz niemand mehr zu leugnen vermag, denn noch vermeiden?

Um es gleich vorweg zu sagen: Aller Wahrscheinlichkeit nach können wir es nicht. Es dürfte bereits zu spät sein. Man muß sich nur einmal das Bevölkerungswachstum der zehn islamischen Länder vor Augen halten, die uns ganz nahe sind, nur durchs Mittelmeer von Europa getrennt. Man hört die Bombe dann förmlich ticken:
1968: 143 Millionen
1986: 233 Millionen
1990: 252 Millionen
2000: 332 Millionen

Natürlich wird das Bevölkerungswachstum bei den 332 Millionen nicht stehen bleiben, es sei denn große Kriege oder Seuchen brechen aus. Auf eine Geburtenkontrolle, die das Problem in den Griff bekommt, darf man nicht hoffen. Experten wissen inzwischen, daß freiwillige Geburtenkontrolle zwar human, aber sinnlos ist, und Zwangsmethoden sind, wie ebenfalls die Erfahrung zeigt, nicht durchsetzbar. Also was?

Der Mensch ist nun einmal biologisch so konstruiert, daß er nur unmittelbare Gefahren wahrnimmt. Einen Hund, der auf ihn losgeht, fürchtet er, daß die Menschheit sich zu Tode wächst, verdrängt er.

Aber selbst wenn wir dieses Problem nicht verdrängen und uns ihm stellen wollen, welche Handlungsalternativen haben wir denn, gibt es überhaupt welche? Theoretisch wären denkbar:

Alternative 1: Die Entwicklungshilfe könnte so massiv verstärkt werden, daß die Armut in der Dritten Welt, wenigstens die drückendste, verschwände. Dazu wäre eine gigantische Umverteilung vonnöten, und zwar zu Lasten der Menschen in den Industriestaaten. Dann aber ginge es um Einschränkungen, die den Menschen wirklich weh täten, an die Substanz gingen und ihren Lebensstandard drastisch verschlechtern würden, immer vorausgesetzt: man will wirklich und konsequent und in einem überschaubaren Zeitraum eine spürbare Verbesserung in der Dritten Welt erreichen. Aber: welche demokratisch gewählte Regierung könnte ein solches Crash-Programm durchsetzen? Und dann: alle Industrieländer müßten mitziehen, keines dürfte sich ausschließen. Völlig unrealistisch, wo erfahrungsgemäß jedes Land seine Eigeninteressen verfolgt. Aber einmal angenommen: der Druck auf die Industriestaaten würde unerträglich, so daß die Menschen ein spürbares Opfer bringen wollten, würde es letztendlich etwas nützen? Würde nicht gerade eine – nach unseren Maßstäben – immer noch bescheidene Verbesserung der Lebensverhältnisse in der Dritten Welt zu noch mehr Kindern führen? Wäre es nicht ein Wettlauf, bei dem wir immer die Verlierer wären? Die bisherigen Erfolge der Entwicklungshilfe sind – wie im vorigen Kapitel gezeigt – unzureichend, ja vielleicht rühren viele Probleme, besonders das der Überbevölkerung von dem Versuch her, die Dritte Welt auf einen besseren Lebensstandard zu heben. Welchen Nutzen sollte also ein Mehr an Entwicklungshilfe haben?

Alternative 2: Immer mehr Menschen aus der Dritten Welt brechen Richtung Norden auf, um hier, bei uns ein besseres Leben zu haben. Dieser Zug hat sich schon in Bewegung gesetzt. Jahr für Jahr strömen Hunderttausende nach Europa. (siehe Kapitel II). Sollte diese Fluchtbewegung wirklich zur großen Völkerwanderung werden, wie man inzwischen ernsthaft befürchten muß, so blieben damit nicht nur die Probleme der Dritten Welt ungelöst, sondern auch die Gesellschaftssysteme der Industriestaaten mitsamt ihrer Kultur würden zerstört. Schon heute stellen die Zuwanderer eine enorme Last dar.

Alternative 3: Der Norden grenzt sich gegen den Süden rigoros ab und überläßt die Völker der Dritten Welt ihrem Schicksal. Die Folgen wären die schon seit langem vorhergesagten kriegerischen Konflikte zwischen Nord und Süd. Es mag zynisch klingen: der technologische Vorsprung des Nordens dürfte noch sehr lange vorhalten, so daß wir dem Druck aus dem Süden auch entsprechend lange würden standhalten können.

Die Politik, die die industrialisierte Welt heute gegenüber den Entwicklungsländern praktiziert, enthält alle Elemente der eben geschilderten Alternativen: von jedem ein bißchen, aber nichts konsequent. Die Probleme werden dadurch nicht kleiner, ja, wie alle Daten zeigen, immer größer. Auf die Dauer wird der Norden mit dieser Politik nicht durchkommen. Die Entwicklung wird ihn früher oder später zwingen, sich für die eine oder andere Alternative zu entscheiden und vor allem: sie auch bis in letzter Konsequenz durchzuhalten.

Ein Fachmann in Sachen Weltbevölkerungsentwicklung, Carl Haubs, Direktor für Demographie am Population Reference Bureau in Washington, hat das Problem auf den Punkt gebracht. „Es gibt zwei Möglichkeiten das Bevölkerungswachstum auf Null zu bringen. Entweder die Geburtenrate sinkt, oder die Todesrate steigt.“[10]

Die eingangs zitierten Zahlen über das Bevölkerungswachstum stammen aus dem UN-Bericht von 1990. Ein Jahr später waren alle Prognosen schon wieder überholt: Die Weltbevölkerung wächst noch schneller als erwartet. Die Vereinten Nationen geben sich „tief besorgt“, das waren sie allerdings vor einem Jahr auch schon, und man kann wetten: sie werden es auch in den nächsten Jahren sein. Ändern aber wird sich nichts.

XIII. Märkte der Zukunft?

Anmerkungen zur Zusammenarbeit mit dem Nahen Osten

Weltmeister im Export

Politisch ein Zwerg, wirtschaftlich eine Riese, an dieser Charakterisierung der Bundesrepublik ist zweifellos einiges dran, auch wenn sie ironisch, zuweilen sogar verächtlich gemeint ist. Die gemessen an Land und Bevölkerung eher kleine Bundesrepublik Deutschland erwirtschaftet Jahr für Jahr ein Sozialprodukt, das sie ganz weit oben in der Rangliste der Industriestaaten plaziert. Im Export ist sie sogar die Nr. 1. Kein anderes Land der Erde exportiert soviel wie wir, weder die USA, noch Japan. 1989 machte unser Export, Waren und Dienstleistungen zusammengenommen, 641 Milliarden DM aus.

Verglichen mit dieser wirtschaftlichen Potenz ist die politische Rolle, die der Deutsche auf der Weltbühne spielt, eher bescheiden. Im Grunde beschränkt sich die Außenpolitik der Bundesrepublik darauf, sich möglichst aus allen Konflikten herauszuhalten und mit jedermann gut Freund zu sein. Notfalls leistet man einen finanziellen Beitrag, wie im Golfkrieg zur Finanzierung der alliierten Kriegskosten, oder indem man nach dem Krieg Scheckbuchdiplomatie betreibt: Gelder für die Türkei, Jordanien und Syrien, wobei Syrien die 100 deutschen Millionen umgehend wieder in Waffen investierte. Glanzlos, aber keine schlechte Außenpolitik für ein Land, das so extrem vom Export abhängig ist wie die Bundesrepublik Deutschland.

Setzt man unseren Export in Bezug zum Sozialprodukt, das im gleichen Jahr 2 261,3 Milliarden DM betrug, so sind 28 Prozent unseres Volkseinkommens im Export verdient worden: gut jede vierte Mark also.

Ein Land, das so sehr von seinem Außenhandel abhängig ist, muß natürlich darauf achten, daß es seine Position in der Weltwirtschaft behauptet, und nicht nur das: es hat natürlich auch ein existentielles Interesse daran, daß der Welthandel möglichst gut funktioniert. Unsere Außenpolitik ist deshalb immer zuerst Handelspolitik. Wir müssen ständig um ein gutes Verhältnis zu unseren Partnern bemüht sein, genauso wie ein Kaufmann ständig seine Kunden umwerben muß.

Die gleichen Interessen haben allerdings auch die anderen Länder, und das mindert unsere Abhängigkeit. Wenn sie von uns Waren kaufen, erwarten sie umgekehrt, daß wir auch ihnen ihre Produkte abnehmen, andernfalls würde ihnen das Geld zum Einkauf fehlen. In Wahrheit ist also die Abhängigkeit gegenseitig: Wir sind vom Export abhängig, unsere Handelspartner aber ebenso. Unser Export ist deren Import, deren Export unser Import.

Es bedarf keiner weiteren Erläuterung, daß der Handel zwischen den Nationen um so reger ist, je leistungsfähiger ihre Wirtschaft ist, je breiter ihr Warenangebot, und vor allem: je kaufkräftiger sie sind. Es wird also nicht überraschen, daß der Löwenanteil unseres Exports in die Industriestaaten geht, genauer gesagt: 87 Prozent der deutschen Warenausfuhr, fließen in westliche Industriestaaten.

Der Handel mit den Staatshandelsländern des Ostens – wenn sie denn in dieser Form weiter bestehen sollten – ist im Vergleich dazu unbedeutend. Dies gilt auch für die Entwicklungsländer. In die Staatshandelsländer gehen knapp 4 Prozent unseres Exports: in die Entwicklungsländer 10 Prozent.

Ganz anders unser Handel mit den Industriestaaten: gut die Hälfte unseres Außenhandels wickeln wir mit den Staaten der Europäischen Gemeinschaft ab: Export 55 Prozent, Import 51 Prozent. Auf unsere zehn wichtigsten Handelspartner entfallen 72,4 Prozent unseres Exports. Es sind dies (in Milliarden DM)

Frankreich	84,4	
Italien	59,8	
Großbritannien	59,3	
Niederlande	54,4	
USA	46,7	
Belg./Lux.	46,0	
Schweiz	38,1	
Österreich	35,3	
Spanien	21,8	
Schweden	18,4	(1989)[1]

Man sieht: es ist kein einziges Entwicklungsland darunter, auch kein Staatshandelsland, nicht einmal die gewaltige Sowjetunion. Dafür aber das kleine Schweden, mit seinen acht Millionen Einwohnern. In dieses Land exportiert die Bundesrepublik mehr als in die islamischen Staaten Nordafrikas und des Nahen Ostens zusammen: nach Schweden Waren für 18,4 Mrd. DM; in diese Länder aber nur für 16,8 Mrd.

Mangel an Kaufkraft

Zwar gilt der Grundsatz, jeder Kunde ist wichtig, um jedes Exportgeschäft muß gekämpft werden, der Vergleich Schweden/islamische Länder rückt die Dinge aber doch etwas zurecht. Er zeigt nämlich, wie weit es mit dem Gerede her ist, wir seien von den Entwicklungsländern, gar den islamischen Staaten wirtschaftlich abhängig. Davon kann überhaupt keine Rede sein. Eher das Gegenteil ist der Fall: diese Länder sind in hohem Maße auf die Märkte Europas angewiesen: Algerien, Marokko und Tunesien wickeln zwei Drittel ihres Außenhandels mit der EG ab. Umgekehrt macht der Warenaustausch zwischen dem Maghreb und Europa nicht mehr als ein Prozent des EG-Außenhandels aus. Vom Export arabischen Öls nach Europa wird weiter unten noch die Rede sein.

Auch die Vision von den riesigen Absatzmärkten der Dritten Welt hält eine Nachprüfung nicht stand: In den islamischen Staaten Nordafrikas und des Nahen Ostens (die Türkei eingeschlossen) leben etwa 260 Millionen Menschen. In der Tat, ein gewaltiger Markt, aber erst dann, wenn er auch über Kaufkraft verfügt, aber daran fehlt es eben. Um noch einmal den Vergleich heranzuziehen: das kleine Schweden mit seinen acht Millionen Menschen ist für die Bundesrepublik ein interessanterer Handelspartner als die elf islamischen Staaten zusammen, mit ihren 260 Millionen.

Wenn man die Dinge so sieht, wie sie nun einmal sind, so könnte die Bundesrepublik auch ohne den Export in diese Länder leben; der Verlust würde nicht mehr als 2,6 Prozent unserer gesamten Ausfuhr ausmachen, ein Minus, das zweifellos ohne Schwierigkeit zu verkraften wäre.

Öl: Gegenseitige Abhängigkeit

„Kein Blut für Öl", unter dieser Parole zogen erschreckte Bürger der USA, aber auch Europas, durch die Straßen: Um gegen den Krieg am Golf zu protestieren. Ob es am Golf wirklich allein um Öl ging, soll erst einmal dahingestellt sein, dazu später mehr. Zunächst muß die Frage geklärt werden, ob wir vom arabischen Öl abhängig sind oder nicht, und ob wir damit überhaupt unter Druck gesetzt werden könnten. Wir, das meint die Bundesrepublik. Bei den anderen Industriestaaten mag es anders aussehen.

Von den 66,4 Millionen Tonnen Erdöl, die die Bundesrepublik 1990 importierte, kamen 15,3 Prozent, also etwa ein Sechstel aus den Ölstaaten am Golf, und zwar aus:

	Millionen Tonnen	Prozent
Saudi-Arabien	5,47	8,2
Iran	2,05	3,0
Vereinigte Arabische Emirate	1,04	1,6
Irak	0,90	1,4
Kuweit	0,70	1,1

Sehr viel mehr aber haben wir aus „sicheren" Quellen bezogen: Unter anderem knapp 30 Prozent aus der Nordsee, von den Briten und Norwegern, dazu neun Prozent aus der Sowjetunion.

Neben den islamischen Golfstaaten lieferten uns die ebenfalls islamischen Länder Algerien (5,4 Millionen Tonnen) und Libyen (11,2 Millionen).

Die Bundesrepublik hat ihre Abhängigkeit vom arabischen Erdöl seit der Ölkrise des Jahres 1973 systematisch abgebaut: so beziehen wir aus dem Iran heute nur noch ein Neuntel dessen, was wir 1975 dort gekauft hatten, von Saudi-Arabien nicht mal mehr ein Drittel, aus Libyen die Hälfte und aus Algerien ebenfalls die Hälfte. Insgesamt decken wir bei den islamischen Ölländern rund 40 Prozent unseres Erdölbedarfs. Viel oder wenig, wie man es sehen will. Aber sind wir deshalb von diesen Ländern abhängig? 40 Prozent sind zweifellos immer noch sehr viel, und ein Ausfall wäre sicher nur schwer zu verkraften, aber umbringen würde uns das wahrscheinlich nicht, wir könnten auch jederzeit auf andere Lieferanten ausweichen. Vor allem aber: Welches Interesse sollten diese Länder an einen Lieferboykott haben? Sie brauchen Devisen und die erzielen sie nun einmal hauptsächlich aus dem Ölgeschäft; und das Ölgeschäft läuft nun einmal in erster Linie mit den Industriestaaten, denn nur die können das teure Öl auch bezahlen.

Welche Erschütterungen eine spürbare Verknappung des Erdölangebots allerdings auslösen kann, hat uns die Ölkrise von 1973 gezeigt. Der Schock wirkt immer noch nach. An der weltweiten Wirtschaftskrise, die im Gefolge der Ölverknappung auftrat, hat die Welt heute noch zu leiden. Die Dauerarbeitslosigkeit, von der die Industriestaaten seither heimgesucht sind, hat zweifellos ihren Ausgangspunkt in dieser Ölkrise.

Aber sind wir – das heißt: die Industriestaaten des Nordens deshalb schon von den erdölfördernden Ländern erpreßbar? Können sie uns unter Druck setzen?

Die riesigen Mengen Erdöls, auf denen diese Länder sitzen, sind nur soviel wert, als es Abnehmer dafür gibt, und zwar Abnehmer, die das Öl auch bezahlen können, und zwar in harten Währungen. Dies sind immer noch in erster Linie die Industriestaaten des Nordens, die Europäer, die Amerikaner und die Japaner. Daß die Versorgung der Welt mit Erdöl klappt, daran ist den Förderländern genausoviel gelegen wie den Verbraucherländern.

Die ruhige Gelassenheit, mit der wir auf Boykottdrohungen aus dem Nahen Osten reagieren, können sich andere Länder nicht leisten, etwa die USA. Als sie mit dieser unglaublichen Härte auf die Besetzung Kuweit durch den Irak reagierten, so gewiß auch wegen ihrer starken Abhängigkeit vom arabischen Öl.

Die USA verbrauchen genausoviel Öl wie alle Länder der Dritten Welt zusammen, stellen aber nur 5 Prozent der Weltbevölkerung, die Entwicklungsländer hingegen 75 Prozent. Der Ölverbrauch pro Kopf der Bevölkerung ist in den USA immer noch doppelt so hoch wie in Europa, zweieinhalb mal so hoch wie in Japan und sechsmal so hoch wie im Durchschnitt aller übrigen Länder. Die schon von einem enormen Zahlungsbilanzdefizit gebeutelten USA reagieren deshalb besonders sensibel, wenn ihre Ölversorgung in Gefahr gerät, sei es durch eine Mengenreduzierung, sei es durch einen Preisanstieg.

Skandalöser Reichtum

Gut geschätzt betragen die Erdölreserven unserer Erde 128 Milliarden Tonnen. 70 Prozent davon lagern am Persischen Golf. Als Land mit den reichsten Vorkommen gilt Saudi-Arabien; seine Reserven schätzt man auf 35,5 Milliarden Tonnen, genug um West-Europa 62 Jahre lang zu versorgen.

Verglichen mit diesen Schätzen, ist der industrialisierte Norden eher arm dran: auf 15,3 Milliarden Tonnen werden seine Reserven geschätzt, China mit seinen 3,3 Milliarden eingerechnet.

Wiederum damit verglichen, sind die nicht-arabischen Entwicklungsländer mit ihren 20,3 Milliarden Tonnen gar nicht so schlecht gestellt.

Ohne daß sie viel dazu tun, fließen in die erdölfördernden Länder unglaubliche Summen. Die Saudis beispielsweise haben bisher Öl für

600 Milliarden Dollar verkauft. Der Reichtum, der sich in den Wüstenstaaten angesammelt hat, ist ungeheuerlich, vergleicht man ihn mit all dem Elend auf der Welt, geradezu skandalös. Die Saudis, die Bewohner von Kuweit und der Vereinigten Arabischen Emirate haben das höchste Pro-Kopf-Einkommen auf der Welt – ohne, daß sie etwas dazutun, geschweige denn, daß sie es sich erarbeiten. Ohne westliches Know-how wüßten sie bis heute nicht, auf welchen Schätzen sie sitzen, ohne westliche Technik könnte das Öl weder gefördert, verarbeitet noch vermarktet werden.

Die Dollars, die in dieser Region praktisch aus dem Boden quellen, können dort längst nicht mehr sinnvoll angelegt werden. Die Kuweitis beispielsweise haben ein gigantisches Auslandsvermögen angehäuft, das auf über 10 Milliarden US-Dollar beziffert wird, und das ihnen inzwischen Erträge von 8 Milliarden Dollar einbringt, und dies Jahr für Jahr. Das ist inzwischen fast schon soviel wie die Deviseneinnahmen aus dem Ölgeschäft ausmachen.

Auf der einen Seite 9 Millionen Saudis, 1,35 Millionen Kuweitis und 1 Millionen Bewohner der Vereinigten Arabischen Emirate, die alle nicht wissen, wohin mit dem vielen Geld, auf der anderen Seite 60 Millionen Araber (siehe Kapitel VII), die in bitterer Armut leben. Gewiß: Aus ihren Öleinnahmen transferieren die monarchischen Ölstaaten einige Milliarden an ihre ärmeren Glaubensbrüder. Doch das ist viel zu wenig, als daß die sich damit aus ihrer wirtschaftlichen Misere herausfänden. In Jordanien beträgt das Pro-Kopf-Einkommen 1500 Dollar im Jahr, gerade ein Zehntel von dem, worüber ein Bewohner der Vereinigten Arabischen Emirate verfügen kann.

Die Wut der Massen in den arabischen Ländern richtet sich deshalb schon lange nicht mehr allein gegen den verhaßten Westen, sie trifft auch die verschwenderischen Ölstaaten am Golf. „Gerade Saddam Husseins Erklärung, soziale Gerechtigkeit walten zu lassen und die Reichtümer der Region gerecht zu verteilen, war ein kluger Schachzug, der ihm den Jubel der Massen sicherte ...", bemerkte treffend der iranische Publizist Bahman Nirumand.[2]

Ungerechte Grenzen

Schon ein oberflächlicher Blick auf die Landkarte zeigt, daß die Grenzen der arabischen Staaten offenbar nicht in Jahrhunderten entstanden sind, sondern mehr oder minder willkürlich gezogen wurden. Schnurgerade trennen sie in der Tat Gebiete, die jahrhundertelang zusammengehört hatten. Kuweit beispielsweise wurde noch bis 1922 vom irakischen Basra aus verwaltet, der Anspruch Saddam Husseins ist deshalb nicht ganz von der Hand zu weisen. Um die Konflikte in der Nahost-Region halbwegs begreifen zu können, muß man etwas in der Geschichte zurückgehen, zumal im Islam alles Geschichte ist:

Der Nahe Osten, auch ein großer Teil Nordafrikas standen über Jahrhunderte unter der Herrschaft des Osmanischen Reiches, das vom Sultan in Konstantinopel regiert wurde. Als im Ersten Weltkrieg dieses gigantische, wenn auch schon innerlich morsche Imperium zusammenbrach, begannen die Briten und Franzosen den Nahen Osten in Einflußsphären aufzuteilen. Fortan bestimmten Großbritannien und Frankreich, was auf dem „fruchtbaren Halbmond“, wie die Region arabischblumig auch genannt wird, geschah. Die Briten nahmen sich den Irak und das damalige Palästina mit dem heutigen Jordanien, die Franzosen beherrschten Syrien und den Libanon.

Festgeschrieben war diese Interessenabgrenzung im sogenannten Sykes-Picot-Abkommen von 1916, benannt nach dem Briten Mark Sykes und dem französischen Diplomaten Georges Picot. Die Grenzen, die die beiden mit dem Lineal auf der Landkarte zogen, waren fast völlig willkürlich, besonders, was die unwegsamen Wüsten betraf, schien es doch damals nicht darauf anzukommen – woher hätten man damals auch wissen sollen, welche Reichtümer gerade unter diesen Sand- und Steinwüsten lagerten? Noch in den zwanziger Jahren hielt es kein Geologe für möglich, daß es in der Wüste Saudi-Arabiens Erdöl in nennenswerten Mengen geben könnte. Experten der Anglo-Persian Oil Company (heute BP) urteilten, die arabische Halbinsel sei im Hinblick auf Erdöl „bar jeder Aussichten“. Heute wissen wir, daß es die reichsten Lagerstätten der Erde hat.

Die Grenzen zwischen dem Irak und Kuweit wurden 1922 festgelegt, sie blieben umstritten. Aber kam es damals darauf schon an? Die Briten bestimmten sowohl im Irak als auch in Kuweit. Was der Irak mit Kuweit verloren hatte, war ihm vorher schon an anderer Stelle gegeben worden: im Norden die Gebiete um Mossul, von denen man allerdings damals schon wußte, daß es dort reiche Erdöllagerstätten gibt.

Beherrschten zwischen den beiden Weltkriegen die Briten, und in geringerm Maße die Franzosen, den Nahen Osten, so änderte sich dies mit Beginn des Zweiten Weltkriegs. Öl war in diesem schon sehr technisierten Krieg zu einem entscheidenden Faktor geworden. Die

Briten hatten sich militärisch auf Ägypten und Palästina konzentriert, um den Suezkanal und damit ihren Weg nach Indien zu schützen. Ihre Ölinteressen aber lagen im Irak und im Iran und wurden dort von der Anglo-Iranian-Oil Company, wahrgenommen, einer Tochter der British Petrol (BP), an der wiederum die britische Regierung Anteile hielt.

Die Amerikaner hatten sich zunächst auf Saudi-Arabien konzentriert, und zwar schon in den dreißiger Jahren, als weltweit die Nachfrage nach Erdöl sprunghaft zunahm. Zu einer Ausbeutung der saudischen Ölquellen in großem Stil sollte es allerdings erst gegen Ende des Zweiten Weltkriegs kommen, als die 1944 gegründete Ölgesellschaft Aramco (Arab American Oil Company) das Geschäft in die Hand nahm.

Die Aufteilung Iran und Irak für die Briten, Saudi-Arabien für die Amerikaner funktionierte bis zu Ende des Zweiten Weltkriegs recht gut, dann taten sich Interessengegensätze zwischen den beiden Mächten auf. Warum und wie die Vereinigten Staaten schließlich das Heft in die Hand nahmen, zeigt die Krise um den iranischen Ministerpräsidenten Mossadegh: der persische Regierungschef hatte 1951 die Ölquellen und die Ölproduktion verstaatlicht, was die westlichen Mächte zum Eingreifen veranlaßte. Mossadegh wurde entmachtet. Hinter diesem Putsch aber steckten schon nicht mehr die früheren Herren im Nahen und Mittleren Osten, die Briten, sondern die CIA, der amerikanische Geheimdienst.[3]

Eine Arabische Gemeinschaft?

Dank des Öls und in geringerm Maße auch wegen des Erdgasvorkommens gehören der Nahe Osten, und in gewisser Weise auch der Maghreb, zu den reichsten Regionen der Erde. Wie ist es dann aber möglich, daß in Teilen davon eine so unbeschreibliche Armut herrscht?

Die Situation im Nahen Osten ist so verworren, daß ein Außenstehender sie nur schwer begreifen kann, wenn überhaupt. Zu Zeiten des Kalten Krieges war über der Region eine bipolare Ordnung gestülpt: auf der einen Seite die Amerikaner, auf der anderen die Sowjets. Auseinandersetzungen zwischen einzelnen Ländern wurden von den Supermächten immer dann gestoppt, wenn die Gefahr bestand, daß sie in eine direkte Konfrontation hineingezogen wurden. In gewisser Weise herrschte Ordnung, jedenfalls solange sich nur die Kleinen in die Haare kriegten. Die Sowjetunion ist inzwischen aus der Region als Machtfaktor verschwunden, übriggeblieben sind die übermächtigen USA, gegen die sich nun die ganze Wut der Araber richtet.

Die Araber erhoffen sich eine Besserung ihrer wirtschaftlichen Lage von einer arabischen Gemeinschaft, etwa nach dem Vorbild der so überaus erfolgreichen EG. Natürlich wird es dazu nicht kommen. Eine Wirtschaftsgemeinschaft ist eine dieser Ideen, an die die Araber sich so berauschen können, die aber wegen der ständigen Konflikte, die sie untereinander haben, nie Realität werden können, ähnlich der Arabischen Liga, die auch nie die Rolle zu spielen vermochte, die ihr bei ihrer Gründung zugedacht war.

Einflußzone der USA

Die USA betrachten seit dem Zweiten Weltkrieg den Nahen Osten als ihr natürliches Einflußgebiet, wo Washington „nationale Interessen" zu verteidigen hat, wie es der frühere US-Präsident Jimmy Carter ausdrückte. Statt Interessen kann man auch Öl sagen; denn darum geht es. Die Amerikaner betreiben unter dieser Prämisse pure Machtpolitik: als die Mullahs im Iran den Schah vertrieben und damit eine Säule der amerikanischen Präsenz zum Einsturz brachten, da ermunterten die Amerikaner Saddam Hussein zu seinem Krieg gegen den Iran, und nicht nur mit Worten, sondern auch mit massiver Unterstützung. Die Islamische Republik des Ayatollah Chomeini erschien als eine große Bedrohung für die ganze Region, besonders aber für die monarchischen Ölstaaten am Golf. Es kann kein Zweifel bestehen, daß der zehn Jahre dauernde Krieg zwischen dem Irak und dem Iran den USA (und nicht nur ihnen), nicht ganz ungelegen kam. Man nennt so etwas Stellvertreterkriege. Als sich der Iran in dem langen Krieg abgenutzt hatte, keine Bedrohung mehr darstellte, auch in Teheran statt des unerbittlichen Chomeini eine geschmeidigere Führung das Heft in die Hand genommen hatte, da war auch Husseins Rolle ausgespielt. Der Mohr hatte seine Schuldigkeit getan, er konnte gehen. Daß er statt dessen nach Kuweit marschierte, hatte niemand vorausgesehen.

Wenn nicht hier, wo dann?

Die Araber werfen dem Westen immer wieder vor, er schüre ihre Konflikte, um so die arabische Welt zu schwächen und ihren Einfluß klein zu halten. Objektiv ist dies Unsinn, politisch aber ein ernstzunehmender Faktor. Objektiv ist der Nahe und Mittlere Osten die Region mit den reichsten Bodenschätzen der Erde. Richtig ist aber auch, daß diese Länder damit nichts Rechtes anzufangen wissen. Dies zu ändern, läge allein bei den Machthabern dieser Region. Europa könnte es nur recht sein, wenn sich dort ein wirtschaftlich leistungsfähiges und politisch stabiles Gebilde entwickeln würde, wie immer es auch aussehen möchte.

Der Spezialist für Nahost-Ökonomie, Sefik Bahadir, meint: „Es müßte doch zumindest in einer Region klappen, in der alle zur selben Kultur gehören.“[4]

Es wird nicht klappen, und Europa sollte sich darauf einstellen.

Nach dem Ende des Golfkriegs erhielt der Machthaber von Syrien, Assad, beträchtliche Mittel, für die Teilnahme syrischer Truppen an der Befreiung von Kuweit. Ein paar Milliarden Dollar von den Saudis, 100 Millionen Mark von der Bundesrepublik. Der Mann hat diese Mittel nicht in zivile Projekte seines Landes gesteckt, keineswegs, er wußte nichts Besseres, als dafür neue Waffen zu kaufen.

Es ist tragisch, aber es wird nicht klappen, gerade hier nicht.

XIV. Die Festung

Überlebensstrategien für Europa

Noch einmal: Die Wurzel allen Übels

Im Homo Faber von Max Frisch steht: „Wenn die Araber eines Tages dazu kommen, ihre Notdurft nicht rings um ihr Haus zu verrichten, so ist mit einer Verdoppelung der arabischen Bevölkerung innerhalb von zwanzig Jahren zu rechnen." Max Frisch schrieb das Buch Mitte der fünfziger Jahre. Es ist so gekommen. In einem arabischen Land wie Algerien hat sich die Bevölkerung binnen 32 Jahre fast verdreifacht. Und ähnlich sieht es in der Dritten Welt überall aus. In den neunziger Jahren wird die Weltbevölkerung um 700 Millionen zunehmen, und zwar gerade dort, wo heute schon Hunger und Elend herrschen.

1974 meinte der damalige Außenminister der USA, Henry Kissinger: „In zehn Jahren wird kein Mann, keine Frau, kein Kind mehr hungrig zu Bett gehen." Oh, Gott! Allein in Afrika bedroht heute der Hungertod fast 30 Millionen Menschen: 900 000 in Mauretanien, 500 000 im Tschad: 7,7 Millionen im Sudan, 7,5 Millionen in Äthiopien, 500 000 in Uganda, 2 Millionen in Somalia, ebenfalls 2 Millionen in Mozambique, 1 Million in Malawi, 1,9 Millionen in Angola, 1,8 Millionen in Niger, 1,35 Millionen in Liberia, 1,5 Millionen in Burkina Faso.

Die abgemergelten, greisenhaften Kindergesichter, die mit ihren großen fiebrigen Augen in die Kameras starren, lassen uns zunehmend kalt. „Unser Mitgefühl läßt nach," konstatierte der britische „Sunday Telegraph", und das amerikanische Nachrichtenmagazin „Newsweek" prägte dafür den Begriff „disaster fatigue", gleich Überdruß an all dem Elend. Nicht nur unter den Afrikanern, Elend wohin man sieht: Etwa bei den 1,5 Millionen Kurden, die vor Saddam Husseins Rache geflohen sind, etwa unter den zehn Millionen Bangladeshi, die wieder und wieder von einer Flutkatastrophe betroffen sind.

Bangladesh, dieses Elendsland am indischen Subkontinent, ist geradezu zum Symbol für die Aussichtslosigkeit von Entwicklungshilfe geworden. Nur zweimal so groß wie Bayern, aber von 120 Millionen Menschen bewohnt, hat das Land schon mehr als 50 Milliarden Dollar Entwicklungshilfe erhalten, Henry Kissinger, der langjährige amerikanische Außenminister, bezeichnete es als „Faß ohne Boden". In der Tat. Was nicht von der explosionsartig wachsenden Bevölkerung aufgezehrt wird, verschwindet in den dunklen Kanälen einer bis auf die Knochen korrupten Diktatur. Mit geradezu gesetzmäßiger Regelmäßigkeit wird das Land von Flutkatastrophen heimgesucht, ohne daß jemand etwas unternähme. Die vorerst letzte, im Frühjahr 1991, kostete 125 000 Menschen das Leben und trieb zehn Millionen zur Flucht. Es müßte nicht so sein. In Europa hat das kleine Volk der Holländer einen ähnlichen Kampf mit dem Wasser gewonnen. Warum können die Bengalen das nicht? Hatten die Holländer nicht über Jahrhunderte auch nur Spaten und Handkarre, um ihre Deiche zu bauen? Die fruchtbare Erde von Bangladesh ermöglicht vier Ernten im Jahr. „Mein goldenes Bengalen" hat der indische Dichter und Nobelpreisträger Rabindranath Tagore das Land an Ganges und Bramaputra genannt. Ein Paradies könnte es sein, zur Hölle ist es geworden.

Die Spenden und Hilfen des Nordens bewirkten hier wie dort letztlich nur eines, wie Hoimar von Ditfurth konstatierte, nämlich: „Die Zahl der künftigen Hungertoten von bisher vierzig Millionen in einem Jahr auf ein Vielfaches dieser Größenordnung anschwellen (zu) lassen. Denn für jedes einzelne der Kinder, die wir heute vom Hungertod bewahren, wird es in der nächsten Generation vier oder fünf oder sechs Kinder geben. Dazu aber, auch diese dann vor dem Verhungern zu bewahren, wird die vereinte Kraft aller Hilfsorganisationen dieser Erde nicht mehr ausreichen."[1]

Diese düstere Prognose ist inzwischen von der Wirklichkeit eingeholt worden. Wir, das heißt die Industriestaaten des Nordens, sind heute schon heute nicht mehr in der Lage, bei jeder Katastrophe zu helfen, von grundlegenden Änderungen in der Dritten Welt gar nicht zu reden. Schon 1984/85 konnte die Welt nicht verhindern, daß in Äthiopien eine Million Menschen verhungerte; man interessierte sich nicht einmal sonderlich dafür. Die Welt guckte weg.

Auf eine Überwindung des Nord-Süd-Konfliktes zu setzen, wie es Hans-Dietrich Genscher, der deutsche Außenminister, Anfang 1991 noch tat, ist pure Heuchelei, nicht einmal eine Entschärfung dieses Konfliktes ist zu erwarten, und der Mann weiß es. Das Konzept der Entwicklungshilfe ist längst am explosionsartigen Wachstum der Erdbevölkerung gescheitert.

Doch die Zeiten sind vorbei, da man all das Elend nur aus der Ferne ansehen mußte. Die Probleme rücken näher. Immer mehr Menschen der Dritten Welt setzen sich in Bewegung, um hier, bei uns ein besseres Leben zu finden, und immer deutlicher wird auch, daß uns die Dritte Welt mit ihren Waffen unmittelbar bedrohen kann.

So düster der Zustand der Welt auch ist: die Aussichten für Europa, für den Norden sind keineswegs hoffnungslos. Vorausgesetzt man macht sich von Illusionen frei, nimmt die Welt so wie sie ist, und vor allem: zieht daraus die richtigen Konsequenzen, auch wenn sie hart sind, ja unmenschlich und auf den ersten Blick grausam erscheinen. Aber Kriege sind nun einmal unmenschlich und grausam. Wenn sie uns aufgezwungen werden, wird Europa sich zu wehren wissen, genauso wie wir es zu Zeiten des Kalten Krieges notfalls getan hätten. Notwehr ist nicht unmoralisch.

Rückzug auf Europa

Der Golfkrieg hat gezeigt, daß es sehr viel leichter ist, einen Waffengang zu gewinnen, als sich mit Anstand aus einer Konfliktregion wieder zurückziehen. Während der Irak in relativ kurzer Zeit und ohne große Verluste besiegt werden konnte, kleben den Amerikanern die Probleme der Region an den Stiefeln: die Kurdenfrage hielt sie fest, erfordert eigentlich auf Dauer eine internationale Präsenz, die Aufrüstung des Nahen Ostens geht unvermindert weiter, das Israel-Problem ist einer Lösung so fern wie eh und je. Selbst Saddam Hussein kam persönlich ungeschoren davon, und konnte ungehindert seine geschlagenen Armeen neu aufrüsten.

Zwei wichtige Lehren kann der Westen aus dem Golfkrieg ziehen:

1. Dritte-Welt-Gegner sind zu schlagen, auch wenn sie wie der Irak hochgerüstet sind. Aber an den Problemen einer Entwicklungsregion läßt sich dadurch nichts ändern.

2. Was immer dort auch geschieht, man muß so schnell wie möglich wieder aus einer Krisenregion heraus.

Ziel solcher „Feuerwehreinsätze" kann es deshalb immer nur sein, die eigenen Interessen durchzusetzen, sonst aber alles so zu lassen wie es ist.

Militärstrategie

Nach dem Ende der großen Konfrontation, zwischen Ost und West, mit der Sowjetunion als Gegner, stellt sich immer dringender die Frage nach dem künftigen Sinn der Nato. Anfang 1991 hat die Nato-Zentrale die Risiken aufgelistet, mit denen man es in Zukunft wahrscheinlich zu tun haben wird: „Nationalismus, ethnische Auseinandersetzungen, religiöser oder ideologischer Fundamentalismus, und als Regionen: der Nahe Osten, der Balkan und die Golfregion." Man sieht, es sind – bis auf den Balkan – alles Dritte Welt-Konflikte, und genau genommen gehören auch die Balkankrisen dazu. Und alle sind sie uns sehr nahe.

Die Vorstellungen der Nato-Planer gehen inzwischen dahin, „schnelle Reaktionstruppen" aufzubauen, die jederzeit einsetzbar sind und rasch an die Brennpunkte transportiert werden können.

Die Analyse ist treffend, die Umsetzung in die Praxis aber nicht. Eine solche „Feuerwehr-Strategie" ist schon deshalb unmöglich, weil es zu viele Brandherde auf der Welt gibt. Mitte 1991 schwelten in Amerika 6, in Europa 2, in Asien 14 und in Afrika 11 bewaffnete Konflikte, zusammen also 33.

Schon der Golfkrieg hat die Supermacht USA an die Grenzen ihrer militärischen (und finanziellen) Möglichkeiten gebracht. Das finanzielle Problem war noch das geringere, aber auch nur dank enormer Zuschüsse der Verbündeten; allein von der Bundesrepublik wurden gut 10 Milliarden zu den Kriegskosten beigesteuert. Diese gigantische Summe macht allein schon deutlich, daß derartige Anstrengungen nicht beliebig oft zu wiederholen sind.

Das größere Problem: Zu wenig waren die Alliierten auf einen Big Lift vorbereitet: es fehlte an allen Ecken und Enden an Transportraum, sogar sowjetische Frachtmaschinen sollten schließlich angemietet werden. Es darf also ernsthaft bezweifelt werden, ob auch nur zwei solcher Konflikte logistisch zu bewältigen wären. In einer Analyse der „Operation Wüstensturm" räumten denn auch die Militärs ein, daß zum Tansport des Kriegsmaterials zivile Schiffe gechartert werden mußten, von denen die meisten nicht einmal unter amerikanischer Flagge fuhren. In dem Bericht heißt es weiter, das Verteidigungsministerium müsse untersuchen, was passiert wäre, wenn gleichzeitig mit dem Golfkrieg an einem anderen Ort der Welt eine zweite Krise ausgebrochen wäre.[2]

Dies zeigt schon: Eine internationale Eingreiftruppe, die notfalls an mehreren Krisengebieten der Erde gleichzeitig zum Einsatz käme. würde selbst die vereinte Kraft der Industriestaaten des Nordens überfordern. Die Gefahr wäre übergroß, daß sie sich buchstäblich ausbluten würden. Zwei klassische Dritte-Welt-Konflikte, in denen die Supermächte verwickelt waren, haben dies erwiesen: das Debakel der Amerikaner in Vietnam und das der Sowjets in Afghanistan. Weit über das militärische Desaster hinaus, haben diese beiden Konflikte den Supermächten wirtschaftlich geschadet, sie in Krisen gestürzt, die bis auf den heutigen Tag nachwirken.

Bei anderen Konflikten in der Dritten Welt haben sich die Großmächte deshalb bewußt zurückgehalten: auch die Weltöffentlichkeit hat solche Konflikte mehr oder minder verdrängt: Wer etwa wäre auf die Idee gekommen, dem Morden der Roten Khmer in Kambodscha ein Ende zu bereiten, wer sah einen Anlaß gegen die Massaker in Äthiopien oder im Sudan einzuschreiten? In Kambodscha ermordeten die kommunistischen Roten Khmer drei Millionen Menschen, ein Drittel der gesamten Bevölkerung. Wen im Westen hat es groß interessiert? Wer wäre gar auf die Idee gekommen, diesem Völkermord ein Ende zu machen? Es war nicht nur zu weit weg, die zivilisierte Welt wußte auch, daß sie nicht die Kraft hatte, es zu verhindern.

Die Strategie des Nordens muß also davon ausgehen, sich nach Möglichkeit in Dritte-Welt-Konflikte nicht hineinziehen zu lassen. Allenfalls könnten solche Konflikte ausgetrocknet werden, indem keine Waffen mehr geliefert werden. Realistischerweise darf man sich aber davon nicht allzuviel versprechen. Kaum war der Golfkrieg vorbei, waren die USA auch schon wieder bereit, enorme Mengen an modernsten Waffen in die Dritte Welt zu liefern, im Werte von 33 Milliarden Dollar. Mehr als zwei Drittel davon werden an Staaten der Krisenregion Nahost gehen: an Saudi-Arabien, die Vereinigten Arabischen Emirate, an Bahrein, Ägypten und an die Türkei. Diese Staaten sollen sogar die modernsten Waffen erhalten, darunter die extrem zielgenauen Bomben und Raketen, die im Golfkrieg die Welt so in Erstaunen versetzten. Aber auf der Anklagebank sitzen beileibe nicht nur die Amerikaner. Die Sowjets, die Franzosen, die Briten und auch die Chinesen, sie alle liefern bereits wieder hochmodernes Kriegsgerät, und zwar in enormen Mengen an Dritte-Welt-Mächte. Die Arsenale werden bald aufs neue gefüllt sein, und ebenso bald wird es wieder zu einem Waffengang im Nahen Osten kommen.

Verteidigung heißt die Devise

Die „Feuerwehrstrategie" ist untauglich, es sei denn, sie wäre rein defensiv. Wichtige Elemente einer neuen Verteidigungsphilosphie müßten sein:

– prinzipiell keine Einmischung in Konflikte der Dritten Welt, so grausam die auch sein mögen. Ein Eingreifen allenfalls dann, wenn existentielle Interessen der Nordstaaten auf dem Spiele stehen, etwa die Versorgung mit Öl.

– Keine Waffenlieferungen mehr an die Dritte Welt. Diese Forderung wird am schwersten zu erfüllen sein, weil zu viele Staaten ihre Waffenindustrie nur mit dem Export überhaupt am Leben erhalten können. Der Minimal-Konsens müßte dann sein: keine Waffen, die aus der Distanz Europa bedrohen können, also keine Raketen, Fernbomber und High-Tech-Waffen-Systeme.

– Und vor allem: Die Verteidigungsstrategie Europas muß auf Defensive angelegt sein.

Doch wie könnte diese Defensivstrategie aussehen?

Angenommen, der große Ost-West-Konflikt bleibt Vergangenheit, dann wird die Bedrohung Europas künftig nicht mehr aus dem Osten, sondern aus dem Süden, vor allem von den hochgerüsteten Staaten des Nahen und Mittleren Ostens und aus den islamischen Staaten Nordafrikas kommen, denn diese Regionen liegen uns am nächsten. Der Blick dieser islamischen Länder war immer auf Europa gerichtet. Afrika südlich der Sahara hingegen wird keine direkte Bedrohung darstellen, zumal es immer mehr im Chaos versinkt. Asien ist zu weit weg. Die Gefahren aus Lateinamerika werden sich gegen die USA richten, nicht gegen Europa.

Die geographischen Gegebenheiten setzen die Daten für die Planung: das Mittelmeer stellt eine natürliche, wirkungsvolle Barriere dar, zumal die Nahost-Staaten über keine nennenswerte, schlagkräftige Marine verfügen, mit der sie im Mittelmeer operieren könnten.

Anders die europäischen Staaten, einschließlich der UdSSR: sie haben bereits starke maritime Kräfte im Mittelmeer, die ohne weiteres durch Einheiten aus dem Nordatlantik und der Ostsee verstärkt werden können, denn dort werden sie künftig nicht mehr gebraucht. Technisch werden sich Änderungen ergeben müssen: Flugzeugträger werden als Basis für schnelle Präventivschläge eine wichtige Funktion im Mittelmeer haben, noch mehr als bisher; zum anderen wird es einer lückenlosen Küstensicherung durch kleine, schnelle Einheiten bedürfen (siehe auch Kapitel II). Das Mittelmeer muß also zu einem für jeden Angreifer schweren, ja praktisch nicht zu überwindenden Hindernis werden, zur nassen Grenze Europas.

Blieben die Landbrücken, also der Balkan, und die spanische Halbinsel. Die spanische Halbinsel ist das geringere Problem, da die Straße von Gibraltar genauso gesichert werden kann, wie das Mittelmeer insgesamt. Schwieriger ist es auf dem Balkan. Ein islamisches Land hat in Südosteuropa bereits einen Brückenkopf, nämlich die Türkei. Die Dardanellen zur Seegrenze zu machen ist nicht möglich, denn diese Grenze verliefe mitten durch die Türkei. Selbst wenn sie im westlichen Verteidigungsbündnis bliebe, bildete die Türkei deshalb eine offene Flanke.

Es geht also um den europäischen Balkan. Die Sicherung dieser Region bedarf einer politischen Neu-Ordnung. Eine Erweiterung der EG um Staaten wie Jugoslawien (sollte es denn in dieser Form weiter existieren), Rumänien und Bulgarien, auch Albanien, kann nicht in Frage kommen. Dies würde die Integrationskraft der Europäischen Gemeinschaft übersteigen. Es würde auch den Charakter der EG als einer west- und südeuropäischen Gemeinschaft völlig verändern. Darf man doch bei aller Offenheit nicht übersehen, daß das Kernstück der europäischen Gemeinschaft die Region westlich und östlich vom Rhein war, symbolisiert durch die Westeuropäer De Gaulle und Adenauer. Der Balkan gehört nicht dazu. Er kann in einer neuen europäischen Verteidigungstrategie deshalb nur die Funktion eines Glacis haben, eines Puffers zwischen Europa und Kleinasien, nicht aber Teil der Europäischen Gemeinschaft werden. Um die Balkanländer einigermaßen zu stabilisieren, wäre wirtschaftliche Unterstützung notwendig, am besten in Form einer irgendwie gearteten Assoziation mit der EG.

Anders sieht es mit Ungarn, der Tschechoslowakei und Polen aus, obwohl Polen der EG gewaltige Probleme bereiten wird, nicht nur wirtschaftliche: diese drei Länder müssen über kurz oder lang Mitglied der Gemeinschaft werden, wie selbstverständlich auch Österreich, die Schweiz, Schweden und Norwegen.

Die europäische Außengrenze könnte also entlang Italiens, Ungarns und Polens verlaufen mit dem Balkan, vielleicht auch noch der Türkei, als Glacis, als sicherndem Vorfeld.

An eine Einbindung der Sowjetunion in die EG dachte bisher ernsthaft niemand, sie wäre auch nicht möglich, würde dies doch die Gewichte innerhalb der europäischen Gemeinschaft völlig verschieben. Andererseits muß Europa an einer verbündeten, zumindest neutralen, vor allem aber stabilen Sowjetunion gelegen sein. Eine wirklich wirkungsvolle wirtschaftliche Aufbauhilfe für die Sowjetunion ist deshalb von essentieller Bedeutung für die Sicherheit Europas.

Die enormen Mittel, die dafür erforderlich sind, können durchaus aufgebracht werden. Weder die Nato noch die Staaten des ehemaligen Warschauer Paktes benötigen in der Zukunft eine derart extensive Rüstung; die riesigen Panzerarmeen etwa, konzipiert für einen klassischen, weiträumigen Landkrieg in Europa, sind überflüssig geworden. Auf der anderen Seite werden die Nuklearwaffenptotentiale von Ost und West, vor allem mit ihren weitreichenden Trägerraketen, noch lange Zeit geeignet sein, einen Angreifer schon im Ansatz zu vernichten, sodaß er gar nicht bis an die Grenzen Europas herankommen kann. Das Arsenal ist also voll und zwar mit so modernen Waffen, daß wir damit für lange Zeit in Sicherheit leben können.

Daraus ergeben sich zwei Folgerungen:

Die erste ist, die Grenzen Europas müssen so gesichert werden, daß sie undurchdringlich werden, was nicht zu schwierig ist, wenn es nur ernsthaft gewollt und konsequent durchgeführt wird. Diese Grenzen werden nicht nur Angreifer aufhalten, sondern auch verhindern müssen, daß „friedliche“ Trecks aus der Dritten Welt nach Europa kommen.

Die andere Konsequenz ist, daß sich der Norden darauf einstellt, jede Bedrohung im Ansatz zu eliminieren, konkret: die Israelis haben, ohne formal einen Krieg mit dem Irak zu führen, dessen Atomreaktoren zerstört, die Amerikaner haben, ohne Libyen den Krieg zu erklären, die Chemiefabrik Rabta zusammengebombt. In beiden Fällen wurde ein Bedrohungspotential prophylaktisch vernichtet. Dies kann, wie der Golfkrieg gezeigt hat, mit Hilfe der neuen High-Tech-Waffen geschehen, ohne daß ein Land völlig verwüstet und seine Bevölkerung vernichtet würden.

Das Bedrohungspotential der Dritten Welt ist zur Zeit noch überschaubar. Es handelt sich um Raketenbasen, um (wenige) Atomwaffen und um Produktionsstätten für C-Waffen. Über Atomwaffen verfügt heute von den Entwicklungsländern erst Indien, und vielleicht auch Pakistan.

Die Satellitenaufklärung ist inzwischen so perfektioniert, daß der Westen jede Bedrohung rechtzeitig erkennen kann. Worauf es ankommt: er muß sie notfalls auch ausschalten und zwar prophylaktisch, das heißt, bevor sie zu einer akuten Gefahr wird.

Der Soziologe Karl-Otto Hondrich hat die künftige Rolle Europas sehr klar beschrieben: „Der Krieg am Golf macht auch den Europäern eine Zwangslage klar: entweder den nichtindustrialisierten souveränen Staaten das Recht einzuräumen, ihre eigenen Vormachtkriege zu führen und Vernichtungswaffen zu produzieren und zu kaufen, die auch auf uns gerichtet werden – oder in einer neuen Pax americana et europea die Welt kommerziell und militärisch mitzukontrollieren. Das Entsetzen hilft aus dem Dilemma nicht heraus.“ Und er kommt zu der logischen Schlußfolgerung: „Wir sind zur Dominanz verurteilt.“

Zu dieser Kontrolle zwingt uns schon das Militärpotential der Dritten Welt: Der Oberkommandierende der US-Marine, Admiral Trogt, hat es Anfang 1989 vor dem amerikanischen Repräsentantenhaus so beschrieben: „Heute sind überall Entwicklungsländer mit Waffen der Ersten Welt ausgestattet. Neben den Supermächten verfügen 102 Staaten über Marschflugkörper, 15 Länder können eigene ballistische Raketen herstellen, 14 Länder verfügen über chemische Waffen und von elf weiteren wird vermutet, daß sie C-Waffen besitzen. Bakteriologische Waffen haben drei Länder, 15 weitere sollen in der Lage sein, B-Waffen herzustellen."

Die Entdeckung der geheimen Atomprogramme des Irak lassen befürchten, daß der Atomclub bald neue Mitglieder bekommen wird, und zwar aus der Dritten Welt.

Die militärischen Gefahren, die aus der Dritten Welt drohen, werden zweifellos zunehmen, können aber auf lange Sicht vom Norden unter Kontrolle gehalten werden. Die größeren Gefahren kommen in ganz anderer Gestalt; es ist in der Tat so, wie der „Spiegel" schrieb: „In Wahrheit bedroht die Dritte Welt den Frieden im wohlhabenden Norden weniger mit Granaten und Raketen als vielmehr mit ihren Strukturproblemen: Um der Gewalt, Massenarbeitslosigkeit und einer zerstörten Umwelt zu entkommen, brechen Jahr für Jahr Millionen Menschen zu großen Trecks in die Industriestaaten auf."

Ein Marshall-Plan für den Osten

Es kann einfach nicht mehr geleugnet werden, daß die Entwicklungshilfe im wesentlichen gescheitert ist (siehe Kapitel XI). Sie unter diesen Umständen, vor allem in diesem Umfang fortzusetzen, würde eine Verschwendung von Ressourcen bedeuten, die anderswo besser eingesetzt werden können. Es wird immer deutlicher, daß die große Sowjetunion ihre enormen Probleme allein nicht lösen kann. Wenn der Westen, und dies ist in erster Linie Europa, ihr nicht massiv unter die Arme greift, ist sogar zu befürchten, daß diese immer noch hochgerüstete Macht, sich in einer Weise destabilisiert, daß es für Europa wieder gefährlich wird. Noch immer lagern in den Bunkern der Sowjetunion 30000 atomare Sprengköpfe, noch immer verfügen die sowjetischen Militärs über genug Trägerraketen, um diese Endzeitwaffen auf nahezu jeden beliebigen Punkt der Erde zu richten. Was, wenn durch Unruhen oder Bürgerkriege diese Waffen der Kontrolle der Zentralmacht entglitten?

Auf einer internationalen Konferenz in Den Haag Anfang 1991

sprach der niederländische Außenminister unverblümt aus, was viele Politiker heute im Westen umtreibt: Trotz des Wegfalls der militärischen Ost-West-Konfrontation ist der Frieden in Europa noch nicht dauerhaft gesichert. Der Ausgangspunkt heutiger Bedrohungen läge in einem Mißlingen der Reformbewegungen in Osteuropa.

Es liegt also im ureigensten Interesse der Europäer, wenn wir der Sowjetunion bei der Lösung ihrer Probleme helfen, zumal wir über kurz oder lang davon auch wirtschaftlich profitieren werden. Auf jeden Fall hat eine Entwicklungshilfe für die Sowjetunion eine Perspektive, die sie in der Dritten Welt erwiesenermaßen nicht hat. Mit den Mitteln, die der Westen bis jetzt der Sowjetunion angeboten hat, wird diese Jahrhundertaufgabe nicht zu lösen sein, ja, diese Mittel sind geradezu provozierend niedrig. Es spricht nicht für die staatsmännische Qualität der westlichen Politiker, wenn sie die einmalige Chance, die sich durch das Ende des Ost-West-Konfliktes ergeben hat, durch eine solche Kleinkrämerei gefährden.

Eine Gruppe von Harvard-Professoren hat errechnet, daß zum wirtschaftlichen Aufbau der Sowjetunion etwa 150 Milliarden US-Dollar erforderlich wären, und zwar verteilt auf fünf Jahre. In einem Jahr würden also 30 Milliarden Dollar benötigt. Gewiß eine ganze Menge, aber was ist das schon im Vergleich zu der einmaligen historischen Chance, die sich hier den Europäern, ja dem Westen insgesamt bietet?

Drei Finanzquellen könnten wir für einen solchen „Marshall-Plan für den Osten“ erschließen:

Die erste und größte ergibt sich aus der Reduzierung des Rüstungsaufwandes, die zweite aus der Umlenkung der Entwicklungshilfe von der Dritten Welt zur Zweiten, und die dritte aus die Kostenersparnis, die sich durch die Repatriierung der Fremden in Europa ergeben wird.

Um es in Zahlen auszudrücken: der Westen bringt im Jahr rund 50 Milliarden US-Dollar für Entwicklungshilfe auf, selbst wenn man sie nicht mit einem Crash-Programm beendet, was realistischerweise auch gar nicht möglich wäre, müßten allein daraus schon die erforderlichen 30 Milliarden abzuzweigen sein. Auch aus der Rückführung der Ausländer ergäben sich horrende Einsparungen, wenn man bedenkt, daß allein der Bundesrepublik die Ausländer mindestens 16 Milliarden DM im Jahr kosten, also rund zehn Milliarden Dollar. Der größte Brocken könnte aber aus der Reduzierung des Rüstungsaufwandes in Ost und West kommen, ohne daß man jetzt schon exakt sagen könnte, welche Größenordnung dies erreichen würde. Auf jeden Fall: wenn es politisch gewollt ist, wird die Aufbauhilfe für die Sowjetunion zu finanzieren sein, so gewaltig der Bedarf an Mitteln auch erscheinen mag.

Wenn wir hingegen diese einmalige Chance, die sich aus der Beendigung des Ost-West-Konflikts ergibt, nicht konsequent nutzen, dann werden wir nicht nur ein bedrohliches Chaos im Süden haben, das wir sowieso nicht verhindern können, sondern auch ein nicht minder bedrohliches im Osten. Werden wir versuchen, beiden Seiten unter die Arme zu greifen, Süd und Ost, so werden wir nirgendwo etwas erreichen. Das Chaos wird dann zwangsläufig auf Europa übergreifen.

Jeffrey Sachs, einer der Harvard-Ökonomen, der an der Konzeption des Ost-Marshallplans mitgearbeitet hat, warnt den Westen vor der „fatalen Gleichgültigkeit“ gegenüber der von Krisen geschüttelten Sowjetunion. Nutzte der Westen die Chance im Osten nicht, so wäre das für den Harvard-Professor „einer der größten außenpolitischen Fehler der Moderne“.

Horden wie im Mittelalter

Daß der Einwanderungsdruck aus der Dritten Welt auf Europa in dramatischer Weise zunehmen wird, darüber sind sich alle Experten einig. So stellt etwa der Freiburger Professor für Kulturgeographie, Hans-Georg Bohle, fest: „In den neunziger Jahren (aber) wird Massenflucht möglicherweise zu den entscheidenden Themen gehören, die das reiche Europa und insbesondere auch Deutschland beschäftigen werden.“ Die Frage, der die Experten aber ausweichen, lautet: wie soll Europa darauf reagieren? Aus einer Wohlstands-Insel zu einer „Wohlstands-Festung“ dürfe es jedenfalls nicht werden, so die herrschende Meinung. Ja, aber was dann? Die Analyse ist wie meistens treffend, die Schlußfolgerungen aber bleiben aus.

Dabei ergibt sich die Antwort relativ einfach aus den Fakten: die Weltbevölkerung wächst noch in diesem Jahrzehnt um grob gerechnet 700 Millionen, ungefähr so viel wie Indien, die größte Demokratie der Welt, heute Einwohner hat. Lassen wir diejenigen einmal außer acht, die von Europa zu weit entfernt leben, die Inder, Pakistani, Schwarzafrikaner und Südamerikaner. Es genügt, wenn man sich an den „Nahen“ Osten und den Maghreb hält, von wo bisher schon die Masse der Immigranten kam. In dieser Region leben zur Zeit 60 Millionen Menschen unterhalb der Armutsgrenze. Wieviel wollen wir davon aufnehmen: alle? die Hälfte? ein Viertel? zehn oder fünf Prozent? Gerechterweise doch alle, also 60 Millionen, oder maßte sich jemand an, eine Auswahl zu treffen? Also 60 Millionen, verteilt auf West-Europa. Legt man die Einwohnerzahl der einzelnen westeuropäischen Staaten zugrunde, so kämen von den 60 Millionen rund 23 Prozent nach Deutschland. Das wären knapp 14 Millionen Menschen, fast soviel wie die frühere DDR an Einwohnern zählte. Manche werden sagen, das wäre nicht zuviel und auch zu verkraften. Aber: Arbeit gäbe es für diese Menschen in Europa nicht, deshalb auch kein Einkommen. Wir müßten für sie sorgen. Geht man von den Kosten aus, die ein Asylant heute verursacht, so würden diese 14 Millionen Zuwanderer uns in einem Jahr und im ungünstigsten Fall Kosten in Höhe von 224 Milliarden DM verursachen. Eine horrende, schier unvorstellbare Summe. Sie setzt jeder weiteren Diskussion ein Ende.

Aber, um das Exempel einmal weiter zu führen: es geht ja nicht allein um diese 60 Millionen, die heute in Armut leben, es geht auch um die 80 Millionen, um die die Bevölkerung in dieser Region noch in diesem Jahrzehnt wachsen wird. Was wird mit ihnen? Soll Europa sie ebenfalls aufnehmen? Nein, natürlich nicht. Die Frage ist schon so absurd, daß sich ein weiteres Eingehen darauf erübrigt. Aber warum haben wir dann 1,5 Millionen Türken hier, obwohl in der Türkei doch niemand verhungert, nicht einmal hungern muß, im Gegensatz zu den 30 Millionen Afrikanern, die effektiv vom Hungertod bedroht sind? Wo ist die Logik dieser Politik?

Bleiben wir bei den 60 Millionen Armen aus dem Nahen Osten und Nordafrika. Aller Wahrscheinlichkeit kommen sie nicht nach Europa, wenigstens nicht alle, obwohl: absolut auszuschließen ist auch dies nicht, wenn nicht in diesem Jahrzehnt, dann vielleicht im nächsten.

Aber geht man einmal nur von zehn Prozent dieser 60 Millionen aus, also von sechs Millionen, dann wäre Europa mit dieser durchaus realistischen Annahme schon hoffnungslos überfordert. Allein die Kosten von knapp 100 Milliarden Mark – per anno! – wären nicht aufzubringen, von den sozialen Konflikten, die eine solche Massenimmigration auslösen würde, gar nicht zu reden. Und dabei sind sechs Millionen weiterer Zuwanderer keine utopische Annahme; immerhin haben wir zehn Millionen Moslems bereits in Europa. Jeder, der Deutschland als Einwanderungsland sieht, auch Quoten für die weitere Immigranten fordert, sollte sagen, wo er die Höchstgrenze ziehen und vor allem: wie er diese Immigration finanzieren will.

Inzwischen beginnen politische Führer der Dritten Welt bereits, diese Völkerflucht für ihre Zwecke zu instrumentalisieren. So sagte in einem Interview mit der französischen Zeitung „Le Figaro“ der Präsident des

Senegal, Abdou Diouf: Europa riskiere von einer riesigen Welle ausgehungerter Gastarbeiter aus Afrika überrollt zu werden, die sich weder durch neue und schärfere Einwanderungsgesetze noch durch natürliche Hindernisse wie etwa das Mittelmeer aufhalten ließen. Was er wollte, war klar und er sagte es auch: Nur wenn die europäischen Nationen sehr viel massiver als bisher im Schwarzen Kontinent investierten, könnte die gefährliche Völkerwanderung verhindert werden. Deshalb läge es im Interesse Europas, Afrika wirtschaftlich zu unterstütztzen. „Sonst werdet Ihr von Horden wie im Mittelalter überrollt." Als einzig wirksames Gegenmittel wird empfohlen, die Lebensverhältnisse der Armen so zu verbessern, daß sie zu Hause bleiben. Dieses Argument wird deshalb so oft gebraucht, weil es so einleuchtend scheint. Es ist aber unrealistisch. Die Erfahrungen, die wir mit der Entwicklungshilfe gemacht haben, zeigen, daß wir die Verhältnisse in der Dritten Welt nicht grundlegend verbessern können – und daran wird sich auch in Zukunft nichts ändern.

Repatriierung

Es wäre ohne Logik, Armutsflüchtlingen aus der Dritten Welt den Zutritt nach Europa zu verwehren, die Millionen aber, die schon angekommen sind, hier zu lassen. Aber was sollte mit ihnen geschehen? Um eine Vorstellung von der zahlenmäßigen Größe des Problems zu bekommen: In den Staaten der Europäischen Gemeinschaft leben zur Zeit zehn Millionen Moslems. Sie sind aus vielen Gründen, die schon den vorigen Kapiteln dargelegt wurden, die Problemgruppe Nr. 1. Experten schätzen, daß sich binnen eines Jahrzehnts ihre Zahl verdoppeln wird, einerseits wegen ihres Kinderreichtums, andererseits durch Nachzüge, etwa von Familienangehörigen. Dann hätten wir 20 Millionen Moslems in Westeuropa, andere Armutsflüchtlinge gar noch nicht gerechnet. Eine Integration dieser Menschen wird es nicht geben, eine Assimilierung schon gar nicht. Das zeigen die Erfahrungen, die wir bisher haben sammeln können. Ganz abgesehen davon, daß die allermeisten gar keine Integration (siehe Kapitel IV) wollen, ja sich sogar dagegen wehren. Sie möchten in Europa leben, arbeiten und Geld verdienen, im übrigen aber sich von den Gastländern möglichst abkapseln, um „ihre Identität zu bewahren", wie sie ganz offen sagen. Eine „multikulturelle Gesellschaft" wollen nur unsere Leute, die Moslems wollen sie nicht.

Zum anderen kann man auf die Dauer so vielen Menschen eine politische Mitwirkung nicht versagen. Das kommunale Ausländerwahlrecht ist zwar vom Bundesverfassungsgericht verworfen worden, aber das will noch nichts besagen. Irgendwann würde es zu einer politischen Mitbestimmung dieser Immigranten kommen, etwa nach dem Modell der dänischen Minderheit in Schleswig-Holstein, die dank einer Sonderquote auch mit relativ wenigen Wählerstimmen in den Landtag einziehen kann. Ein Ausländerwahlrecht, wie immer es aussehen und heißen mag, hätte indes fatale Folgen.

Typisch für die Bundesrepublik, aber auch andere europäischen Staaten: Wahlen werden seit langem durch sehr knappe Mehrheiten entschieden. Im Grunde gibt es zwei große politische Lager, zwischen denen sich die Gewichte nur minimal zu verschieben brauchen, um einen Machtwechsel herbeizuführen. Durch eine homogene und geschlossen abstimmende Gruppe, etwa der Türken, könnte jedes Lager nur dann eine Mehrheit gewinnen, wenn es diese Stimmen für sich gewinnt. Die Briten befinden sich bereits in dieser Situation: die Labour Party behandelt jetzt schon die Immigranten, besonders die islamischen Pakistani, mit allergrößter Behutsamkeit, wie sich in der Rushdie-Affäre zeigte (siehe Kapitel I). Könnten die Stimmen dieser Immigranten bei den nächsten Wahlen doch über Sieg und Niederlage entscheiden.

Wollen wir in eine ähnliche Situation kommen? Wo etwa der Preis für eine Wahlunterstützung das Versprechen sein könnte, mehr Ausländer ins Land zu lassen? Oder Sozialhilfe-Anträge von Ausländern großzügiger zu behandeln? Oder türkischen Schulkindern solche Sonderrechte zuzugestehen, die sich aus ihrem Glauben ableiten?

Phantastereien? Keineswegs. In den multikulturellen USA muß jeder Präsidentschaftskanditat ethnischen Minderheiten Zugeständnisse machen, wenn er eine Chance haben will, gewählt zu werden.

Wenn Ausländer, Türken zumal, in dieser großen Zahl hier leben würde es früher oder später bei uns zu ähnlichen Verhältnissen kommen.

Die anderen Probleme sollen hier nur angedeutet werden: hohe Kriminalität, besonders in der Rauschgiftszene, Dauerkonflikte mit arbeitslosen ausländischen Jugendlichen, Kampf um Arbeitsplätze und preisgünstige Wohnungen und so fort.

Auch wenn von den Politikern dieses Problem noch tabuisiert wird: wir werden früher oder später die Masse der hier lebenden Ausländer (aus Nicht-EG-Staaten) in ihre Heimatländer zurückschicken müssen. Besser, früher. Das gilt in erster Linie für die größte Gruppe, die

Türken, es gilt aber auch für die Iraner, Libanesen, Iraker und Kurden, die Algerier und Marokkaner.

In Frankreich, wo besonders viele moslemische Immigranten leben, hat sich der Wind schon gedreht. Reagierten die Politiker auf die Ausbrüche von Gewalt bisher mit der Forderung nach mehr Integration und besseren Hilfen für die Nordafrikaner, so wird jetzt nicht mehr lange gefackelt. Um der Bandengewalt der „Beurs" – der Kinder nordafrikanischer Einwanderer – zu begegnen, wurden Mitte 91 die Polizeikräfte in den Problemvierteln um ein Drittel verstärkt. Ob es etwas helfen wird? Zweifel sind angebracht. Es scheint, daß sich in Frankreich die Spirale der Gewalt nicht mehr bremsen läßt. Obwohl ein Minister, Michel Delebarre, schon vor längerem warnte: „So kann es nicht weitergehen, wenn wir uns nicht anschicken, diese Probleme morgen zu lösen, dann wird unsere ganze städtische Bevölkerung explodieren."[3]

Die französischen Behörden stehen vor dem Dilemma, daß die revoltierenden „Beurs" die französische Staatsbürgerschaft besitzen, die ihnen mit ihrer Geburt in Frankreich automatisch zugefallen ist. Das hat zur Folge, daß sie als Franzosen, die sie ja dem Gesetz nach sind, gar nicht ausgewiesen werden können. Dieses Problem einer nicht integrierbaren, zunehmend aggressiven, ja kriminellen Minderheit wird den Franzosen also bleiben, ja, eher wird es noch größer werden. Es geht also gar nicht, wenn die französische Polizeigewerkschaft fordert: Wer sich mit den Gesetzen nicht abfinden wolle, solle „so rasch wie möglich" in sein Herkunftland zurückkehren.

Inzwischen erheben sich jedoch schon Stimmen, die selbst an dieses Tabu rühren. So forderte der frühere französische Innenminister Poniatowski, ein enger Vertrauter des ehemaligen Staatspräsidenten Giscard d'Estaings, der automatische Zugang der französischen Staatsbürgerschaft für Ausländer müsse abgeschafft werden. Poniatowski möchte statt dessen zwei Bedingungen einführen: perfekte Französischkenntnisse und einen Treueid auf die Verfassung, die staatlichen Institutionen und die Menschenrechte „alles Dinge, die dem islamischen Recht widersprechen", wie er meint. Weiter forderte Poniatowski die Bevorzugung von Franzosen bei Einstellungen (wie sie zwischen 1934 und 81 galt), die Abschaffung der Familienzusammenführung, die rasche Ausweisung von Ausländern nach einer Haftstrafe und von illegalen Einwanderern, die Abschaffung des Kindergeldes für Ausländer, die nicht aus der EG stammen, sowie die Ausweisung von Ausländern, die länger als zwei Jahre arbeitslos sind.[4] So extrem diese Forderungen des ehemaligen Ministers erscheinen mögen, sie sind inzwischen in Frankreich keine

Ausnahme mehr, nicht nur der rechtsradikale Le Pen, auch der Vorsitzende der Neo-Gaullisten und ehemalige Premierminister, Chirac, stoßen in das gleiche Horn.

Die französischen Zustände sollten allen denen zu denken geben, die bei uns mehr Integration fordern und für eine leichtere Einbürgerung der jungen Ausländer eintreten, womöglich gar für eine Doppelstaatsbürgerschaft plädieren.

Die wirklichen Probleme der jugendlichen Ausländer, vor allem die hohe Arbeitslosigkeit, die schlechten Wohnverhältnisse und die düsteren Zukunftsperspektiven werden nicht dadurch gelöst, daß ein Ausländer einen deutschen Paß bekommt. Erreicht wird damit nur, daß er nie mehr ausgewiesen oder abgeschoben werden kann, ganz gleich was immer er anstellen wird.

Bundeskanzler Helmut Kohl hat zu Beginn seiner Amtszeit gefordert, die Zahl der hier lebenden Ausländer müsse halbiert werden. Dieser richtigen Einsicht sind keine Taten gefolgt. Wenn die Politiker nicht endlich handeln, steht zu befürchten, daß ihnen die Entwicklung entgleitet. Die Zeichen mehren sich.

Der Klimakrieg

Der Druck des Südens auf den Norden wird noch sehr viel stärker werden, sobald erst einmal die Auswirkungen der Klimawende spürbar werden. Daß es zu dieser Klimawende, einer Erwärmung der Erde, kommen wird, daran zweifelt heute kein Wissenschaftler mehr. Der Klimaforscher Prof. Klaus Hasselmann, Direktor des Max Planck Instituts für Meteorologie in Hamburg: „Die Klima-Wende kommt. In 30 bis 50 Jahren wird es drei bis fünf Grad wärmer sein als heute."[5] Um deutlich zu machen, was das bedeutet: in der afrikanischen Sahelzone etwa, heute schon ein Hungergebiet, wird die Wüste bei einer Temperaturänderung von nur 0,1 bis 0,2 Grad um 10 km weiter vordringen (nach GEO).[6] Ebenfalls würden die Trockengürtel der Nordhalbkugel sich ins Mittelmeergebiet ausbreiten und auf die bevölkerungsreichen Staaten Nordafrikas, wie Algerien und Ägypten übergreifen. In den USA würde der Mittlere Westen, nicht nur die Kornkammer Amerikas, sondern der ganzen Welt, von Dürren heimgesucht.

Die Zeichen mehren sich. In einem Gespräch mit dem Nachrichtenmagazin „Der Spiegel" sagte der Leiter des World Watch Instituts in Washington, Lester R. Brown: „Die USA litten damals (gemeint: 1989) unter einer der schlimmsten Dürren aller Zeiten. Als Alarmzeichen für eine mögliche Katastrophe wurde die Tatsache gewertet, daß infolge der Dürre wahrscheinlich zum ersten Mal mehr Getreide verbraucht als erzeugt wurde. Ich meine der Ruin unseres Planeten wird sich zuerst in einem Nahrungsmittelmangel offenbaren, der mit Hungersnöten in den Entwicklungsländern beginnt.", und weiter: „Weltweit sinkt die Erzeugung von Getreide pro Kopf. Wer vor fünf Jahren noch gesagt hätte, in einer Hitzeperiode könnten die Nahrungsmittel knapp werden, der wäre ausgelacht worden."[7]

Obwohl der Treibhauseffekt noch nicht meßbar durchschlägt, gehen jedes Jahr den Bauern riesige Flächen Mutterboden verloren, unwiederbringlich, etwa soviel wie die gesamte Weizenanbaufläche Australiens ausmacht – und auf der anderen Seite: jedes Jahr wächst die Erdbevölkerung um knapp 100 Millionen Menschen, die alle ernährt werden wollen. Dazu die Vernichtung der tropischen Regenwälder, die Vergiftung der Böden, die Verschmutzung der Meere.

Einerseits Dürrekatastrophen, andererseits Überflutungen weiter, fruchtbarer Landstriche. Ein Anstieg des Meeresspiegels um einen Meter würde weite Teile von Bangladesh im Meer versinken lassen; der gleiche Anstieg würde im fruchtbaren Nildelta bedeuten, daß bis zu 15 Prozent der Ackerfläche Ägyptens verschwände und damit neun Millionen Menschen ihre Heimat verlören.

Unter den Experten herrscht längst Einigkeit darüber, daß der Klimawandel, sollte es so ungebremst weitergehen wie bisher, die Lebensgrundlagen von Hunderten von Millionen vernichten würde.

Eine der gefährlichsten Ursachen des Treibhauseffekts ist der Ausstoß von CO_2, das bei der Verbrennung fossiler Stoffe, wie Kohle, Erdgas und Erdöl entsteht. Man mag darüber streiten, ob am Elend der Dritten Welt die Kolonialpolitik Europas schuld ist, nicht abstreiten kann man, daß der ungehemmte Energieverbrauch der Industriestaaten mit daran schuld ist, daß den Entwicklungsländern mehr und mehr die Lebensgrundlagen zerstört werden: 1986 wurden weltweit durch die Verbrennung fossiler Stoffe 20,5 Milliarden Tonnen Kohlendioxid freigesetzt, zwei Drittel davon gingen auf das Konto von Nordamerika, der Ostblockländer und von Europa, aber nur 4,6 Prozent wurden von Mittel- und Südamerika verursacht, und 2,8 Prozent von Afrika.

Mehr als jede Entwicklungshilfe, deren Nutzen sowieso gering, wenn sie nicht gar schädlich ist, würde der Dritten Welt mehr Umweltschutz in der Ersten helfen.

Wie wenig aber die Menschheit bereit ist, sich der nahenden Katastrophe entgegenzustemmen, zeigt das Beispiel China: Sein Anteil an der Luftverschmutzung betrug bislang 13 Prozent, offensichtlich meinen die Chinesen, sie hätten deshalb noch einen Bonus. Jedenfalls plant China, seine Energieerzeugung durch Kohle in den nächsten Jahrzehnten zu vervierfachen, mit der Folge, daß die Belastung der Erdatmosphäre durch Kohlendioxyd allein dadurch um 20 Prozent ansteigen würde.

Die Erde auf dem Weg ins Chaos. Auf der einen Seite eine ungebremste Vermehrung der Weltbevölkerung, auf der anderen Seite eine Vernichtung ihrer Lebensgrundlagen.

Die Appelle der Wissenschaftler werden immer dringlicher: 1979 bei der Ersten UN-Weltklimakonferenz wurde die Welt in einer eindringlichen Deklaration dazu aufgerufen, das Problem der weltweiten, von den Menschen gemachten Klimaveränderung endlich wahrzunehmen und etwas dagegen zu tun. Die Resonanz war mäßig, die Entwicklung ging praktisch ungebremst weiter. 1990 wurde auch die Zweite Weltklima-Konferenz mit dem dringenden Aufruf eröffnet, gegen die fortschreitende Erwärmung der Erdatmosphäre vorzugehen. Wiederum ist keine wesentliche Änderung in Sicht. Was die Europäer, besonders die Deutschen in den Umweltschutz investieren, ist beachtlich, aber was hilft es, wenn weltweit die Umweltverschmutzung ungebremst voranschreitet?

Dies ist die Lage: Die Temperatur der Erde wird pro Jahrzehnt um 0,3 Grad steigen, vorausgesetzt, es geht so weiter wie bisher. Sollte der Ausstoß der Treibgase weiter zunehmen, so würde der Klimawandel schon am Ende unseres Jahrhunderts, also in nicht einmal mehr zehn Jahren, irreparabel sein. Dann könnten wir soviel Umweltschutz machen wie wir wollen, es würde alles zu spät sein![8]

Die Menschheit befindet sich in einem wahren Teufelskreis. Einen nicht unerheblichen Anteil an den Treibgasen stellt NO_2, das von Bodenbakterien ausgeschieden wird, die wiederum vom Kunstdünger zu einem ungebremsten Wachstum angeregt werden. Auf Kunstdünger kann aber gerade die Landwirtschaft in der Dritten Welt nicht verzichten, wenn die Nahrungsmittelproduktion nicht vollends hinter dem Bevölkerungswachstum zurückbleiben will.

Wenn die Dinge schlecht laufen, und alles sieht danach aus, dann wird es zu fürchterlichen Kämpfen um Lebensmittel, Trinkwasser und einer Bleibe kommen. Hoimar von Ditfurth nannte sie „finale Verteilungskriege“, also endgültige, letzte Kriege.

Wenn Europa darin nicht untergehen will, werden wir uns wappnen und einigeln müssen. Wir müssen endlich einsehen, daß wir die Probleme der ganzen Welt nicht lösen können. Es geht nur noch darum, sie von Europa, von uns und vor allem unseren Kindern, so gut wie nur möglich fernzuhalten.

Quellenverzeichnis

Kapitel I

1 SPIEGEL 20. 4. 81
2 SPIEGEL 13. 7. 81
3 Th. v. Münchhausen, Frankfurter Allgemeine 12. 1. 91
4 ebenda
5 H.-H. Nicolai. Berliner Morgenpost 7. 12. 90
6 Th. v. Münchhausen. Frankfurter Allgemeine 12. 1. 91
7 SPIEGEL 6. 11. 89
8 SPIEGEL 4. 12. 89
9 J.-F. Vannahme, DIE ZEIT 1. 12. 89
10 SPIEGEL 4. 12. 89
11 C. Kaps, Frankfurter Allgemeine 22. 12. 90
12 Ch. Terbrock, DIE ZEIT 3. 5. 91
13 J. Leo, DIE ZEIT 4. 1. 91
14 SPIEGEL 6. 4. 87
15 A. Kreye, Frankfurter Allgemeine-Magazin 8. 3. 91
16 STERN 28. 9. 89
17 S. Guski, DIE WELT 15. 10. 90
18 ebenda
19 Berliner Morgenpost 19. 8. 90
20 SPIEGEL 13. 3. 89
21 K. Pochatzky, DIE ZEIT 29. 5. 89
22 nach SPIEGEL 19. 9. 90
23 SPIEGEL 19. 11. 90
24 D. E. Zimmer, DIE ZEIT 31. 3. 89
25 nach DIE ZEIT 3. 5. 91

Kapitel II

1 C. E. Langen, Frankfurter Allgemeine 2. 11. 90
2 „Flüchtlingskonzeption der Bundesregierung“ hgg. vom Bundesministerium des Innern, 25. 9. 90
3 J. Widgren, Ursachen und Auswirkungen der Süd-Nord-Migration, Walberberg-Konferenz, 27.–29. Sept. 90
4 SPIEGEL 12. 11. 90
5 ebenda
6 ebenda
7 Strategie für eine Flüchtlings- und Asylpolitik der 90er Jahre, Interdepartementale Strategruppe (Schweiz), Bern Jan. 90
8 nach H. Spiegel, Frankfurter Allgemeine 19. 3. 91
9 wie 7
10 nach D. Wenz, Frankfurter Allgemeine 6. 3. 91
11 nach U. Schmidt, Frankfurter Allgemeine 30. 11. 90

12 John Eidnow, BBC, in DIE ZEIT 5. 1. 90
13 wie 2
14 nach Berliner Morgenpost 26. 7. 91

Kapitel III

1 im Auftrag des SPIEGEL, 17. 4. 89
2 nach Berliner Morgenpost 24. 3. 91
3 STERN 5. 11. 87
4 Weltbankbericht 1989 „Armut“

Kapitel IV

1 Roland Tichy, Ausländer rein – warum es kein „Ausländerproblem“ gibt, München 1990
2 SPIEGEL 7. 12. 81
3 nach P. Stingelin, Frankfurter Allgemeine 10. 8. 91
4 SPIEGEL 13. 2. 89
5 Prof. Wingen, auf: Arbeitstagung der Deutschen Gesellschaft für Bevölkerungswissenschaft, Stuttgart, März 91
6 J. Widgren, Konkurrenz zwischen Süd-Nord und Ost-West-Migration, Walberbergkonferenz, 27.–29. Sept. 90
7 Prof. Schmid, Bamberg, (wie 5)
8 K. Binswanger, Islamischer Fundamentalismus in der Bundesrepublik, in: Im Namen Allahs, Köln 1990
9 Prof. P. Heine, Ethnizität und Fundamentalismus, in: Im Namen Allahs, Köln 1990
10 aus: Im Namen Allahs, Köln 1990

Kapitel V

1 W. Sielaff, Praktische Schwierigkeiten bei Ermittlungen gegen ausländische Tatverdächtige, in: Ausländerkriminalität in der Bundesrepublik Deutschland, Schriftenreihe des Bundeskriminalamtes (BKA), Nr. 34, Oktober 1988
2 Alle statistischen Angaben aus: Polizeiliche Kriminalstatistik 1989 und 1990, hgg. vom Bundeskriminalamt
3 nach U. Kordel, Leiter der Kripo Bochum, in Schriftenreihe Nr. 34 BKA
4 nach Prof. W. Kewenig, in Schriftenreihe Nr. 34 BKA
5 wie 1
6 H. Boge, Präsident des Bundeskriminalamtes, in Schriftenreihe Nr. 34 BKA
7 G. Ulber, Leiter des Berliner Rauschgiftdezernats, nach Berliner Morgenpost 19. 3. 90
8 nach D. Wenz, Frankfurter Allgemeine 8. 12. 90
9 nach D. Wenz, Frankfurter Allgemeine 22. 4. 91

10 wie 1
11 wie 6

Kapitel VI

1 Prof. M. Schreiber, Ausländerkriminalität in der Bundesrepublik Deutschland, Schriftenreihe des Bundeskriminalamtes, Nr. 34, Oktober 1988
2 Verfassungsschutzbericht der Bundesregierung 1989, hgg. vom Bundesministerium des Innern, Juli 1990
3 wie 1
4 SPIEGEL Nr. 21/1989

Kapitel VII

1 Dore Gold, DIE ZEIT 1. 3. 91
2 A. Hottinger, Rebellen oder Amerikas Musterknaben, in: Sturm im Golf, Hamburg 1990
3 G. Ulber, Leiter des Berliner Rauschgiftdezernats, nach Berliner Morgenpost 19. 3. 91
4 H. M. Enzensberger, SPIEGEL 18. 2. 91
5 T. B. Jelloun, DIE ZEIT 11. 1. 91
6 G. E. Kirk nach SPIEGEL 18. 2. 91
7 nach K. H. Janßen, ZEIT-Magazin 1. 3. 91
8 P. Scholl-Latour, Das Schwert des Islam, München 1990
9 ebenda
10 so Prof. H. G. Bohle in: Frankfurter Allgemeine 25. 3. 91
11 A. Rieck, Der ideologische Faktor, in: Sturm im Golf, Hamburg 1990
12 A. Hottinger nach SPIEGEL 18. 2. 91
13 Prof. A. Simmel, Der Islam, Stuttgart 1989
14 nach SPIEGEL 18. 2. 91
15 F. Blau, DIE ZEIT 2. 3. 90
16 G. Konzelmann, Die islamische Herausforderung, München 1991
17 wie 8
18 Th. v. Münchhausen, Frankfurter Allgemeine 24. 1. 91
19 wie 8
20 nach R. Brender, Frankfurter Allgemeine 15. 2. 91
21 DIE ZEIT, 5. 1. 90
22 K. Binswanger, Die ökonomische Basis der Fundamentalisten, in: Im Namen Allahs, Köln 1990
23 wie 16

Kapitel VIII

1 SPIEGEL 19. 11. 90
2 SPIEGEL 2. 2. 87

3 nach A. Weig, Frankfurter Allgemeine 17. 1. 91
4 ebenda
5 D. Sezer, Islam gegen Atatürk, DIE ZEIT 30. 3. 90
6 nach G. Lerch, Frankfurter Allgemeine 30. 10. 90
7 G. Konzelmann, Die islamische Herausforderung, München 1991
8 nach Lawrene S. Leshnik, DIE ZEIT 20. 4. 90
9 Bundesanstalt für Arbeit, Beiträge zur Arbeitsmarkt- und Berufsforschung, Beitrag 68, Nürnberg, 1982
10 SPIEGEL 2. 2. 87
11 Frankfurter Allgemeine 25. 1. 91

Kapitel IX

1 nach SPIEGEL 14. 11. 88
2 in ZEIT-Magazin 5. 4. 91
3 nach Th. Ross, Frankfurter Allgemeine 11. 1. 91
4 Prof. U. Haarmann, Evangelische Akademie Bad Boll, 17. 5. 83
5 G. Konzelmann, Die islamische Herausforderung, München 1991
6 Prof. A. Simmel, Der Islam, Stuttgart 1990
7 nach SPIEGEL 10. 8. 87
8 wie 6
9 F. Blau, ZEIT-Magazin, 5. 3. 90
10 nach DIE ZEIT 5. 1. 90
11 K. Binswanger, Islamischer Fundamentalismus in der Bundesrepublik Deutschland, in: Im Namen Allahs, Köln 1990
12 nach G. Manousakis, Die Rückkehr des Propheten, Berg am See 1979
13 O. Mehmed, Islamic Identity and Development, New York 1990
14 Prof. U. Steinbach, Vortrag Evangelische Akademie Bad Boll, 1983
15 F. Blau, ZEIT-Magazin 2. 3. 90
16 DIE ZEIT 9. 3. 91
17 wie 5
18 wie 5

Kapitel X

1 nach Frankfurter Allgemeine 25. 1. 91
2 nach R. Kollert, DIE ZEIT 8. 2. 91
3 nach Newsweek (9. 4. 90) und Time (9. 4. 90)
4 SPIEGEL 2. 4. 90
5 SPIEGEL 4. 4. 88
6 SIPRI – Jahrbuch 1989 (und ff.)
7 so der Nuklearphysiker und Berater der US-Regierung Peter D. Zimmermann in: DIE ZEIT 2. 8. 91
8 nach SPIEGEL 22. 7. 91
9 in Tagesspiegel, Berlin, 9. 7. 91

Kapitel XI

1 nach Bundesministerium für wirtschaftliche Zusammenarbeit Jan. 1991
2 Weltentwicklungsbericht 1988 der Weltbank, Washington 1988
3 UNDP-Bericht zur menschlichen Entwicklung 1991, New York
4 nach Frankfurter Allgemeine 9. 8. 91
5 O. Mehmed, Islamic Identity and Development, New York 1990
6 D. Lamb, Afrika, Afrika, München 1989
7 nach K. Natorp, Frankfurter Allgemeine 9. 2. 91
8 B. Erler, Tödliche Hilfe, Freiburg 1985
9 nach Berliner Morgenpost/epd 28. 6. 91

Kapitel XII

1 P. Scholl-Latour, Das Schwert des Islam, München 1990
2 Weltbevölkerungsbericht der Vereinten Nationen (UNFDA), Genf, 1991
3 M. Sontheimer, DIE ZEIT 21. 12. 90
4 nach P. Kolonko, Frankfurter Allgemeine 14. 1. 91
5 nach M. Sontheimer, DIE ZEIT 28. 12. 90
6 SPIEGEL 12. 1. 87
7 GEO 17. 12. 90
8 DIE ZEIT 21. 12. 90
9 nach GEO 17. 12. 90
10 ebenda

Kapitel XIII

1 Statistisches Jahrbuch 1989
2 B. Nirumand, Sturm im Golf, Hamburg 1990
3 nach H. Rademacher, Frankfurter Allgemeine, 6. 4. 91 und P. Grubbe, DIE ZEIT 18. 1. 91
4 nach DIE ZEIT 25. 1. 91

Kapitel XIV

1 H. v. Ditfurth, So laßt uns denn ein Apfelbäumchen pflanzen, Hamburg, 1985
2 nach Berliner Morgenpost/AFP 18. 7. 91
3 nach Frankfurter Allgemeine 12. 6. 91
4 nach Frankfurter Allgemeine 21. 6. 91
5 nach Berliner Morgenpost 2. 3. 90
6 nach GEO Sept. 90
7 SPIEGEL 15. 1. 90
8 nach Zweiter UN-Weltklimakonferenz, Genf Okt./Nov. 1990